沿岸导航与引航及导航问题详解手册

［美］汤姆·特尔希 / 主编

刘　伟 / 译

AMERICAN SAILING

SAILING EDUCATION SINCE 1983

组织单位　美帆联国际体育发展有限公司

策　　划　KEN BROWN　于　虹

校　　对　莫倚伟　王路坤

中国海洋大学出版社

·青岛·

图书在版编目（CIP）数据

沿岸导航与引航及导航问题详解手册／（美）汤姆·特尔西（Tom Tursi）主编；刘伟译. —青岛：中国海洋大学出版社，2021.11

ISBN 978-7-5670-2915-6

Ⅰ.①沿…　Ⅱ.①汤…　②刘…　Ⅲ.①帆船—航海导航—手册　Ⅳ.①U674.926-62

中国版本图书馆CIP数据核字（2021）第175443号

出版发行	中国海洋大学出版社
社　　址	青岛市香港东路23号　　邮政编码　266071
网　　址	http://pub.ouc.edu.cn
出 版 人	杨立敏
责任编辑	矫恒鹏　　　　　　电　　话　0532-85902349
电子信箱	2586345806@qq.com
印　　制	青岛国彩印刷股份有限公司
版　　次	2021年11月第1版
印　　次	2021年11月第1次印刷
成品尺寸	210 mm×285 mm
印　　张	19.75
字　　数	392千
印　　数	1～2500
定　　价	189.00元
审 图 号	GS（2021）7179
订购电话	0532-82032573（传真）

发现印装质量问题，请致电0532-58700166，由印刷厂负责调换。

作者简介

汤姆·特尔希（Tom Tursi）持有美国海岸警卫队远洋大师执照（USCG Ocean Master License），也是一名 ASA 认证帆船教练。他还是马里兰州 Rock Hall 航海与船艺学校的创建者和共同拥有者；网站 www.mdschool.com。他在该校教授导航和远洋航海课程；指导和监督教练的表现；制订学校课程和政策。Tom 是一名终身水手，拥有多条不同的竞赛和巡航帆船，已经在全世界完成了超过 70,000 海里的蓝水远洋航行，还有广泛的沿岸航行。

刘伟，资深帆船爱好者，工科硕士。自大学起一直从事科技英语翻译工作，在帆船领域有丰富的翻译经验，参与过美国帆船协会多部教材的翻译；热爱帆船航海，对各种船舶系统、电子导航、天文导航技术有着深厚的理解；还对欧美传统木工造船技术很有研究，现在业余设计和制造一些 18 英尺以下的小帆船。

莫倚伟，2007 年开始参与帆船运动，作为风暴骑士航海会发起人，经常组织参与海内外各大帆船赛事和巡航旅行。同时作为嗨帆 ASA 航海学校合伙人，立足于上海及长三角周边地区，推广 ASA 的标准化培训课程，并充分利用湖泊和近海自然条件，结合互联网平台技术，提供爱好者自发航海活动的组织平台。

王路坤，帆船运动传播者。2011 年加入厦门大学帆船队，之后便扎根于帆船基础普及。先后就职于厦门顽石航海俱乐部、抚仙湖航海中心和云湖帆船俱乐部，2016 年创立了国内西部地区第一所帆船的专业培训机构——ASA 抚仙湖分校。10 年间参加了 50 多场大型帆船赛事。个人及带领团队接待了约 10 万人次体验游玩帆船，组织数十次帆船游学、帆船青少年夏令营和海外帆船跳岛游活动。参与组织了多次国际帆船赛事。帆船可以是娱乐、可以是竞技、可以是交友的平台、可以是锤炼动手能力和勇气的工具、可以是拓展世界观的渠道，也可以是思维锻炼的课程。发掘帆船的乐趣和丰富的内涵总是无穷无尽的，就像发掘我们的内心一样。为了更加美好的生活，心中的新大陆等着我们登船去发现。

前　言

本书面向操作长度 50 英尺以下的小型船艇和游艇，以及在沿岸和内陆水域内航行的水手，重点讲解使用纸海图和铅笔导航的技术。我非常理解现在有很多现代高科技设备和电子仪器能够用于导航，但是书中未有涉及。水手也应该认识到，通过动手操作学会的基础导航技术，对于明智地使用现代电子导航是非常重要的。不管使用哪种器材，本书所描述的基本导航技术，都是导航工作的重要组成部分。本书提供了所有课后习题和练习题的完整解答步骤和作图过程。

导航包括判断你的位置、找到前往目的地的最佳路线，同时还要持续地评估航行的进度。此外，导航者必须考虑到陆地、航道和海底底质因素，还有往来的其他船舶、障碍物、助航标志，预测的和实际的天气和海况，当然也包括船和船员的能力和状态。

导航员的工具包括及时更新的导航海图和参考书、作图工具、罗经、速度计、里程计、计时工具、深度计、甚高频（VHF）电台、雷达、双筒望远镜、风速和风向仪表、GPS 或罗兰、气象传真接收机、航行警告接收机、卫星或其他移动长距离通信仪器，以及众多的新型现代电子设备。

导航员还要具备有效、明智地使用这些设备的知识和经验，不要因为过度依赖仪器，而丧失在必要时利用可获得的信息确定位置的能力。

本书可以用作自学教材，或者是作为课堂教学的指导。想要获取关于沿岸导航的更深入读物，学生可以参考《Chapman Piloting Seamanship & Small Boat Handling》和《Dutton Navigation & Piloting》。

学生需要下列工具来完成课后练习：

● 训练海图 1210Tr。

● 1 号海图——美国海图符号，缩写和词汇。

● 平行尺、分规和小型绘图三角板。

● 铅笔、卷笔刀、橡皮。

● 简单计算器（只需要加减乘除功能）。

本书中时间的记法包括 6 位数字，分别是小时、分钟和秒；小时采用 24 小时制。这 6 位数字之间没有标点或小数分隔符。例如，142316 表示 14 时 23 分 16 秒。

角度的单位是度、分和十分之一分；不使用秒。度和分之间用度数符号"。"隔开。

十分之一分用普通的小数点表示。纬度和经度角度数字的前边或后边还带一个N、S、W或E符号。例如，175° 42.6W表示西经175度42.6分。

我尽量让本书能涵盖小型船舶导航者所需要的重要信息和步骤。当然还有很多其它的导航方法，偶尔也会帮到你。然而，如果你能掌握本书的内容，就拥有了在很多地方导航所需要的基本工具，并且对有效地使用现代电子导航有了基本的理解。但是要精通这些技能，你还需要持续地练习。

今天，有很多互联网网站提供了导航员所需要的更新及时的重要信息。我在后续章节中引用了一些网站，包括NOAA、USCG和NGA网站，Google搜索一下就可以找到它们。

注意本书只包含了完整附录的一部分，包含的内容可以在目录中查到。书中只包含了完成每章的课后习题和练习题所需要的附录部分，具体内容在附录首页已经列出。完整的附录可以在ASA-Asia网站上下载：https://asa-asia.com/home/shop/detail/id/39.html。

航行愉快！

Tom Tursi
2020年11月

CONTENTS 目 录

第1章
导航海图

    导航海图（navigation charts），就像是地图，描绘了地球表面的陆地和水域的形貌，让导航员和旅人能够知道自己的位置、要去的地方，以及怎样去那里。这些地貌特征按照比例尺绘制，但是海图制作者在绘制海图时会遇到一个问题，就是怎样把球形地球的地貌描绘到一张平面的纸上。人们发明了很多种方法，但是最常用的是墨卡托投影法（Mercator Projection）。在这种投影法中，陆地和水域会随着纬度的增加而被拉长。墨卡托海图的优点是，所有方向的罗经方位在海图上都能画成直线，而所有方向上的距离都能使用纬度刻度来准确地测量。

海图的构成

    纬度（Lattitude）和经度（Longitude）是用来指代地球表面上精确位置的环形线。借助地球人造卫星，科学家现在已经能够非常精确地制作地球表面的地图，供导航者使用，这些信息的载体形式可以是纸质和电子海图、影像图象，或者是包含温度、湿度和其他特征参数的数据图表。这些丰富的信息把各种数据与精确位置（由国际公认的经纬坐标定义）联系到一起，对于海上的导航者非常有价值。

    从地球的侧视图（图1-1）上可以看出，纬度圈（平行线）看起来像是直线，而经度圈（子午线）看起来像是曲线。赤道是0°纬度，其他所有纬度均以它为参照。北极是北纬90°，南极是南纬90°，而中间的纬度是赤道平面和一条半径之间的夹角。这条半径连接地心并且被特定的纬度圈穿过。（参考图1-1上的30° N纬度线）

    如果存在一个假想的平面直接穿过地球的中心，它会与地球的表面相切为一个大圆（Great Circle），即在地球球面所能画出的最大圆形。以任意方向穿过过地球中心的

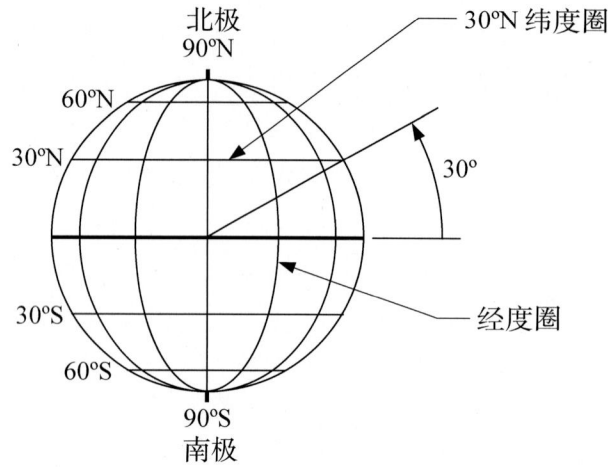

图 1-1：地球的侧视图显示了地球的经纬网格。在这个视图里，纬度圈看起来像是直线，而经度圈看起来像是椭圆线。

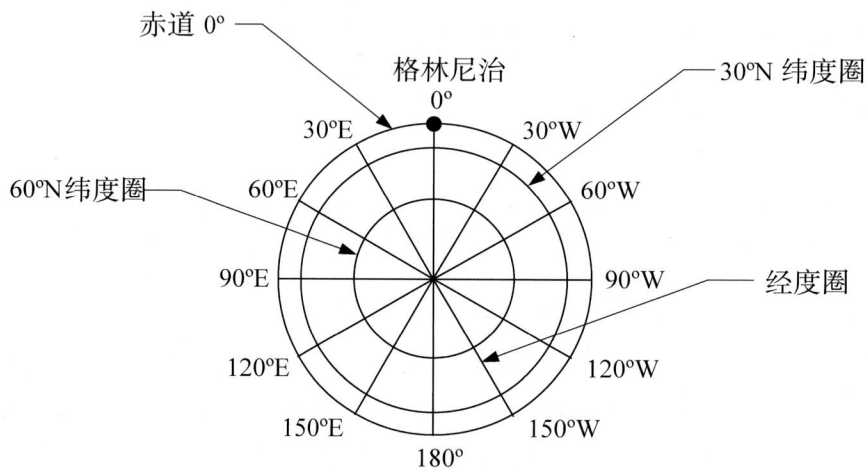

图 1-2：从北极朝下看地球：在这个视图中，纬度圈看起来是圆，而经度圈看起来是直线。

平面都可以定义一个大圆。赤道是一个大圆，因为它的平面穿过了地球中心。但是正如图 1-1 所示，所有其他纬度圈的直径都要比大圆的直径更小，因为它们的平面没有穿过地球中心。

图 1-2 是从北极向下观察地球，纬度圈看起来是圆，而且要比赤道更小。经度圈看起来是直线，而且全部都是大圆，因为所有经度圈平面都穿过地球中心。

墨卡托海图（Mercator Chart）是利用一个数学方程构建的，它把地球表面伸展之后平铺在了平面的纸上。你可以通过下面的类比来理解：有一个透明的地球，地球中心放一盏灯泡。把一张纸卷成圆柱形的纸筒套在球上，球体上的地貌会被投影到纸上，但是高纬度地区会被伸展。然后拿走纸，把它像图 1-3 一样平铺开，这代表了墨卡托投影的近似比例。如图 1-3 所示，纬度刻度明显地被拉伸了，而经度线现在彼此平行。30°纬度到 60°纬度之间的距离，大约是 30°纬度到赤道之间距离的两倍。墨卡托投影一般应用于 80° N 和 80° S 之间；除此之外的两极区域，变形会特别严重。

墨卡托海图上的所有位置，都保持了经度和纬度之间的正确比例。它是通过拉伸纬度、使子午线保持平行（地球上的子午线原本汇聚于两极）实现的。

海图比例尺（Chart scale）是海图上的距离与它所代表的地球表面的实际距离之间的比例。例如，如果一条 1 000 英尺宽的河流，画在海图上只有 1 英尺宽。那么这张海图的比例尺就是 1：1 000，即海图上的 1 英尺对应地球上的 1 000 英尺。如果同样的河流以 1/10 英尺的宽度画在海图上，海图比例尺就是 1 比 10 000，通常写作 1：10 000。

小比例尺海图上的地球物体显示得更小；大比例尺海图上的地球物体显示得更大。下面的比例尺常会用到：

航行图	1：600 000及更小	小比例尺
总图	1：150 000到1：600 000	
沿岸图	1：50 000到1：150 000	
港图	1：5 000到1：50 000	大比例尺

导航海图包括越洋海图及海岸导航海图，它们覆盖大范围的区域，甚至囊括整个大洋。它们不是用于细节的导航，而是在沿岸起航和进港时，用于计划和追踪长距离的巡航进度和确定方向。总图用于长距离沿岸航行时，从海上驶近岸边（在岸边障碍物以外）时的近海导航。沿岸图用于主要港口的进港。港图用于港口区域内和穿过港区时的细节导航。小船海图是特殊的大比例尺海图，供小型船舶水手折叠成对开本，便于在小船上收纳和使用。

另外，还有用于航行规划的大洋引航图，它汇总了风、风暴、海况、温度、大气压范围和其他对导航者有用的历史数据。

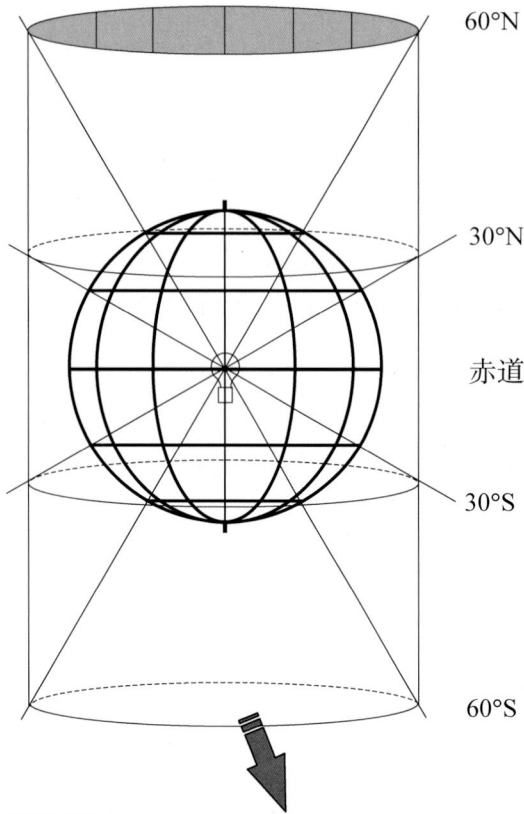

60°N

30°N

赤道

30°S

60°S

图 1-3：可以这样理解墨卡托投影，想象有一个透明的地球球体，中心放了一个发光的灯泡。把一张纸卷成圆柱，像上图一样把地球包围起来。地球的表面地貌会被投影到纸上，但是在高纬度会被拉伸。然后拿走纸，像下图一样平铺开，这近似代表了墨卡托投影的比例。下图中灰色的方格都是 30° ×30° 的矩形，可以看出墨卡托海图的高纬度区域明显被拉伸。

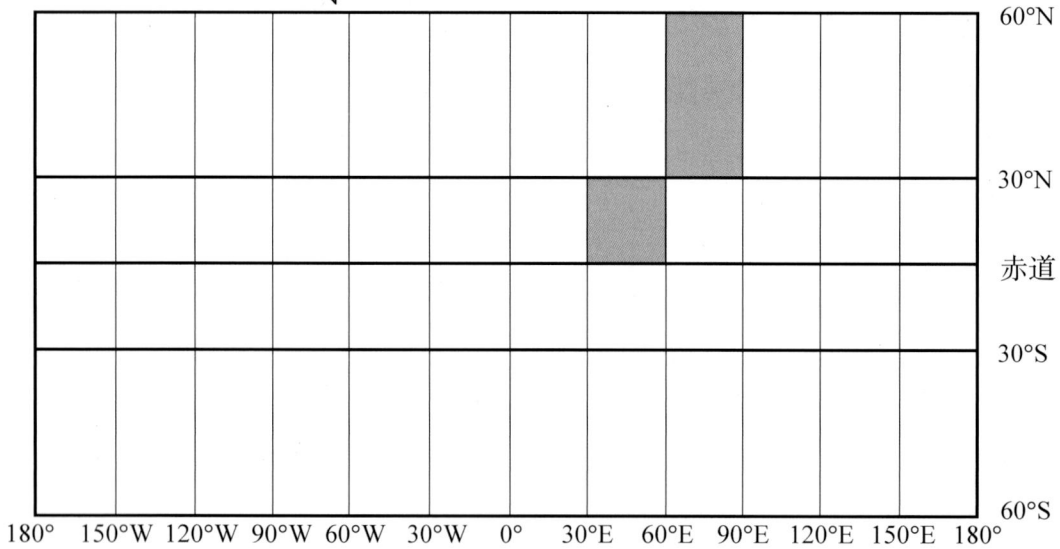

60°N

30°N

赤道

30°S

60°S

180° 150°W 120°W 90°W 60°W 30°W 0° 30°E 60°E 90°E 120°E 150°E 180°

海图图例

　　导航海图包含了对导航者而言非常丰富的信息，包括用于标记位置和丈量距离的经纬网格，用于量取方向的罗经花、水深、陆地、浅滩、桥梁和其他建筑、助航标志、警告信息、禁止信息，等等。大部分细节会在后续章节中讨论，但是现在我们先给出两个项目的示例：

　　纬度－经度刻度印在导航海图上，用来显示海图上物体的精确大小和位置。不同海图使用不同的刻度分划，最常见的有如下几种。

- 度、分和十进制小数分，见图 1-4，这是最新出版的美国海图的典型划分。
- 度、分和 12 个 5 秒间隔，见图 1-5，这是未广泛格式化的老式美国海图的典型划分。
- 度、分和 10 个 6 秒间隔，见图 1-6，这是英国海军海图和改编自英国海图的美国海图的典型划分。

　　罗经花以图 1-7 的样子印在海图上，能够让导航者以"参考北"为开始，测量 360° 圆周上的某个方向：

- 真北（True North）指向我们先前讨论的地理北极，以此点开始顺时针作 360° 的圆周；见图 1-7 的外圈。
- 磁北（Magnetic North）指向磁北极，磁北极在地理北极的某个距离开外，从此点开始顺时针作 360° 的圆周；见图 1-7 的内圈。

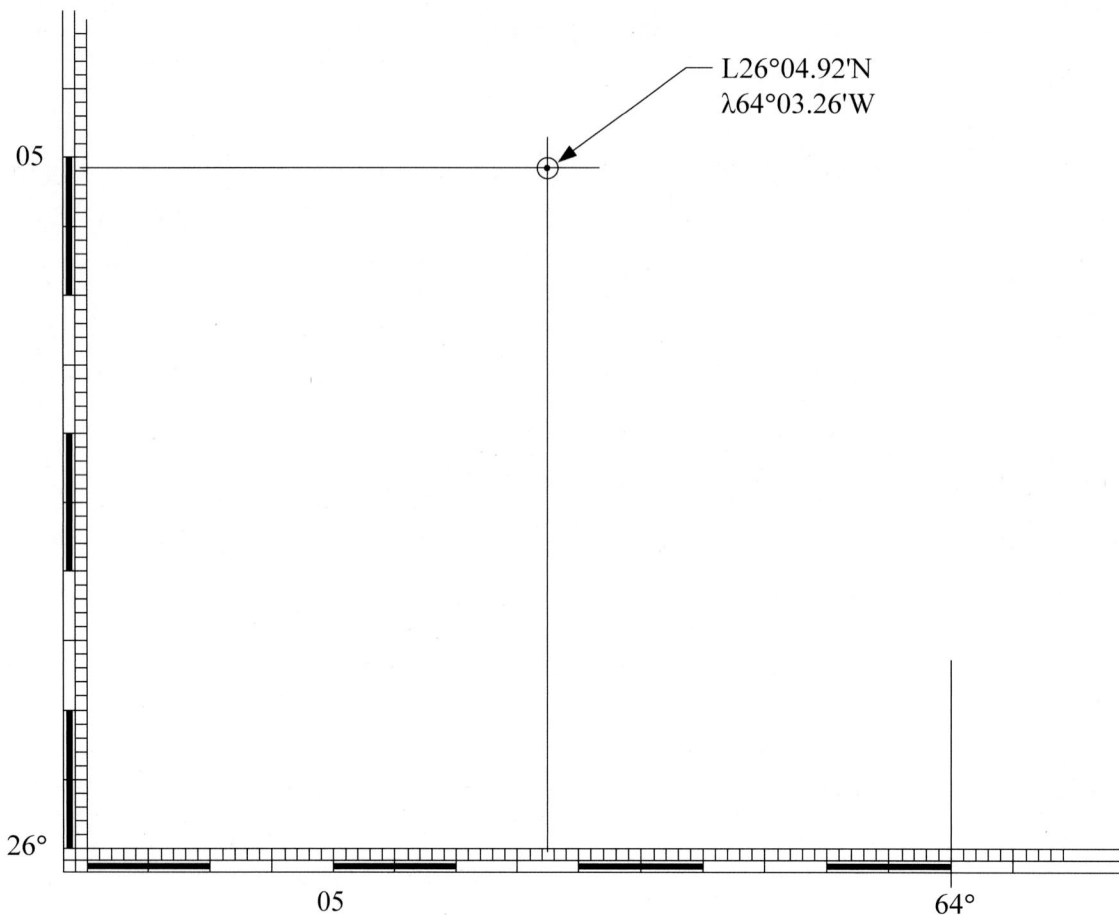

L26°04.92'N
λ64°03.26'W

05

26°

05   64°

图1-4：26°N/64°W附近的海图经度－纬度刻度。每1分被分成10个刻度，这张海图可以用小数分来读数。美国海图通常会每隔5分画一条线。这张海图是用于西半球，因为它的经度是向西递增。而且，它也是在北半球，因为纬度向北递增。

图1-5：纬度刻度被划分为12小格，每个小格代表5秒。注意这很容易与1/10分混淆。

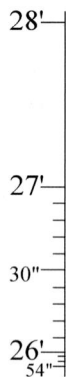

28'

27'

30"

26'
54"

图1-6：纬度刻度的每分被划分成10个小格，每个小格代表6秒，一个小格又划分为3个2秒的小格。这种分划常用在英国海军海图上。

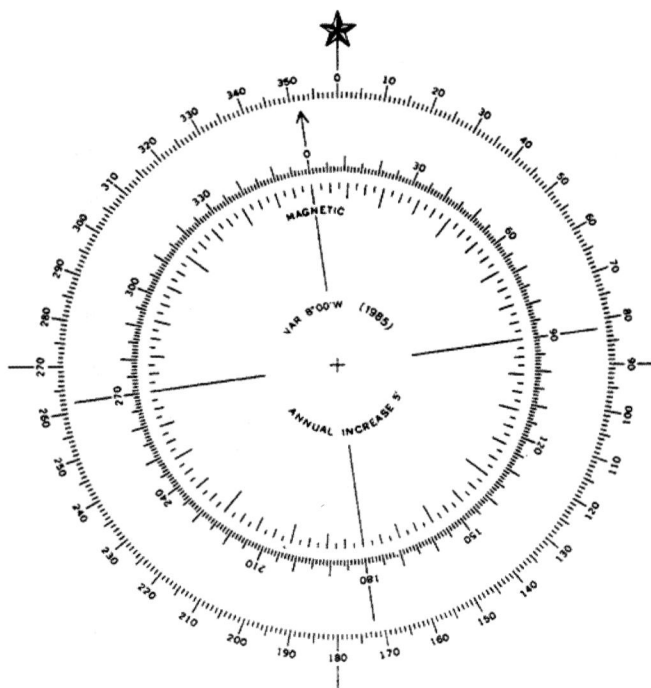

图 1-7：沿岸海图上的罗经花，显示了真北（带星标的外圈）和磁北（带箭头的内圈）。最内圈划分成 32 个罗经点（points），每个罗经点又划分成 "1/4 点"；现代水手们一般不再使用。

空白海图纸

空白海图纸（plotting sheets）是只包含经纬网格和一个罗经花的空白海图纸。它们用于细节导航，免受凌乱的无关内容的干扰，可以简洁地作图。参考附录 E 中的网上附录，查看这些空白海图纸的示例和更多描述。

海图的来源

在美国和其他国家，有来源于政府和商业组织的很多种海图。多个商业网站和美国政府网站发布导航海图信息，包括如下内容。

Cape Cod Bay海图的编号是＿＿＿＿，比例尺是＿＿＿＿。

13. 你想找到NOAA 13219号海图的标题的比例尺：

Google搜索"NOAA Chart 13219"，在显示的NOAA链接里，选择13219，屏幕上就会显示出NOAA 13219号海图。在这张图上，放大海图的标题栏，找到海图标题和比例尺。

NOAA 13219号海图的标题是＿＿＿＿，比例尺是＿＿＿＿。

第 3 章
导航工具

除了导航海图、灯标表和其它在本书第 8 章讨论的出版物，你还需要几个非常简单的工具，用来有效地导航。下列推荐的物品是你在当地水域导航的最低需求。

- 海图和灯标表。
- 带自差表的操舵罗经。
- 测深仪或铅绳（lead line）。
- 速度和距离仪表。
- 量角三角尺，平行尺和分规。
- 铅笔、橡皮、记录本和简单的计算器。
- VHF 电台。
- 双筒望远镜。
- 手持罗经和哑罗经。
- 手表或时钟。

另外，用于当地区域之外的导航，谨慎的导航员应该还要考虑下列物品。

- GPS（或者罗兰，在使用罗兰的国家）。
- 雷达。
- AIS（Automatic Identification System 船舶自动识别系统）。
- 气压计。
- 气象传真或卫星天气接收机。
- NAVTEX 接收机（航行警告接收机）。

作图工具

　　沿岸航行的小船上使用的导航作图工具（最少）包括平行尺、量角三角尺（Protractor Triangle）、分规、简单的计算器、铅笔、橡皮。此外，不断有新的工具问世，你经常会遇到各种类型的绘图尺、量角器和分规；把它们全部试用一遍，然后选择你最喜欢的工具。但是要记住，对这些器材的关键要求是作图精度，以及是否便于在摇晃、颠簸的船上使用。下面是我的偏好：

● 平行尺：两条直尺通过两根旋转手臂连接在一起，能让尺子在海图上"行走"，画出任意一条直线的平行线；参考图 3-1。

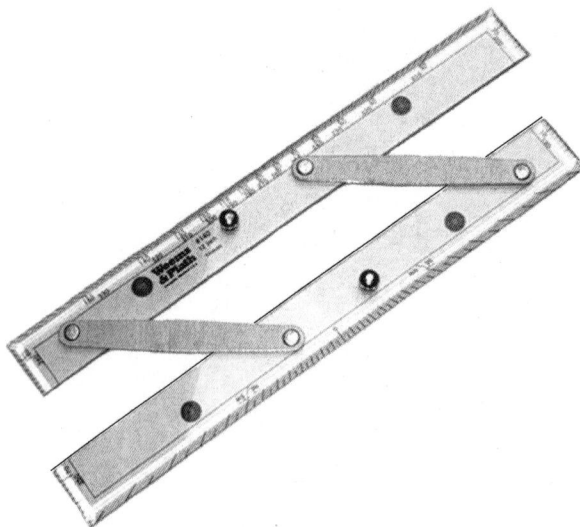

图 3-1：平行尺可以用来画出一条直线的平行线。

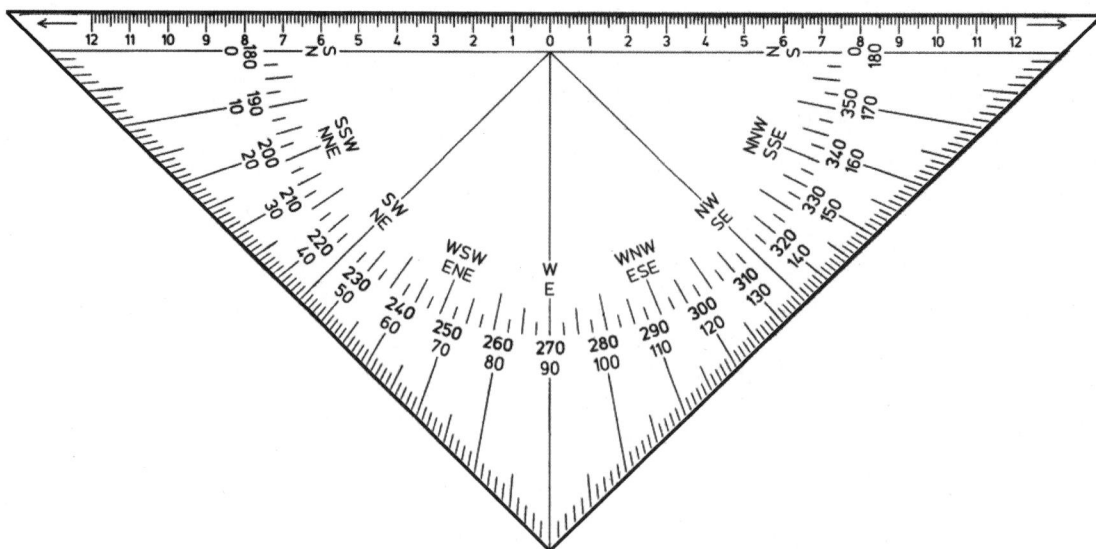

图 3-2：量角三角尺用来画出和量出角度（真方向）。

● 量角三角尺（图 3-2），可以用来量取海图上任意位置的实际角度。

● 分规：用来量取距离，画圆或圆弧。安装有调节螺母的分规，一个尖是针尖，一个尖是铅笔尖（图 3-3），最适合导航作图使用。它能让你精确地测量和标记距离、画圆弧，而且在摇晃、颠簸的船上，不会意外地改变张开的角度。

图 3-4 显示了这种类型的分规削铅笔尖的简单方法。一些导航者喜欢双尖分规，不装调节螺母，但是这种分规的缺点是无法画圆弧，测量距离时，你需要用铅笔标记出模糊的针尖位置，而且可能会意外改变量得的长度。

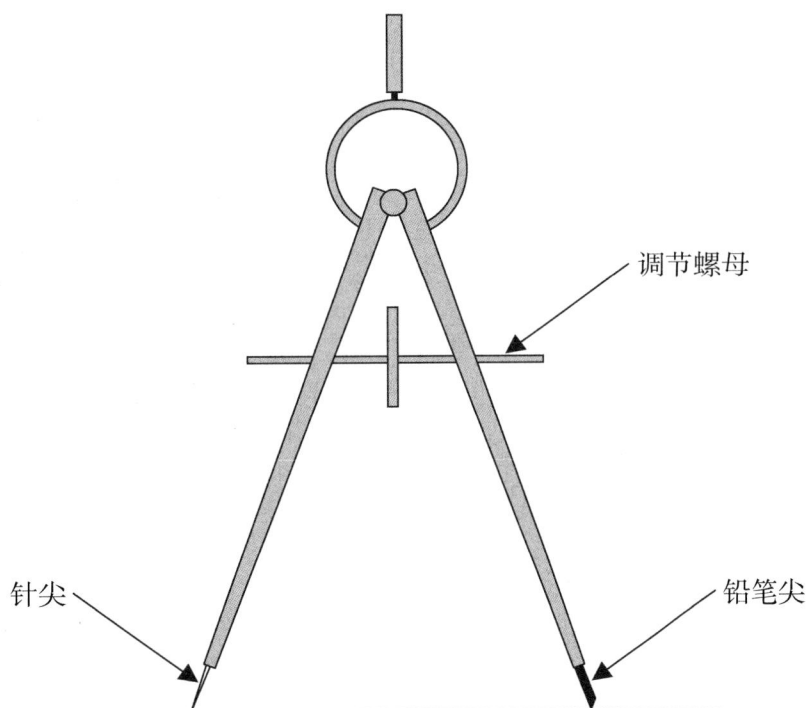

图 3-3：配有一个针尖、一个铅笔尖和一个调节螺母的分规。

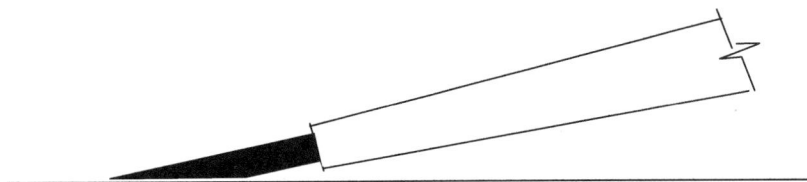

图 3-4：倾斜铅笔，在一张纸或砂纸上打磨，削尖分规的铅笔尖。

海 图

海图是代表地球表面和航道的海事地图。你需要拥有计划航行区域的小比例尺、中比例尺、大比例尺的海图，还要有覆盖潜在备用路线和终点的海图，以便应对意外紧急事件或者计划有变、被迫更改行程的情况。用于娱乐船艇的海图类型和来源，在第1章有讨论。

空白海图纸

空白海图纸（plotting sheets）是印刷有经纬网格和罗经花的空白海图纸，方便在上面作图，但是它们完全没有任何地理或海洋信息。三张主要的空白海图纸包括定位海图纸（Fix Plotting Sheet）、通用海图纸（Universal Plotting Sheet）和雷达海图纸（Radar Plotting Sheet）。

航行日志

航行日志（log books）用来记录关于船及其操作的重要信息。船上最好配备下列两本日志。

● 甲板日志（Deck Log）用来记录所有操作信息，包括导航数据、天气报告和分析、船员及其职责、受伤或疾病、电台通信、紧急情况和耗材的使用，包括食物、饮料、饮水、燃料。

这本工作日志宁可内容写得过多，也不要写得太少。与其在各种容易遗失的小纸条上做记录，不如把东西记在甲板日志上。万一遇到紧急情况，甲板日志能够当作重要的法律文件，因此甲板日志要保留原件，不要撕页，而且应该印刷有页码。甲板日志应该包含下面两个部分。

◇ 记叙部分，见图3-5，按照发生的时间顺序记录信息。每一条信息都应该标记好日期和时间，导航事件应该同样包括时间和里程读数。

◇ 表格部分，见图3-6，关键的信息要按时、定期录入表格，包含的条目有航向、距离、风向、风力、波浪的方向和高度、大气压、海水温度、云的类型、天空被云遮蔽的百分比、电池电压、舱底水位、完成的船舶检查。在开放水域远洋航行时，这些条目应该每小时记录。在沿岸水域，最好每半小时记录一次。在内陆水域，每一刻钟记录一次。

● 维护日志对于器材和存货信息非常重要。这包括器材故障或损坏的细节，需要做和已经做完的保养和维修，备件、工具、润滑油、冷却液的存货。它还应该汇总记录重要的定期保养工作，比如更换机油和滤油器、检查锌电极、调节支索张力。

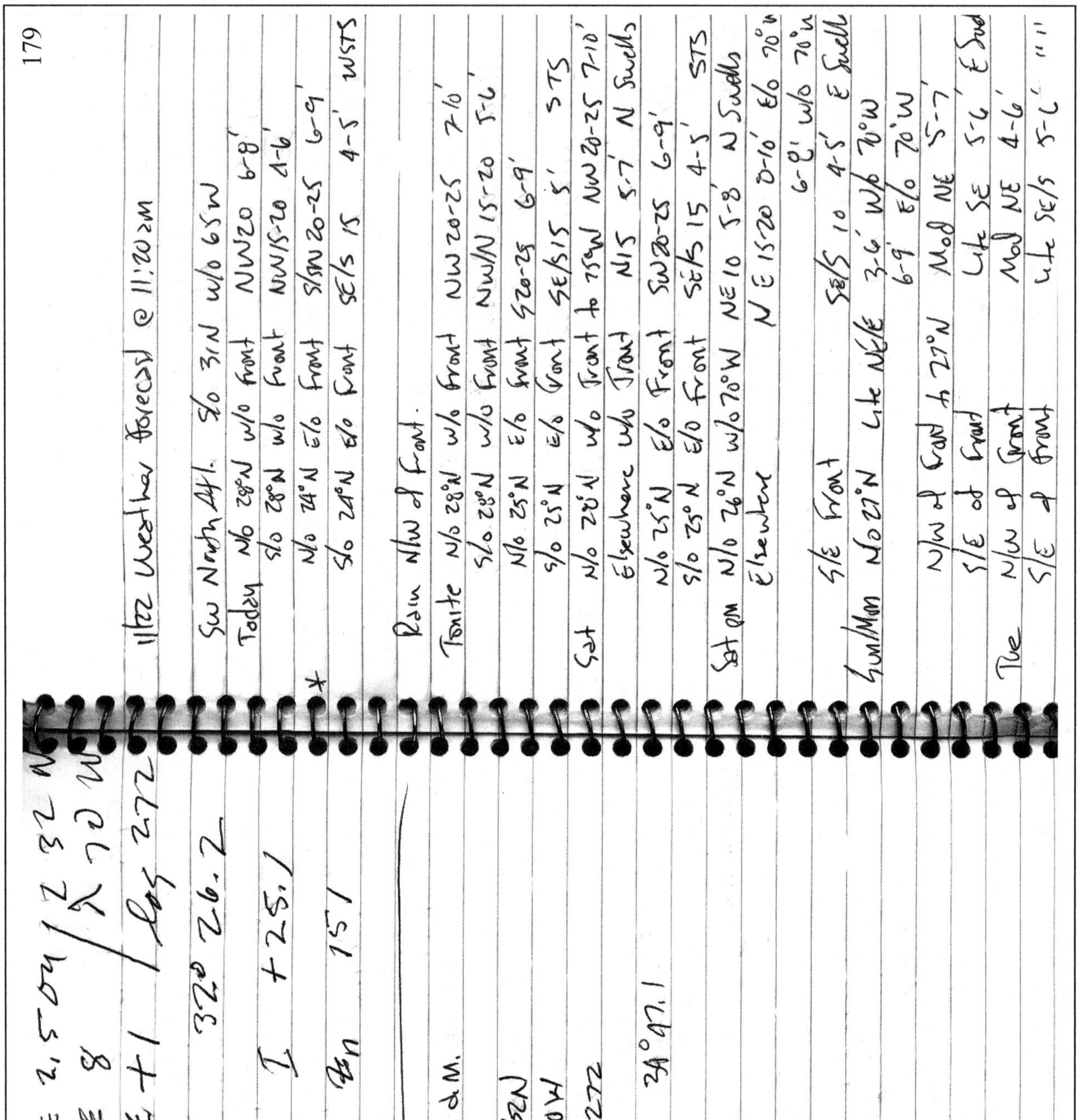

图 3-5：甲板日志的叙事页。

254

Date: 11/22/02 Fri.

Time	Course	Distance	Wind Dir	Wind Speed	Wave Dir	Wave Height	Barometer MB	Sea Wtr Temp
01	165	210	210	6-7	SSE	3-4	1019	76.8
02	162	210	210	10-12	SSE	3-4	1017	—
03	160	222	210	10	SSE	3-4	1017	—
04	165	222	208	10	SE	3-4	1017	—
05	155	237	210	20	SW	4	1017	—
06	150	244	210	18	SW	4	1017	—
07	145	251	200	20	SW	4	1017	—
08	145	259	200	20	SW	6	1017	—
09	150	267	205	20	SW	5	1017	—
10	155	274	205	15	SW	5	1017.5	—
11	155	281	205	17	SW	5-6	1017	—
12	165	290	205	20	SWS	5	1016	—
13	155	299	215	16-20	SW	4	1016	—
14	155	307	215	15-20	SW	4	1014	—
15	155	315	210	20	SW	4	1015.5	—
16	155	323	210	20	SW	4	1016	—
17	155	328	210	18	SW	4	1016	—
18	155	337	210	20	SW	4	1016	—
19	155	344	210	18	SW	3	1016	—
20	155	350	210	20	SW	3	1016	—
21	155	358	240	20	SW	4	1016	—
22	155	365	210	22	SW	5	1016	—
23	145	369	230	25	SW	5	1016	—
24	140	374	235	30	SW	5	1016	—

255

Time	Clouds %	Clouds Type	Volts #1	Volts #2	Volts #3	Bilge Strokes	Boat Check	Navigator
01	45	Ci	12.5	12.5	12.9	—	MJ	162-12=1"
02	50	Ci	12.3	12.4	12.8	—	MJ	D-29
03	30	Ci	12.2	12.3	12.4	—	MJ	
04	40	Ci	12.0	12.3	12.8	—	MJ	MJ-123
05	50	St, Ci	12.2/12.7	12.7	12.8	—	TT	137
06	40	St Ci	12	12.4	12.8	—	SA	
07	50	Cu Ci	12.2	12.3	12.8	—	TT	3
08	40	Cu Ci	12.2	12.3	12.8	—	SA	C-156
09	75	Cu/Ci	12.7	12.8	13.6	—	LT	12 / 144 9
10	70	Cu/Ci	12.7	12.8	12.8	9	CB	D-31
11	70	Cu/Ci	12.6	12.7	12.9	—	LT	
12	70	Cu/Ci	12.6	12.7	12.9	—	LS	C-143
13	60	Cu/Ci	12.7	12.7	12.5	—	MJ	D-35
14	70	Cu/Ci	12.5	12.6	12.8	—	CB	
15	20	Cu/Ci	12.5	12.6	12.9	—	MJ	
16	85	Cu/Ci	12.4	12.4	12.8	—	MJ	
17	90	Cu/Ci	12.2	12.4	124	—	SA	155-12
18	100	St	12.3	12.4/12.8	—	—	TT	133
19	100	St Cu	12.2	12.4	12.5	—	SA	
20	100	St Cu	12.0	12.2	13.0	—	SA	2
21	100	Cu Str.	12.1	12.2	12.8	—	LT	C-149
22	100	Cu/Str	12.0	12.2	12.8	—	DT	-12 / 137
23	100	Cu	12.9	12.9	13.8	—	LT	137
24	100	Cu (RAIN)	12.6	12.8	13.0	—	CB	D-24

图 3-6: 甲板日志的表格页。

操舵罗经

　　操舵罗经（Steering Compass）是主要的导航仪表，因此应该深刻理解和小心保养。它对地球的磁场很敏感，它从帆船的当前位置，指向地球的地磁北极。图 3-7 中的罗经标度盘（compass card）是帆船上常用罗经的标度盘，每个小格代表 5°。如果罗经是精确的，无论船的首向（heading）如何，罗经的北（"N"）都会指向磁北（Magnetic North）。船首基线（lubber line）标志相对于船是固定的，指向船头方向，因此会随着船首向的变化而转动到不同位置。

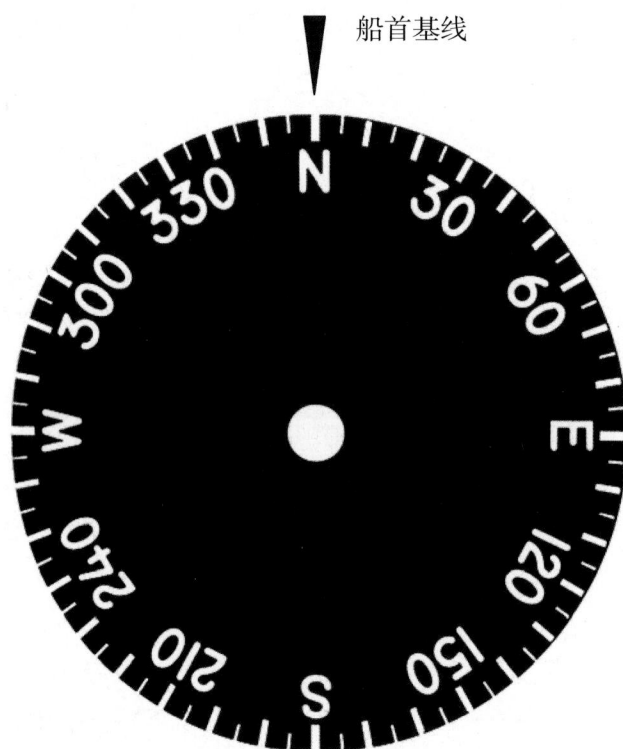

船首基线

图 3-7：典型的操舵罗经上的罗经标度盘。

下面是一些重要的词汇。

● 真北（True North），表示地球的地理北极，基本上就是地球的转动轴心。

● 磁北（Magnetic North），表示地球的磁场北极，它会偏离地球的地理北极一定的距离，而且它的位置不停变化，因此会改变罗经的磁指向。

● 磁差（Variation）是真北和磁北之间的差别，是在某个特定日期、在地球上的特定位置测量的。见图 3-8，地球上的不同位置的磁差区别很大，从 0° 变化到 150°。

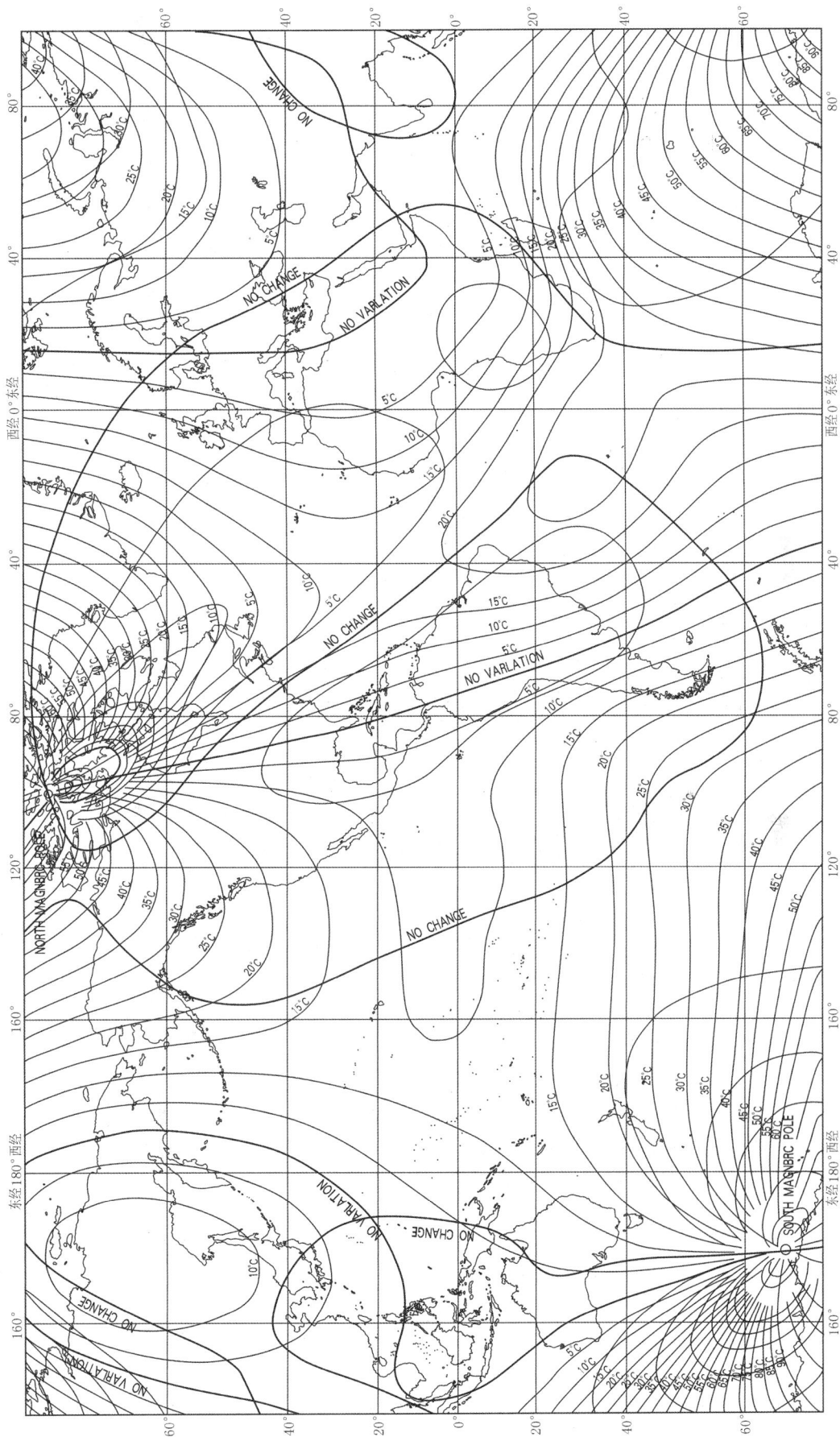

图 3-8：摘自 Bowditch 所著的《美国实践航海学》中的等磁差图，显示了全世界的磁差。注意在某些地区，磁差非常巨大。

在一个磁差为90°偏东的位置，罗经北会指向正东，尽管地理北极是在这个位置的北方。

在沿岸海图上，磁差会显示在海图的罗经花上；大洋海图上，它是以等磁差线的形式显示，即相同磁差位置的连线。另外，由于磁差会随着时间，以每年偏差几分的速度变化，这些变化必须加到磁差修正上。

在图3-9的罗经花上，磁差在1985年是8°00′W，以每年5′的速度增加。这就意味着磁差的数值每年增加5′。因此，以1990年为例，磁差应该是：

V = 8°00′ +5′ W（每年）× 5（年）= 8°00′ W+25′ W = 8°25′ W

如果磁差是每天减少5′，你应该这样计算：

V = 8°00′ − 5′ W（每年）× 5（年）= 8°00′ W − 25′ W = 7°35′ W

同样，磁差也是向东或向西。对于向西的磁差，如图3-10，罗经指针会指向真北的西侧。对于向东的磁差，指针指向真北的东侧。

罗经北（Compass North）是某个特定的罗经、在一条特定的船上、船头朝着特定的方向时，罗经指示的北方，由于罗经的缺陷或船上磁场的干扰，罗经北的读数有时并不准确。在航行日志中记录方位时，一定要标明测量方位所使用的罗经。如果是用操舵罗经测量，方向应该标为"psc"，即"per ship's compass"（参照船上罗经）。如果是手持罗经测量，那么就标上"per hand compass"或类似标记。

自差是磁北与罗经北之间的误差，表示一个特定的罗经、在一条特定的船上、在一个特定船首向上，该罗经的偏差。

真、磁、罗方向的关系用下面的表格概括，T表示真方向，V表示磁差，M表示磁方向，D表示自差，C表示罗方向。

T	V	M	D	C

由于磁差是真方向和磁方向之间的差别，二者之间可以通过加减磁差来相互换算。

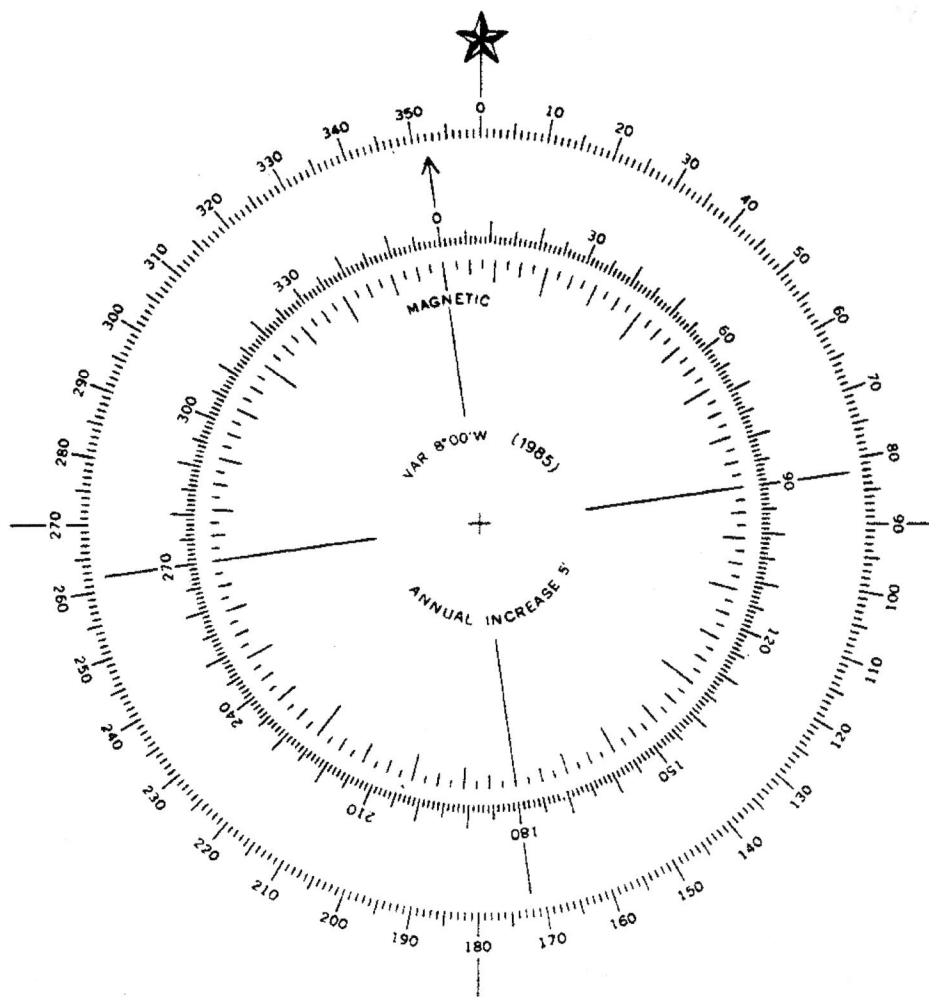

图 3-9：沿岸海图上的典型罗经花。

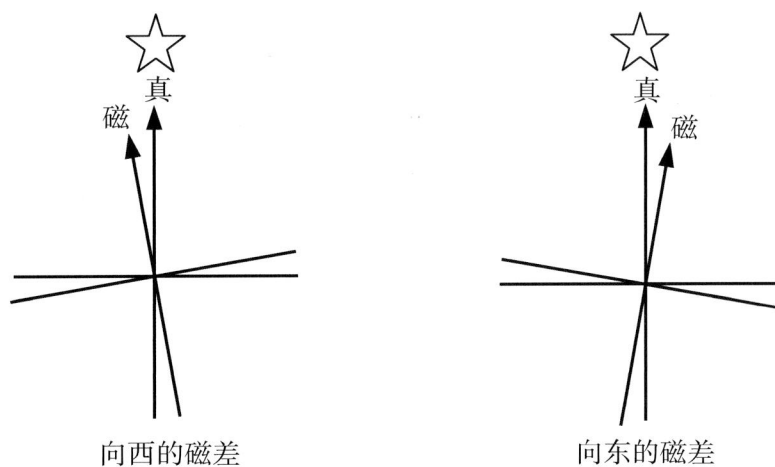

向西的磁差 向东的磁差

图 3-10：相对于真方向的偏东/偏西的磁差。

罗经的校正

下面讲述了4种罗经校正方法，每一种方法都需要找一条相对地球表面固定的参考线。这条参考线可以是相对于真北或磁北固定。第4种方法利用太阳作为参考点，是这4种方法中最简单、最容易和最精确的方法，我推荐大家学习这种方法。第1、2、3种方法在实践中更难以使用，精度也不足，后面会详细讨论。罗经误差，又称为自差，会随着船首向的变化而变化；因此我们需要针对多个船首向做校正。

第1种方法：利用静止的叠标作为参考线，校正罗经，见图3-12。

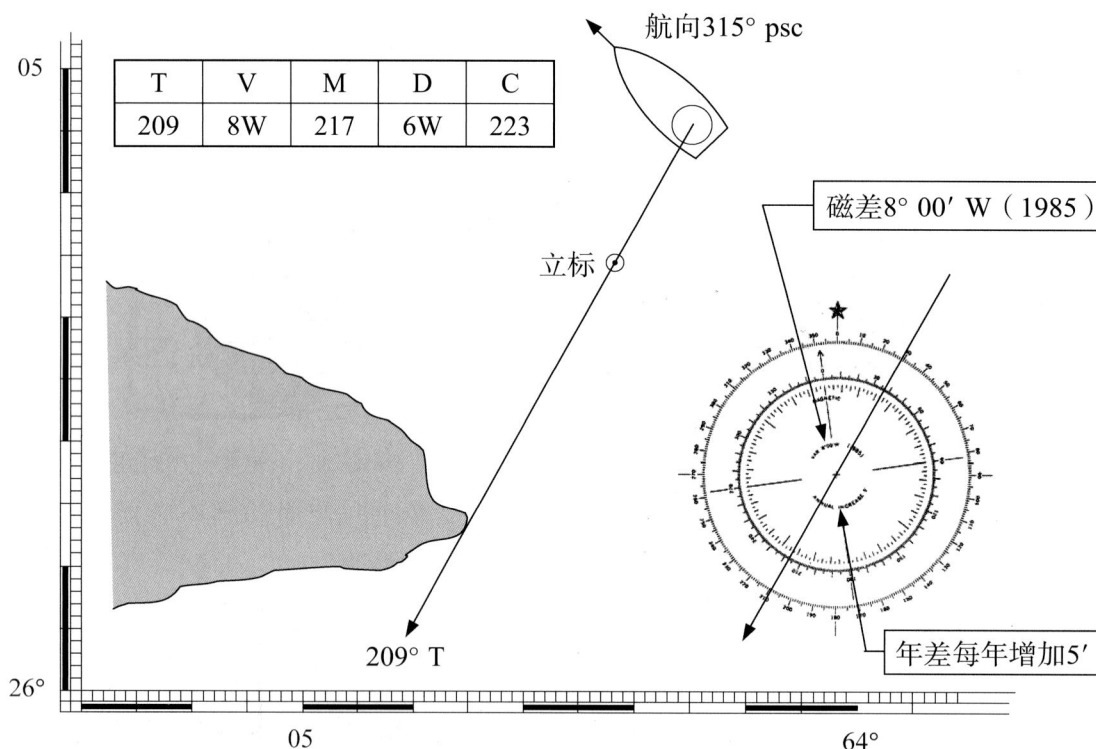

航向315° psc

T	V	M	D	C
209	8W	217	6W	223

磁差8° 00′ W（1985）

立标

209° T

年差每年增加5′

图3-12：从立标与陆地相切，作一条参考线，然后利用罗经花求出这条参考线的真方向。

● 在可航水域内，选择你可以清楚看到的两个叠标，而且你要在海图上找到它们。这个叠标可以由陆地的岬角、高塔、建筑物、桥梁或助航立标组成，但是不能使用漂浮的物体，比如浮标。

● 在海图上找到你选择的叠标，在两个叠标物体之间画一条直线，求出这条线的真方位。

● 开发动机，以 315°的航向交叉驶过这两个标志组成的叠标直线；在与叠标线相交的那一时刻，读取叠标在罗经上显示的方位，在本例中，方位是 223°。

● 在不同的船首向上重复进行这种测量。把数据记在 TVMDC 表格中，见图 3-12，计算出罗经的误差，即罗经自差，本例中是 6° W。

实践中，这个方法实际很难运用，因为你站在深深的驾驶舱中，同时船也在移动，在立标和陆地岬角相重叠的那一刻，从罗经上读数会很困难。采用这种方法，运气好的话，你能以 10°的误差读取罗经方位，我们之所以讲这个方法是为了解释罗经校正背后的原理。

第 2 种方法：利用到达灯塔的 GPS 方位，或者其他固定参考建筑物的方位，如图 3-13。

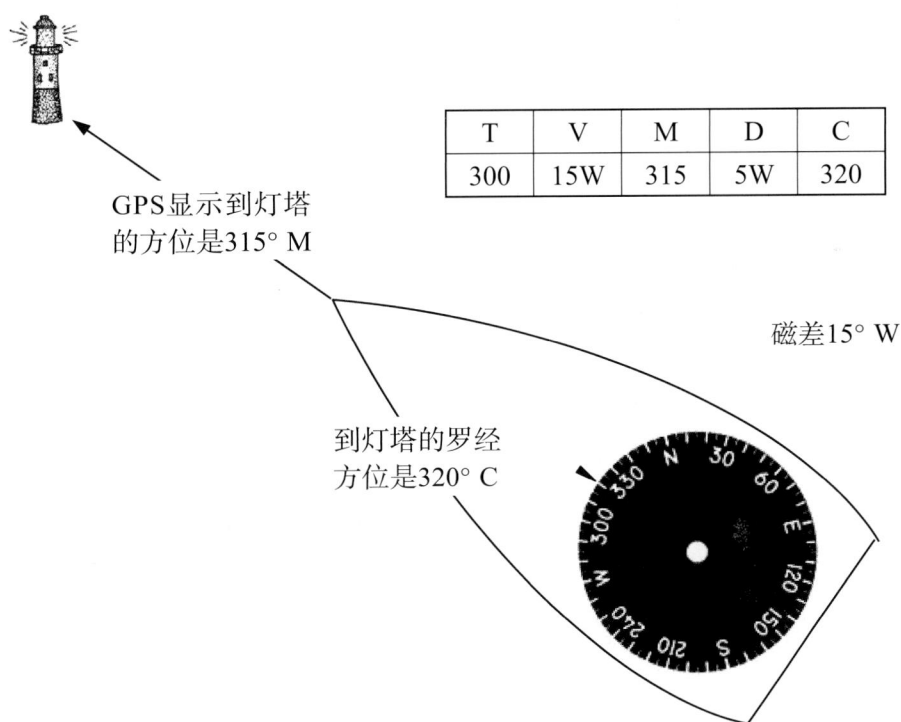

GPS显示到灯塔
的方位是315° M

T	V	M	D	C
300	15W	315	5W	320

磁差15° W

到灯塔的罗经
方位是320° C

图 3-13：比较去往灯塔的 GPS 磁方位和观察到的罗经方位，求出当前船首向的罗经误差。

● 选择一个灯塔或者其他固定建筑，要有足够的高度，能在 1/4 海里之外看到，从海图或者灯标表上确定它的经纬坐标。

● 把这个经纬坐标作为路点（waypoint）输入你的 GPS 接收机，然后读取 GPS 显示的到达该路点的真方位，例如 300° T。

● 目视让船头对准这座灯塔，然后读取船上操舵罗经显示的当前船首向，例如 320° C。

● 在当地海图上查到你所在位置的磁差，例如 15° W。

● 把数据输入 TVMDC 表格，见图 3-13，计算出罗经自差为 5° W。

罗经自差会随着船首向的变化而变化，因此有必要在 8 个不同船首向（相互间隔 45°）上测量读数，以计算船上罗经自差在整个圆周上的数值。在大部分地点，你几乎无法以船为中心，在四周找到 8 个彼此分隔的合适观测物标。因此，这个方法最适合在一两个方向上检查罗经，但是很难组成一张完整的自差表。

第 3 种方法：利用 GPS 显示的对地航向（COG，Course Over Ground）作为参考，见图 3-14。

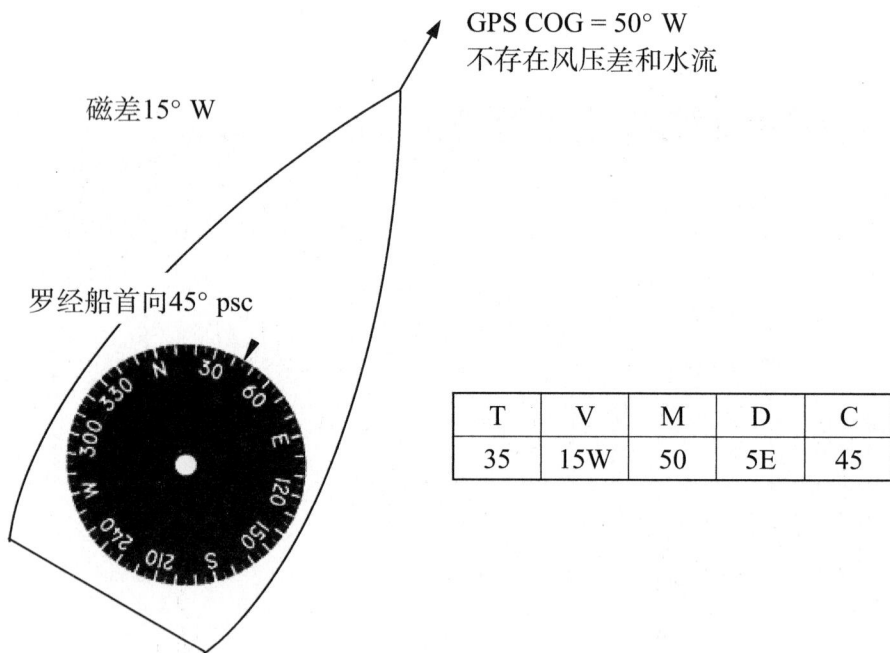

GPS COG = 50° W
不存在风压差和水流

磁差15° W

罗经船首向45° psc

T	V	M	D	C
35	15W	50	5E	45

图 3-14：船正在以 45° psc 航行。GPS 显示对地航向（COG）是 50° M。利用 TVMDC 表格求出当前船首向的罗经自差。

● 这个方法要求在平潮、不存在水流、不存在风的情况下测量，因为水流和风会使船在水中横移，对地航向相对于船首向会改变。

● 在一个航向上把稳舵，例如航向是 045° psc，观察 GPS 的对地航向（COG）的磁方向读数（°M）。二者之差就是当前船首向对应的罗经自差，如图 3-14 的 TVMDC 表格。在另外 7 个相互间隔 45° 的船首向上重复该测量步骤，得到每个船首向的罗经自差。

这个方法要求是零风压差和零水流，但在实际中很难真正做到，因此会带来误差。

第 4 种方法：利用太阳投射的影子作为参考。利用太阳作为参照点校正罗经，这个方法最简单，只需要两个人花 15 分钟就能完成测量，另外再加上计算。这是所讲的 4 种方法中最容易、最简单和最精确的方法，在下面网站视频中有详细介绍。

https://asa-asia.com/home/shop/detail/id/39.html

太阳的方位通过一个简易的日晷测量，日晷可以用 4 英寸直径的木板和 1/8 英寸粗的金属棒制作，金属棒要位于木板中心，且完全垂直于木板；见图 3-15，经过中心画两条彼此垂直的中心线（深色）；然后把日晷放在 360° 纸罗经花的中心，把纸罗经花粘贴在前甲板上，正好让太阳把日晷柱子投影在罗经花上，利用影子直接给出太阳相对于船头的角度。

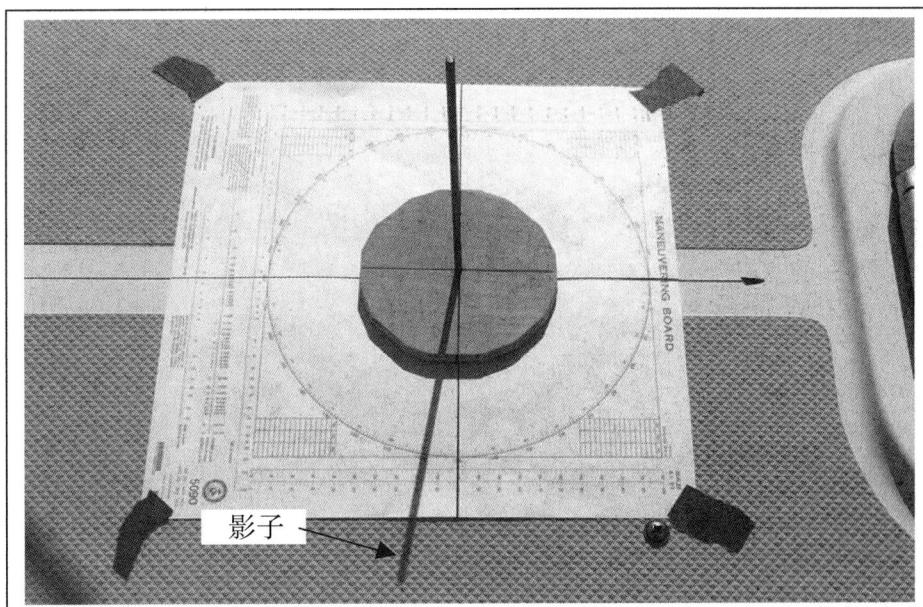

图 3-15：日晷位于前甲板上 360° 罗经花的中心。从这张照片的角度上看，日晷似乎偏离中心，但如果从正上方看，它实际上正好位于罗经花中心。

360° 罗经花是现成的雷达标绘板（Radar Maneuvering Board）纸海图，你可以从海图供应商那里花 10 美元买 50 张。在这张纸上，沿着 0° 到 180° 的轴画一条线，然后再沿着 90° 到 270° 画第二条线，见图 3-16。把这张罗经花粘贴到你的前甲板上，0° 对准船头，180° 对准船尾。见图 3-15，精确地把 0°—180° 轴线与船的前后方向对齐。然后就可以测量太阳相对于船头的角度。

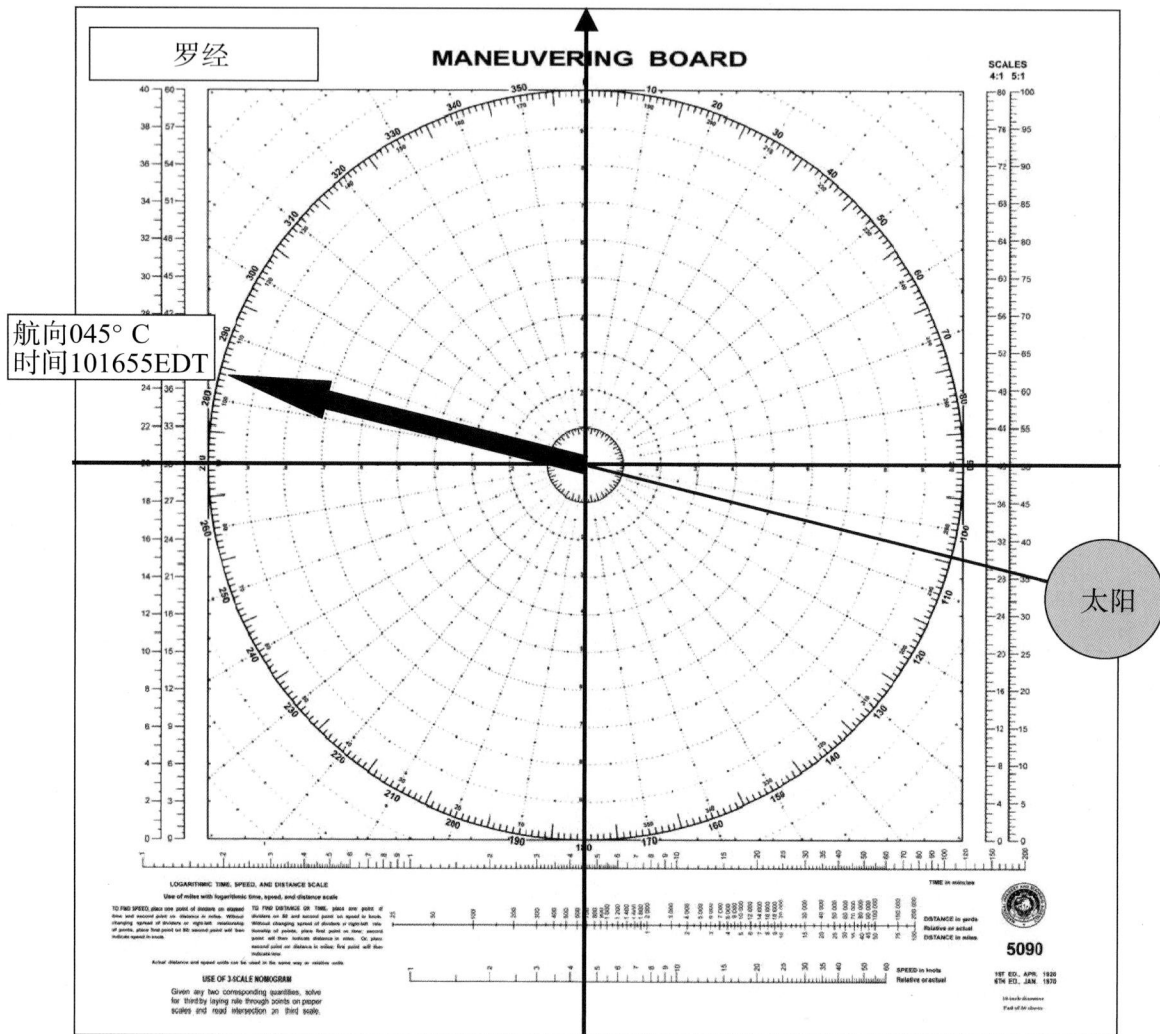

图 3-16：雷达标绘板纸海图，印刷有精度为 1° 的罗经花。这些海图是大约 13 英寸的方形，因此读数很容易精确到度。图上显示的太阳方位是 104°，指向 284° 的箭头代表太阳下的影子。船当前是在 045° 罗经航向上。

该步骤用到的词汇：

● T = 相对于真北的方位。

● V = 磁差。

● M = 相对于磁北的方位。

● D = 罗经自差，向东或向西。

● H = 船首向的罗经读数。

● RB = 从船头顺时针量起的太阳相对方位。

● RRB = RB 的对偶方位。

步骤：

船头对准 8 个不同的方向（8 等分航向）。每个船首向都是直接从操舵罗经上读数，同时把太阳投射的影子标记在罗经花上，见图 3–16。同时记录下标记影子的准确时间（小时、分、秒），然后利用这些数据计算太阳的真方向，示例如下。

日期：2019 年 10 月 28 日。

纬度：38° 59.5′ N。

经度：76° 26.9′ W。

磁差：10° W，从最新的当地海图上查取。

舵手把船稳定在 H = 045° C 的船首向上，此时（101655EDT）日晷柱的影子位于 RRB = 284°。在罗经花海图上标记下影子位置，还有船首向和时间。由于 284° 是太阳的对偶方向，减去 180°，就得到了太阳相对于船头的方位；RB = 284° −180° = 104°，见图 3–16 和下面的表格。（如果 RRB 小于 180°，加上 180° 计算出 RB。）

船首向（H） ° C	时间（EDT*） 时–分–秒	太阳的日晷对偶相对方位 （RRB）°	太阳的日晷相对方位 （RB）°	太阳的罗经方位 （H+RB）° C
045	101655	284	104	149

把船首向（045）加到相对方位（104）上，得到太阳的罗经方位；B = H+RB = 45° C+104° = 149° C，如上表格所示。

要想计算出太阳在罗经观测点的真方向，需要用到格林尼治平均时（Greenwich Mean Time，又称格林尼治标准时）。把观测时间换算成格林尼治平均时，如下：

● 你的经度是 76° 26.9′ W = 76° +26.9 ÷ 60 = 76.448° W

● 你和格林尼治的时间差 = 76.448° W ÷ 15° = 5.069 小时，偏西。

● 把 5.069 取整数（5），表示你在格林尼治以西的第 5 个时区。

---

* 译者注：EDT，Eastern Daylight Time，是美国东部夏令时，是美国东部标准时间（EST）加 1 小时，在美国东部的春夏季使用。秋冬季这些地区使用东部标准时间（EST）。EST+1 小时 =EDT。EST 是西五区的区时，为格林尼治平均时减去 5 小时。EDT 为格林尼治平均时减去 4 小时。

● 你的观测点的时区时间 101655 EDT − 1 小时 = 091655 EST。

● 你的观测点的GMT（格林尼治平均时）= 091655 EST+5 小时 = 141655 GMT。

太阳的真方位可以用以下两种方法计算。

● NOAA网站：https://www.esrl.noaa.gov/gmd/grad/solcalc/azel.html

● 智能手机应用，比如StarPilot。

太阳的真方向计算出来是 137.58° T，可以约等于整数 138° T。把太阳的真方位、前面给出的磁差、前面计算的罗经方位输入一张TVMDC表格，计算出太阳的磁方向，如下表所示。

H	T	V	M	D	C
045	138	10W	148	?	149

在这张表格中，比较 148° M 和 149° C，求出在 045° C 船首向上，罗经自差为 1° W。如下表所示。

H	T	V	M	D	C
045	138	10W	148	1W	149

图 3-17 是一张包含所有这些信息的示意图。研究这张图，理解前面讲到的所有词汇。T是真北；M是磁北；C是罗经北。船首向是 H = 045° C，是从罗经北顺时针测量。日晷上的影子显示为对偶相对方位 284° RRB，是从船头顺时针测量。太阳的方位可以用三个数值描述：138° T，从真北顺时针测量；149° C，从罗经北顺时针测量；104° RB，从船头顺时针测量。

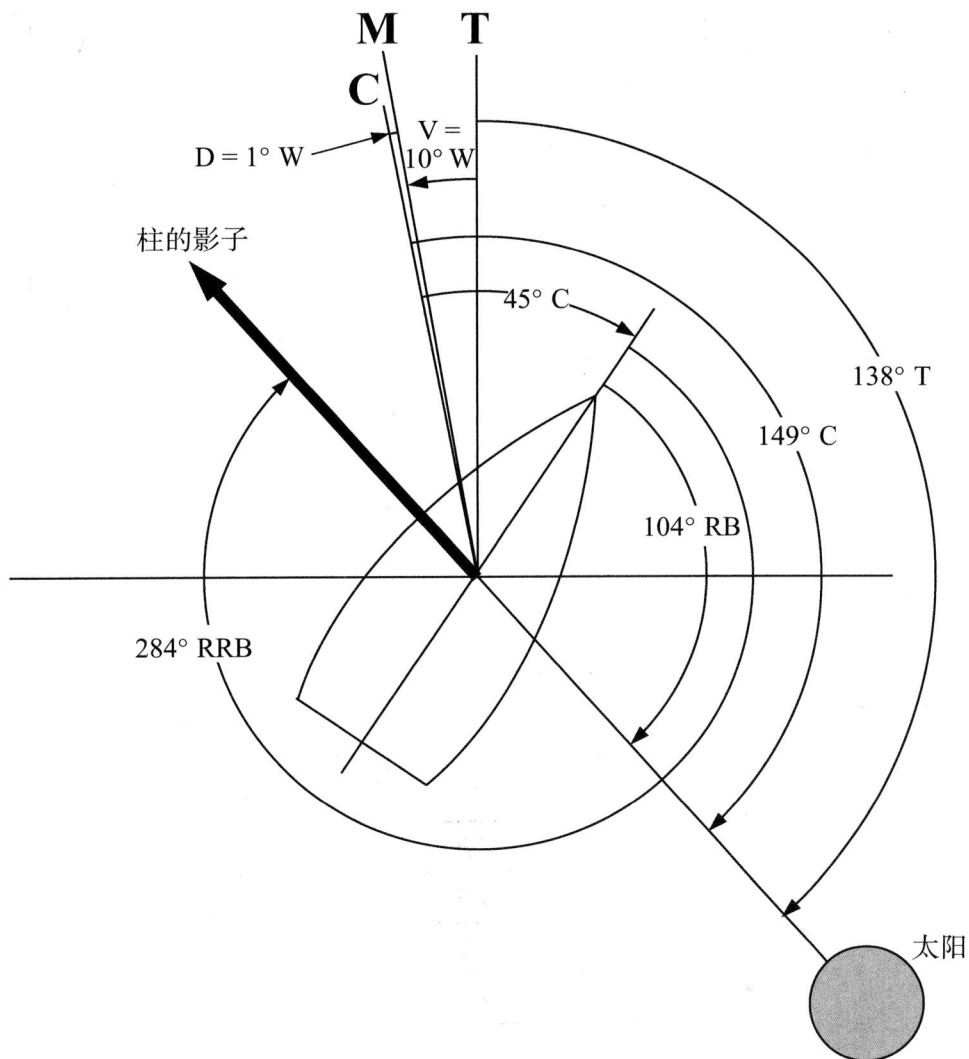

图 3-17：从三个不同参考点量起的太阳方位，如上面文字所述。

在另外 7 个船首向（彼此间隔 45°）上重复以上步骤，求出该罗经的完整自差表，如下表所示。

时间GMT	船首向°psc	T	V	M	D	C
141655	045	138	10W	148	1W	149
141947	090	138	10W	148	2W	150
142235	135	139	10W	149	3E	146
142542	180	140	10W	150	6E	144
142812	225	140	10W	150	7E	143
143120	270	141	10W	151	4E	147
143453	315	142	10W	152	2E	150
143728	360	142	10W	152	0	152

利用这张表格，算出下面的自差表：

船首向 °M	罗经自差 °E或°W	船首向 °C
	1W	045
	2W	090
	3E	135
	6E	180
	7E	225
	4E	270
	2E	315
	0	360

最左侧一列是根据船首向列和罗经自差列计算，例如：

045° C −1° W = 044° M

船首向 °M	罗经自差 °E或°W	船首向 °C
044	1W	045
088	2W	090
138	3E	135
186	6E	180
232	7E	225
274	4E	270
317	2E	315
360	0	360

这张包含了全部船首向的自差表，将用于方位或航向的换算（从° C 到° M，或从° M 到° C）。

● 如果已知真航向° T，用最新当地海图的磁差换算到磁航向° M；然后利用这个° M 值，在自差表的左侧一栏，找到计算罗经船首向° C 所需要的自差。然后根据第 3−12 页的 TVMDC 规则计算出数值：

◇ 导航者希望让船沿着 165° T 航向行驶。

◇ 从最新的当地海图上查取磁差 = 10° E。

◇ 行驶的磁航向 = 165° T − 10° E = 155° M。

◇ 155° M 磁航向对应的罗经自差 = 4° E，需要在自差表左栏的 138 和 186 之间插值计算。

◇ 行驶的罗经航向 = 155° M − 4° E = 151° C。

● 或者，当你从船上罗经上读取航向时，你需要把它换算成真航向，再标绘在海图上，例如：

◇ 航向的船上罗经读数为 190° C。

◇ 该航向对应的罗经自差 = 6° E，需要在自差表右栏的 180 和 225 之间插值。

◇ 磁航向 = 190° C+6° E = 196° M。

◇ 最新当地海图上查取的磁差 = 12° W。

◇ 真航向 = 196° M − 12° W = 184° T。

重点：如果你用船上罗经测得某个静止物体的观测方位，你需要根据观测时的船首向去查自差表，而不是根据测得的方位查表。

后记：校正罗经时，我们是使用太阳作为参考，那么就会遇到一个问题，我们究竟应该是读取每一个船首向对应的时间，还是只用一个平均时间、取太阳在所有船首向的平均方向？我们看一下罗经校正练习中的一些数字：

045° C 的船首向是在 141655 GMT 时测得，360° C 船首向是在 143728GMT 测得，这两个时刻算出的太阳真方位是 138° T 和 142° T。两个船首向之间的时间差是 20 多分钟（143728−141655），太阳方位的差别是 4°（142°～ 138°）。

这就让你面对一个选择，究竟是要获取每个船首向的准确时间，以此计算 8 个船首向分别对应的太阳方位，还是只取一个平均时间（142712 GMT），计算所有船首向的平均太阳方位？使用平均方位在部分船首向上会引入大约 2° 的误差，在另一部分船首向上误差则没有这么大。选择哪一个将取决于你想要的精度。本章末尾的课后习题要求你计算每一个船首向对应的太阳方位（Zn）。

哑罗经

哑罗经（Pelorus）是测量物体相对于船头的方位的装置。它们通常是安装了观察孔的机械光学仪表，能够精确对准观测物体。轮船有时会配备这个仪器，它们安装在稳定的轮船平台上，可以非常有效地测量方位。另外，哑罗经可以做得非常大，能够精确地读到每一度，甚至是 1/4 度。但是在小型船舶上，由于摇晃颠簸的原因，它们难以使用。如图 3-16 所示，用于校正罗经的雷达标绘板就是一张纸质的哑罗经。图 3-20 显示了一张纸质哑罗经，角度是左右舷 0°～ 180°，哑罗经观察到的方位指定为左舷或右舷，比如左舷 45°，右舷 135°。

深度计

在当今的时代，深度计（depth sounder）是一个电子仪器，可以发射声呐脉冲，穿透海水，到达海底，然后感应到从海底返回的脉冲。通过测量脉冲来回一次需要的时间，仪器能计算出当前地点的水深。与海图配合使用时，深度计是一件非常有价值的导航工具；包括以下一些用途：

● 在一段时间内追踪海图上显示的深度读数，以对比监测深度变化趋势，是否与预期的趋势相同。
● 确定一条等深线。
● 进入浅水之后发出警报。
● 从海洋返回岸边时警示我们。当深度超过 600 英尺时，大部分深度计只是闪烁没有意义的数字。当你从海上驶近陆地时，深度会变化到 600 英尺以下，这时深度计开始显示稳定、有意义的数字……这就是所谓 "come onto soundings"（开始深度读数）。

一些专用的深度计可以用来绘制海底的等深线，或者帮渔民找到鱼群。

深度传感器能够发射和接受声呐信号，它一般安装在船底上某个位置，你应该知道这个位置，并且知道怎样把它卸下来检修和保养。同样，你也应该知道怎样校准深度计。它是设置成显示从传感器量起的深度？是从水面量起的深度？还是显示龙骨以下的深度？这一点一定要检查核实清楚。当你停泊时，你可以用一根长杆，或者系着配重的绳子测量深度，然后与电子深度计的读数做比较。

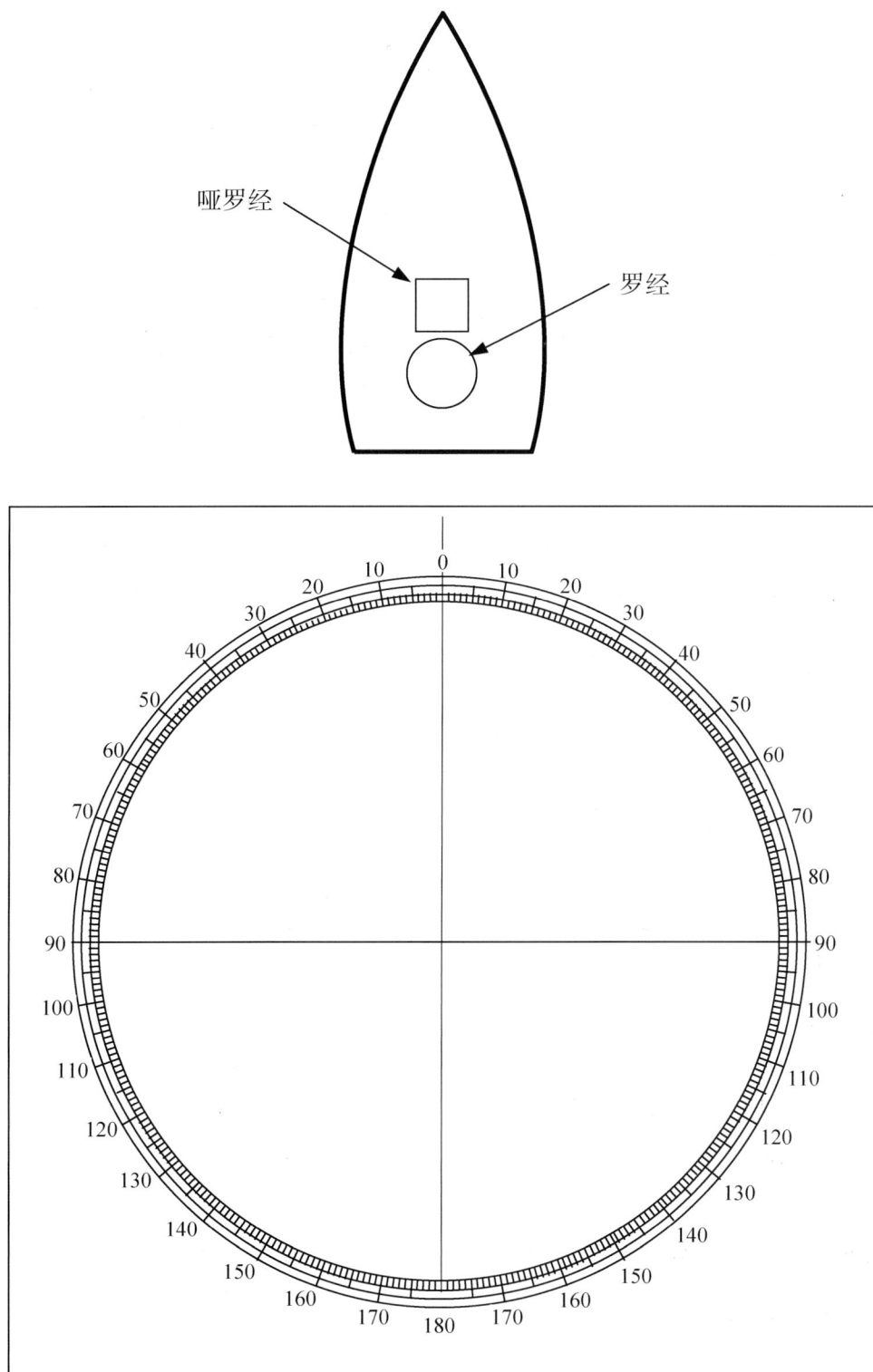

图 3-20：固定在船上的哑罗经能够测量物体相对于船头的方位角。

距离和速度仪表

船在水中行驶的距离对于航迹推算（Dead Reckoning，DR）、移线定位（Running Fix，RF）、水流矢量求解（Current vector solution）、操舵航向（Course to steer，CTS）、预计到达时间（Estimated Time of Arrival，ETA）等计算来说是非常关键的信息。我们基本上使用两种方法来获取船的对水距离。

● 使用电子或机械仪器测量距离，类似于汽车上的里程计（直接测量）。

● 使用船的对水速度和经过时间的乘积（速度 × 时间）。

对于这两种方法，推荐使用第一种方法，因为它不受速度估算误差的影响。通过速度和时间计算距离时，必须估算在一段时间内的平均速度，而人会本能地倾向于高估速度，导致估算的行驶距离比实际更大。直接测量距离避免了这种潜在的错误，它是直接测量船在水中经过的距离，而与这段时间内的速度波动无关。

速度和距离仪表容易受校准误差的影响，有必要通过以下步骤来确定它们的精度。

● 这个步骤要求来回以相反的方向行驶同一段已知距离的航线，以最小化风和水流的影响。

● 利用海图上的两个固定物体之间、已经确定的半海里或更长的一段距离；不要使用漂浮的浮标，因为它们可能会偏差很大的距离。使用固定的码头、桥墩、桥梁、叠标或者类似物体。在海图上精确地量出对地距离（Distance over ground，DOG）。

● 根据你的速度计（是计程仪的速度，Log Speed，不是GPS速度），以固定的速度（LS）机动力行驶量取的距离，精确地记下起航和结束时间，分别是T1 和T2。

● 以相反的方向、同样的速度（LS）行驶同样的这段距离，精确地测量时间，得到T3 和T4。

● 计算每一段经过的时间：

◇ 向外走时间，$T_O = T2 - T1$。

◇ 返回的时间，$T_R = T4 - T3$。

● 如下计算对地速度SOG：

◇ 向外走的对地速度 = $SOG_O = \dfrac{DOG}{T_O}$。

◇ 返回的对地速度 = $SOG_R = \dfrac{DOG}{T_R}$。

- 计算速度修正因子 SF，如下：

$$SF = \frac{SOG_O + SOG_R}{2LS}$$

- 距离修正因子 DF，与 SF 数值相同，因为大部分现代速度计和里程计使用同一个固定在船体上的仪器，因此两个因子受相同误差的影响。
- 这些数字会告诉你计程仪器的误差有多大。如果仪器的手册告诉你了校准步骤，你可以先校准仪表，再跑一遍这条航线，重新检查。否则，你可以把这些修正因子乘到你未来的速度和距离测量值上，计算如下：
  ◇ 修正对水速度，S = SF × 计程仪速度读数。
  ◇ 修正对水距离，D = DF × 计程仪距离读数。

时　钟

精确的计时工具很重要，可以用于计算速度和行驶时间、与他人协调日程安排、检查无线电广播时刻表，还有确保蛋糕不要烤煳！最简单的计时装置是廉价的数字腕表，然而，很多帆船配有航海风格的黄铜时钟。

双筒望远镜

双筒望远镜是瞭望和导航的重要工具。它们能让你识别导航标志、陆地、人造建筑、其他船舶等。作为安全瞭望的重要工具，双筒望远镜能让你及早辨别其他船上的灯号颜色，有更多的时间用来避让。而且，它也能让你及早辨别助航标志的颜色、发光节律和编号。可以选择的双筒望远镜有：

- 7 倍放大倍数、50mm 物镜的光学望远镜；这种规格通常能满足娱乐船舶的基本需求，因为在摇晃的船上，不便使用更高的放大倍数。
- 有内置发光罗经的双筒望远镜。
- 带图像稳定功能的双筒望远镜。
- 带有电子加强图像的光学望远镜。
- 防水且漂浮的双筒望远镜。
- 夜视镜（通常是单筒），能在夜间对微弱的光进行电子放大。

GPS 和罗兰接收机

　　GPS单元利用来自卫星的信号，快速、精确地确定世界上几乎任意地点的位置。它们还能计算你的对地航向和速度，与其他船上仪器集成在一起时，还能计算水流速度和方向，计算去往指定路点的方位和坐标，计算偏离航迹误差（Cross Track Error）；它与船上雷达集成，驱动你的自动驾驶仪，与你的遇险信标（EPIRB）集成，还能追踪你的银行账户往来和社交日历。固定安装的GPS单元很昂贵，但是便携GPS是如此得廉价，以至于船上不带上一两台便携GPS简直是愚蠢。参考图 3-21。

　　罗兰（Loran）接收来自岸上固定发射塔的信号，因此它的应用只能局限在离岸数百海里以内。现代罗兰单元的设计已经能够实现GPS单元的所有功能。由于GPS系统的成功引入，美国海岸警卫队的罗兰系统已经于 2010 年关闭，不再提供服务。然而，在许多欧洲国家和世界其他一些地方，还在使用罗兰。

Lowrance品牌的固定安装GPS　　　　　Garmin品牌的便携GPS

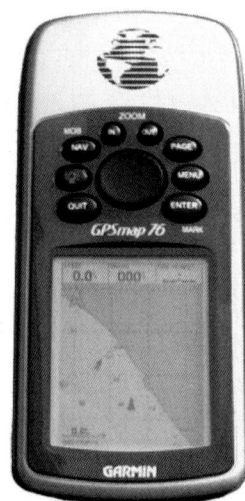

图 3-21：船用GPS单元的大小和功能各异，如图是两种常用的类型。

雷 达

对海员们来说，雷达是一个功能强大的工具，尤其是在交通繁忙、障碍物众多的沿岸水域航行时，此时定位精度就非常关键。对海员来说，雷达有三个基本用途。

- 导航：识别和找到陆地、建筑物和助航标志的位置。
- 避碰：识别和矢量追踪其他移动的船舶。
- 躲避风暴：识别和矢量追踪移动的风暴。

雷达工作时，会发射一个无线电信号，然后收听被反射表面（比如另一个船舶、陆地、助航标志、桥梁等类似物体）反射的回波。雨水和高度低的风暴云同样也能反射回波。

图 3-22 显示了一个典型的小型船舶雷达屏幕，在相对方位 55°、距离 3.4 海里处有一个目标。这个目标可能是一个岛屿、一座建筑物、一艘船舶或者一朵风暴云，因此海员需要练习和持续的观察，才能辨别它们的区别。*US Navy Radar Manual* 是一本很好、很详细的美国海军手册，讲述了雷达理论和雷达解读，包括避碰用的矢量绘图。

与其他电子仪器类似，每个制造商的雷达使用步骤都不相同，因此在安装和使用时要阅读它们的用户手册。

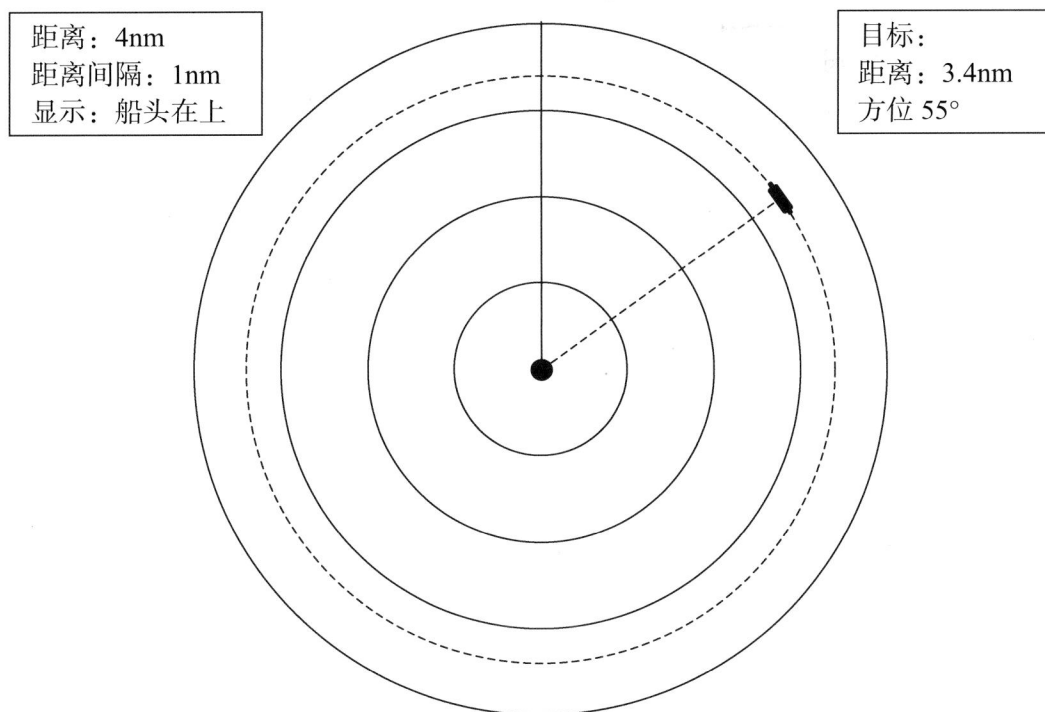

距离：4nm
距离间隔：1nm
显示：船头在上

目标：
距离：3.4nm
方位 55°

图 3-22：典型的船上雷达屏幕，显示在右舷 55° 有一个"目标"。

● 像iPad和安卓装置一样的移动装置，直接或者通过一个卫星通信机（比如Iridium GO）连接到互联网，能够接收天气文本和图像消息。

NAVTEX接收机

　　NAVTEX接收机（航行警告接收机）提供打印的文字信息，包括天气预报、航行危险、紧急情况、助航标志的损坏和其他安全信息。NAVTEX信号从岸台以中频518KHz发射，取决于大气条件，它可以传播500海里。NATVEX单元带有纸质打印或者LCD（液晶）显示屏和存储功能。NAVTEX报告同样包含一些卫星天气预报。这些仪器的关键好处就是它们能接收最新的助航浮标的更新或损坏信息，因为这些信息可能还没来得及以航行通告的形式发布。《Radio Navigation Aids》NGA Pub117，是关于NAVTEX的广播日程、内容和发射地点的简明描述。

课后习题

1. 你的海图上的罗经花上标明 <u>VAR 12° 15′ W（1990）ANNUAL INCREASE 8′</u>。那么 2000 年的磁差是多少？

2. 你的海图上的罗经花上标明 <u>VAR 12° 15′ W（1990）ANNUAL DECREASE 8′</u>。那么 2000 年的磁差是多少？

3. 你的海图上的罗经花上标明 <u>VAR 6° 20′ E（1990）ANNUAL INCREASE 8′</u>。那么 2000 年的磁差是多少？

4. 你的海图上的罗经花上标明 <u>VAR 6° 20′ E（1990）ANNUAL DECREASE 8′</u>。那么 2000 年的磁差是多少？

5. 完成下列表格。

T	V	M	D	C
090		087		088
	14E	157	2W	
324		318		315
	11W		4E	005
358	8W			355
222		227	6W	
	9E	355		002
002	4E		7W	

6. 利用下表的数据，以表格的形式，构建一个罗经自差表和自差图。

船首向°C	时间（EDT）小时-分-秒	太阳的日晷对偶相对方位（RRB）°
045	091608	241
090	091812	193
135	092031	145
180	092219	101
225	092441	63
270	092635	21
315	092837	338
360	093033	290

2020 年 7 月 18 日
纬度：39° 07.1N
经度：76° 10.2W
磁差：12° W

船首向（H）°psc	时间（EDT）时-分-秒	太阳的日晷对偶相对方位（RRB）°	太阳的日晷相对方位（RB）°	太阳的罗经方位（H+RB）°
045	091608	241		
090	091812	193		
135	092031	145		
180	092219	101		
225	092441	63		
270	092635	21		
315	092837	338		
360	093033	290		

船首向（H）°C	时间（EDT）小时-分-秒	时间（GMT）小时-分-秒	太阳方位Zn °T	太阳方位Zn °T（取整）
045	091608			
090	091812			
135	092031			
180	092219			
225	092441			
270	092635			
315	092837			
360	093033			

H	T	V	M	D	C
045					
090					
135					
180					
225					
270					
315					
360					

船首向° M	罗经自差° E或° W	船首向° C
		045
		090
		135
		180
		225
		270
		315
		360

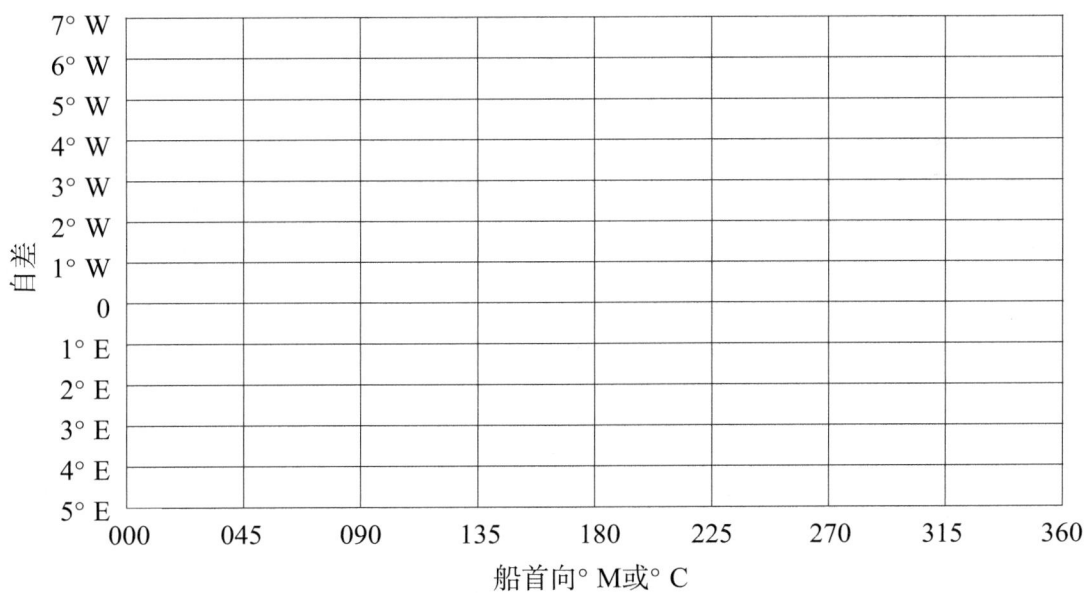

纵轴：自差 7°W 6°W 5°W 4°W 3°W 2°W 1°W 0 1°E 2°E 3°E 4°E 5°E

横轴：船首向° M或° C 000 045 090 135 180 225 270 315 360

罗经　2019 年 10 月 28 日

7. 你想检查一下船上罗经在 180° psc 船首向上的精度，决定利用位于 263° T 方向上的一个叠标。你的当前位置的磁差是 7° E。你缓慢地机动力航行，以 180° psc 方向的航向与叠标线交叉，利用一个哑罗经，记下叠标位于右舷船头的 65° 方向。根据以上观测，在这个船首向上，你的罗经自差是多少？

8. 为了确定电子速度计和计程仪的精度，你沿着一条已知长度为 1 海里的航线机动力航行，速度稳定在 6 节（以船上速度计读数为准）。驶完全程花了 9 分 14 秒。然后，你再转弯，以相反的方向行驶这个同样的 1 海里距离，花了 13 分钟 20 秒。

速度计的修正因子是多少？_____

计程仪的修正因子是多少？_____

9. 后来，在 45 分钟的时间段里，你的电子速度计和计程仪显示你已经以 6.5 节的速度行驶了 4.9 海里的距离。基于前面第 8 题确定的修正因子，修正后的对水速度和距离分别是多少？

修正速度_____节。

修正距离_____海里。

第4章
基础作图

　　海图作图技术对于精确地确定你在海图上的位置非常重要，还有确定其他物体的位置，计算到达目的地的航向和距离。这要求你能够精确地使用第3章描述的基本作图工具，尤其是平行尺、分规、量角三角尺和铅笔，我们在本章后面还会讨论。

纬度和经度

　　纬度和经度是以地球的两极轴心作为参照的网格坐标系统，第1章已经有描述。大部分的导航和地图软件都会用到经纬坐标，下面是它在船舶导航中应用的描述。

　　纬度（简写为L或Lat）是赤道以北或以南的角度距离。赤道是 L = 0°，北极是 L = 90° N，南极是 L = 90° S。这些分界线之间的纬度表示为度、分、小数分和N或S。纽约城位于 L = 41° N，澳大利亚的悉尼位于 L = 34° S。

　　经度（简写为 λ，发音 lan-mu-da，或 Long）表示距离英国伦敦的格林尼治以东或以西的角度距离。格林尼治是 λ = 0°，国际日期变更线（位于格林尼治的地球对面）是 λ = 180° E 或 W。纽约城是 λ = 74° W，悉尼是 λ = 151° E。

　　要想指定一个精确的位置，我们同时使用经度和纬度（度、分和小数分，加上N、S、E或W），例如：

　　L = 26° 04.92′ N，

　　λ = 64° 03.26′ W。

　　这个位置已经标绘在图4-1中。注意，纬度线是从左侧的纬度刻度上水平地画线，而经度线是从下方的经度刻度上竖直地画线。它们相交的位置就是定位位置，用点、圆和时间来标记。这种定位有两种基本作图方法：

05

26°

05

64°

64° 03.26′ W

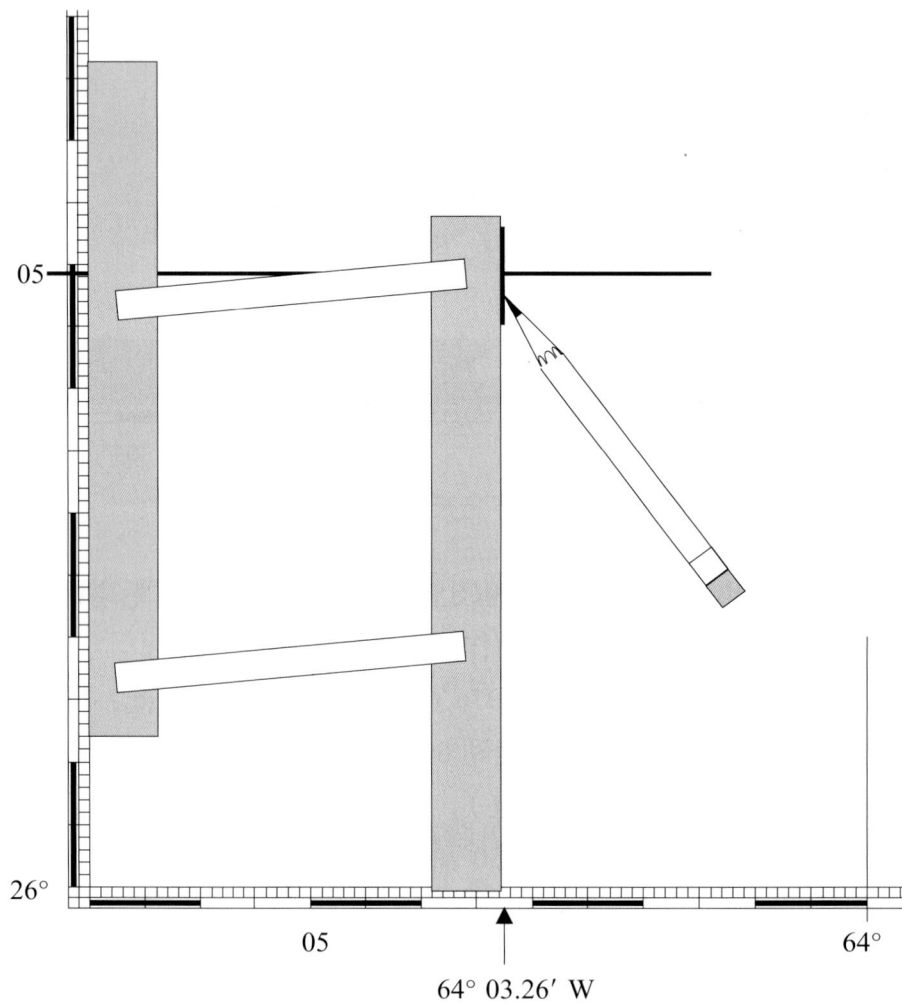

图 4-3：使用平行尺画一条经度线。

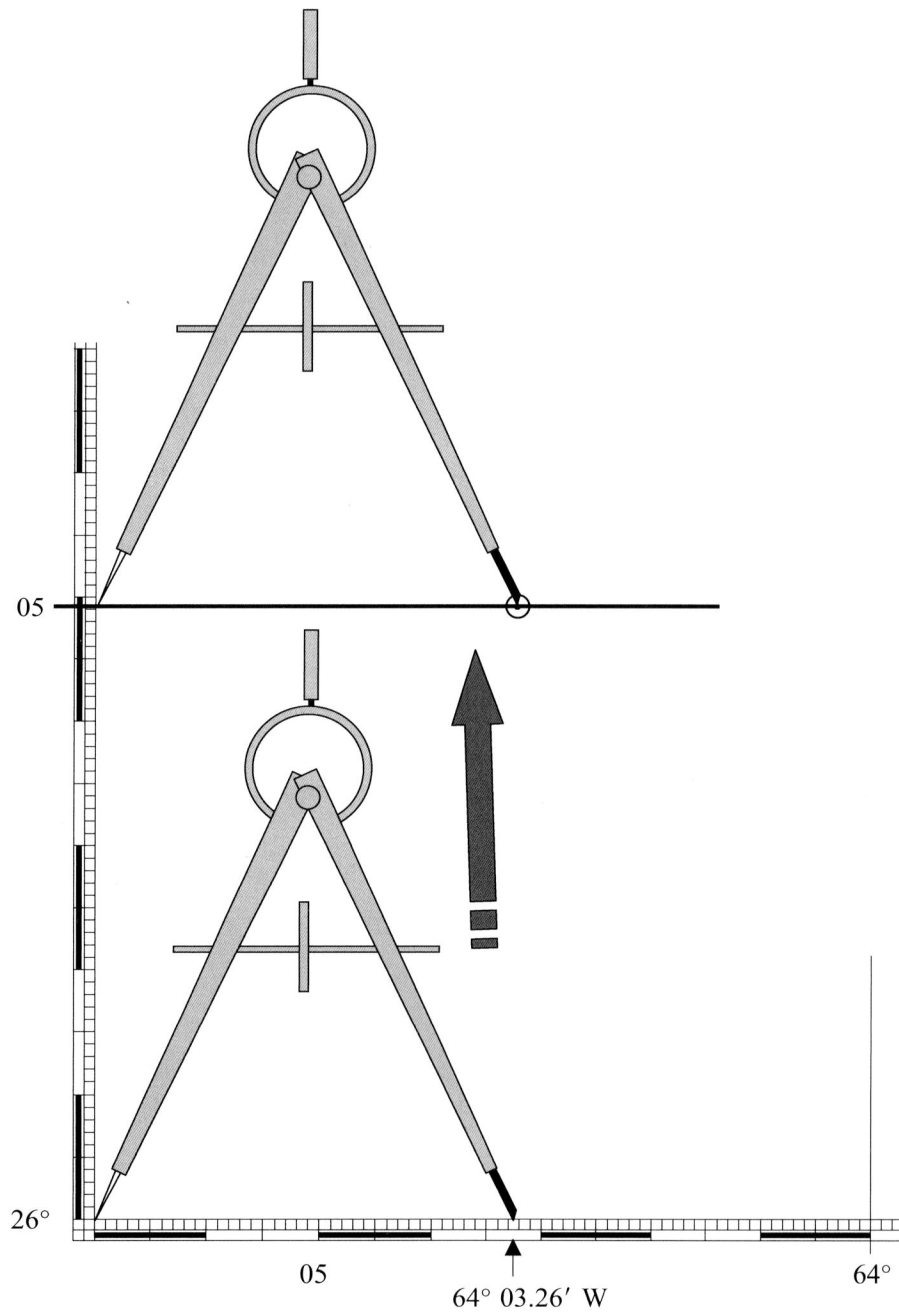

图 4-4：测量经度线的另一种方法。类似的方法可以用于纬度。

课后习题

对于该习题，使用附录 E 上的练习空白海图纸解答，或者在 ASA 亚洲在线商城下载副本：https://asa-asia.com/home/shop/detail/id/39.html

1. 确定下列方位和距离。

a. 从 A 到 B。方位_____° T，距离_____NM。

b. 从 B 到 A。方位_____° T，距离_____NM。

c. 从 A 到 C。方位_____° T，距离_____NM。

d. 从 E 到 D。方位_____° T，距离_____NM。

e. 从 D 到 E。方位_____° T，距离_____NM。

f. 从 F 到 A。方位_____° T，距离_____NM。

g. 从 B 到 E。方位_____° T，距离_____NM。

2. 确定下列点的纬度和经度。

a. 点 A。纬度_____经度_____

b. 点 D。纬度_____经度_____

c. 点 E。纬度_____经度_____

3. 在纬度 26° 03.2′ N 经度 75° 02.8′ W 的位置，画一个新的点"G"，然后确定下列方位和距离。

a. 从 G 到 A。方位_____° T，距离_____NM。

b. 从 E 到 G。方位_____° T，距离_____NM。

c. 从 C 到 G。方位_____° T，距离_____NM。

第 5 章
航迹推算

航迹推算（Dead Reckoning）是海上导航的基础，对于其他导航信息、天气预报的使用和分析，以及航行进度的评估都非常重要。推算位置应该被忠实地记录和标绘，无论你是使用电子海图导航，还是纸海图导航。

与很多人可能的认识相反，航迹推算绝对不是根据你看到的周围世界做出的猜测。它是一个具体的步骤，涉及下面两个要素，并且要定时和及时地标在海图上。

● 操舵航向，根据船上罗经的读数（最近的一个时间间隔内）

● 对水行驶的距离，根据你的速度计和计程仪读数（在同一个时间间隔内）。

这些信息要定期记录在你的航行日志上，并且以固定的时间间隔标绘在海图上。它代表了根据以上两条信息，推测出的你船位置。但是我们知道，还存在其他因素使这个结果不再准确，比如水流、风压差、操舵误差、仪器误差、数据记录误差和人为疏忽。实际上，我并不认为自己真得就在 DR（推算）位置。我已经知道自己实际是在其他的位置，但是我可以把航迹推算作为基础，用来评估和利用其他数据，然后做出当前位置的合理推断。

我们在后面的章节里再来讨论其他的因素；到目前为止，我们集中精力学习怎样把航迹推算做对，下面是主要的要素。

甲板日志

第三章概括了正确的甲板日志的基本组成要素，它包括叙述部分和表格部分，并且展示了一张远洋航行时记录的表格。记录数据的时间间隔会根据你航行的水域而变化，我推荐下列标准。

航迹推算的标绘

利用航迹推算表格中的数字，把航迹推算图标绘在海图上，见图 5-1。最终作图见图 5-2。

航迹推算作图应该在每次瞭望或每个时间间隔结束后立即进行，以保持海图作图始终都是最新的，随时可以用于导航需求。你不能把这份重要的职责留到过后补做。

用一个半圆和一个点标记每个位置（表示这是推算船位），再标上船上时间（Ship's Time）。一定要用清晰、易读的方式作图，严格使用第 4 章讲过的标准符号标记海图，以便船上其他人解读你的作图，并且不会产生混淆。

推算船位几乎从来都是不准确的，你很少会正好位于推算船位位置。因此我们需要根据其他信息来修正推算船位，比如利用目测方位和深度，后面的章节会讨论。

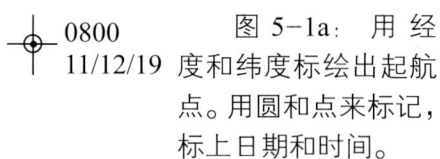

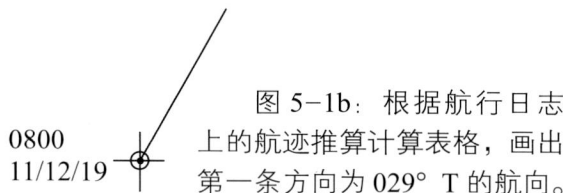

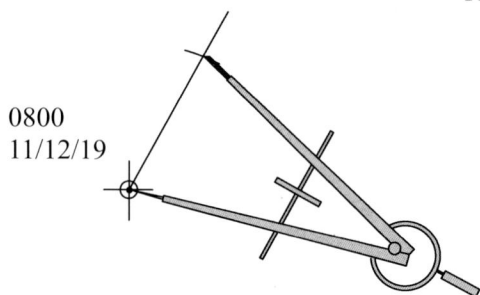

0800
11/12/19

图 5-1a：用经度和纬度标绘出起航点。用圆和点来标记，标上日期和时间。

0800
11/12/19

图 5-1b：根据航行日志上的航迹推算计算表格，画出第一条方向为 029° T 的航向。

0800
11/12/19

图 5-1c：根据前边的航迹推算计算表格，第一段航向的行驶距离是 1.9 海里。利用海图左右两侧的纬度刻度，把分规两脚张开到这个距离。把分规一支脚放到 0800 时刻的位置，用另一支脚在航线上标出距离。

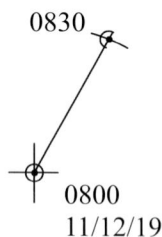

0830
0800
11/12/19

图 5-1d：用点和半圆、时间标记第 2 个点。

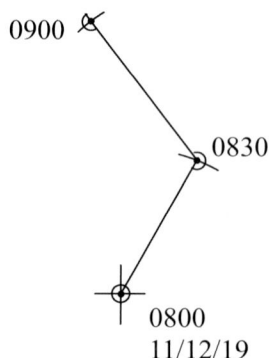

0900
0830
0800
11/12/19

图 5-1e：继续这个过程，画完序列中的所有点。这是一个持续进行的过程，航迹推算应该始终保持最新。

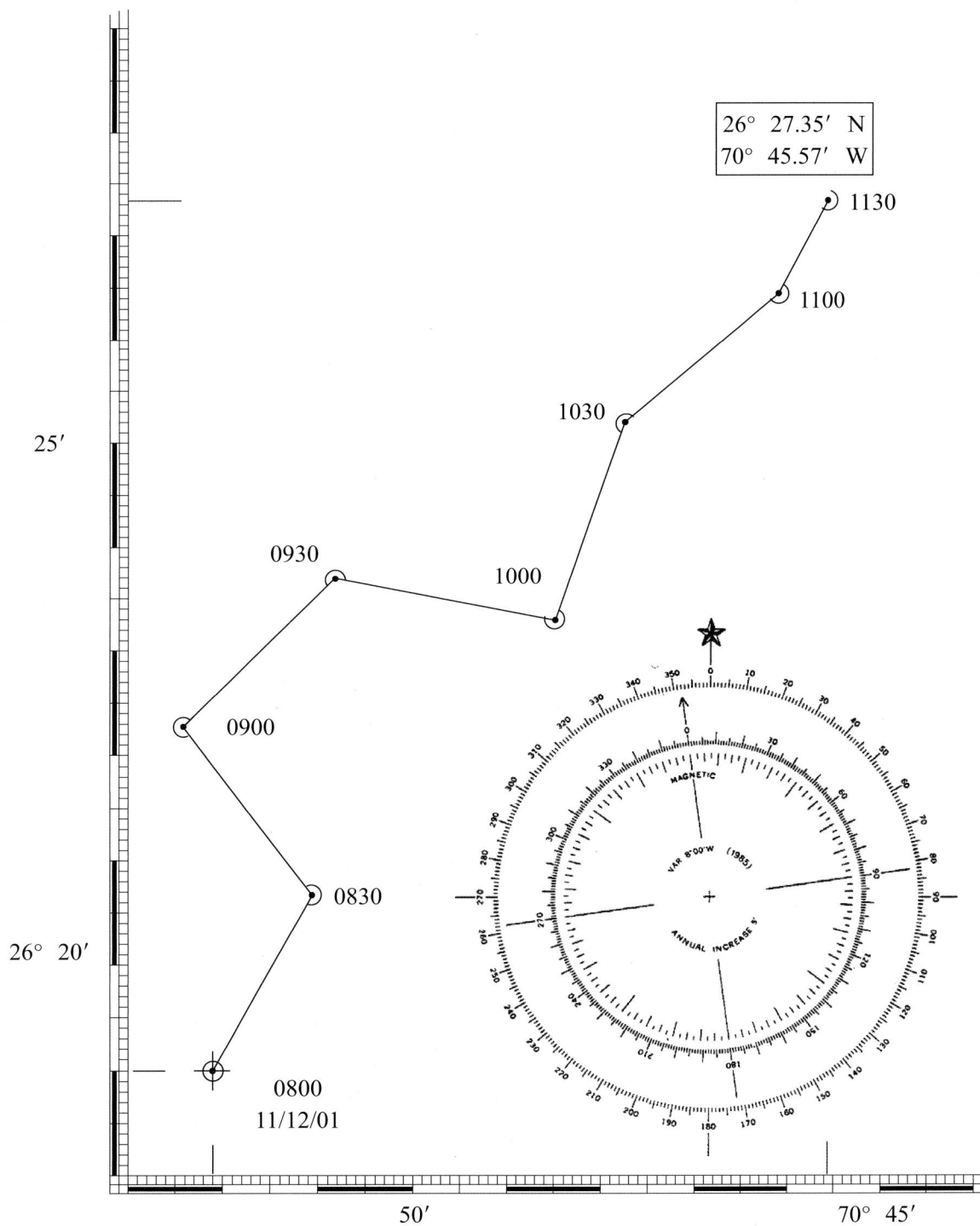

図 5-2：航向和距离的航迹推算。

| 26° 27.35′ N |
| 70° 45.57′ W |

1130
1100
1030
0930
1000
0900
0830
0800
11/12/01

25′
26° 20′
50′
70° 45′

巡航导航

成功的巡航导航需要 4 个独立且不同的要素。

● 等角航线*（Rhumb Line）是我们计划行驶的未来航线，应该在巡航前画在海图上，便于检查和评估计划航迹和潜在危险物，还有可能存在的机会。

● 航迹推算（Dead Reckoning，DR）是实际行驶的航向、距离和航线的历史记录。它能够告诉我们大概的位置，也是使用和评估其他导航数据的基础。

● 核实确认是通过添加其他数据和观测结果，来改进我们的航迹推算。这包括根据目测方位、深度、雷达、天文、水流、风压差和其他信息画出的位置线（Line of positions，LOP）。

● 分析是通过对比你的计划航迹和目的地，检查路线的进度，以评价实际的航行进度，同时考虑变化的天气条件、时间安排、船和器材状况、船员状况和其他相关因素。

后面的章节会进一步讨论这些导航要素，以及怎样把它们组合在一起，变成一个完整的导航步骤。

---

* 译者注：等角航线，Rhumb Line，又称恒向线，即在地球表面，方向始终恒定不变的线（与所有经度线的夹角始终不变）。比如东北方向的等角航线，在这条线上的任意位置，该线都指向045° T，但在地球的球面上，这条线就是一个螺旋线。投影到墨卡托海图上，却成了一段直线。墨卡托海图上的所有直线都是等角航线。

课后习题

本习题使用附录 E 中的练习空白海图纸，或者在 ASA 亚洲网站在线商城中下载：https://asa-asia.com/home/shop/detail/id/39.html。注意练习空白海图上的罗经花显示的磁差是 8° 00′ W（1985）Annual Increase 5′。使用前，把磁差修正到问题所在的年份，近似到整数度数。使用本书第 5 章的自差表。

在 2002 年 9 月 23 日的 0700 时刻，你正位于 E 点。在后面的数小时的时间里，你在甲板日志上记录了下列数据。

日期	时间	航向 ° psc	距离 NM	DR计算
9/23/02	0700		432.6	
	0730	001	435.6	T V M D C 距离 =
	0800	076	438.8	T V M D C 距离 =
	0830	319	442.2	T V M D C 距离 =
	0900	076	445.4	T V M D C 距离 =
	0930	319	448.4	T V M D C 距离 =

把罗经航向换算成° T。从 E 点开始，以真航向画出该段时间内的航迹推算，确定 0930 时刻的推算位置。

纬度_____，经度_____。

第6章
定　位

位置线

位置线（Line of Positions，LOP）表示"你在这条线上的某个位置"。位置线是经过你所在位置的已知线。你不知道自己在这条线上的哪个位置，但是你知道自己就在这条线上。位置线可以是直线、曲线或者是不规则的线，例如：

- 两个静止物体的视觉重叠，见图6-1。我们朝水面望过去，看到两个灯标（或其他物体）彼此对齐重合。如果我们能在海图上找到这两个物体，然后穿过它们画一条直线，我们就能推论：我们正在这条线上的某个水域位置。这就是一条位置线，我们就在这条位置线上。

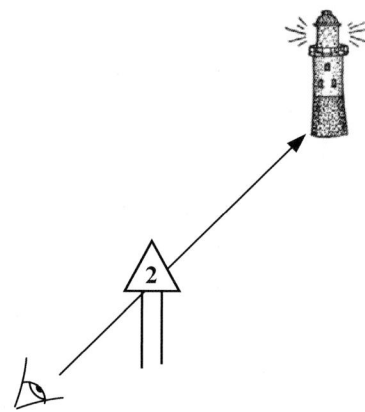

图6-1：两个物体的视觉重叠。

- 罗经方位：相对于一个静止物体的罗经方位，见图6-2。我们穿过罗经，观测一个灯塔建筑或者其他物体，记下罗经读数。如果我们能在海图上找到这个物体，穿过它画一条方位线，我们就能推论：我们就在这条线上的某个点上。除了用罗经，方位还可以用雷达和无线电定位器（radio direction finder，RDF）测量。

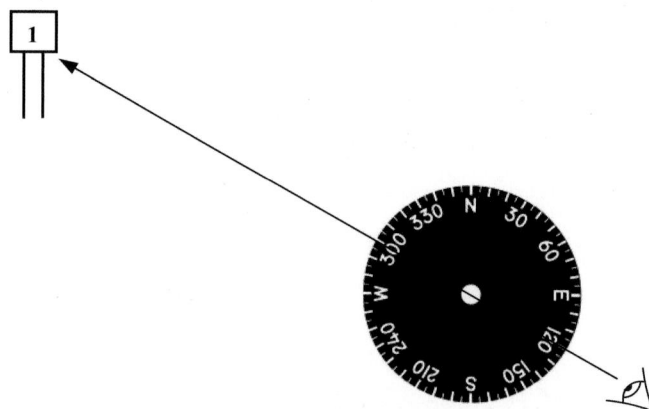

图6-2：物体的罗经方位。

● 等深线，见图 6-3。我们正在一个已知的陆地岬角附近航行，仪表的水深读数是 12 英尺。海图显示了这片区域的 6、12、18 英尺的等深线，因此我们可以推论，现在我们正在 12 英尺等深线上。

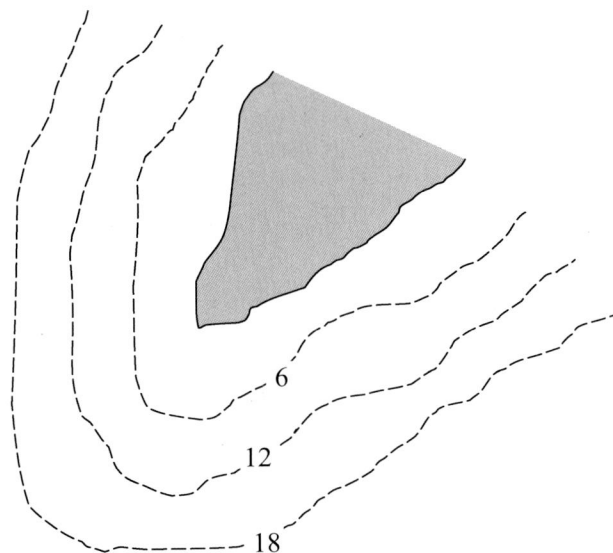

图 6-3：等深线可以用作位置线。

到某个静止物体的距离，能让我们以这个物体为圆心，画一条圆弧，见图 6-4。我们可以用多种方法测量这个距离，包括雷达、测距望远镜，或者根据物体的高度计算。

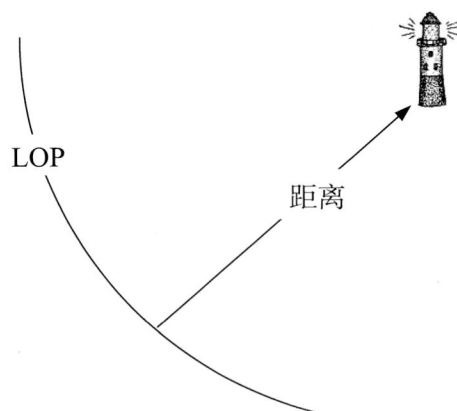

图 6-4：距离的测量。

经度线和纬度线——从 GPS 或罗兰上读取——也可以作为位置线，参考第 4 章的描述。

天体观测也能计算出位置线，但是具体细节本书不做讨论。

灯标的射程

灯标的射程也可以用来确定位置线，例如：

地理射程（Geographic Range）：由于地球表面是圆的，远方的物体会在你的视线的地平线以下。矮的物体较高的物体，会更早地落在地平线以下。知道了你的眼睛高度和远方固定物体的高度之后，你就可以算出你能看见这个物体的最大距离。参考示意图 6-5，D1 是你的眼睛高度对应的地平线距离，D2 是灯塔高度对应的地平线距离，D1 + D2 的和，即是你在清晰能见度下看到灯标的最远距离。这个距离可以通过图 6-6 来计算，这是从 USCG 灯标表上摘录下来的地理射程表。

示例 1：

● 如果你的眼睛高于水面的高度是 10 英尺，那么根据图 6-6 的地理射程表，你的地理地平线距离就是 D1 = 3.7 海里。

● 如果灯塔的高度是 65 英尺，那么它的地理地平线距离就是 D2 = 9.4 NM。

● 因此，你能看到灯塔的最大距离是 D1 + D2 = 3.7 + 9.4 = 13.1 NM。这是根据高度和地球曲率，在清晰能见度下，借助良好的视力或望远镜所能看到的最大能见距离。

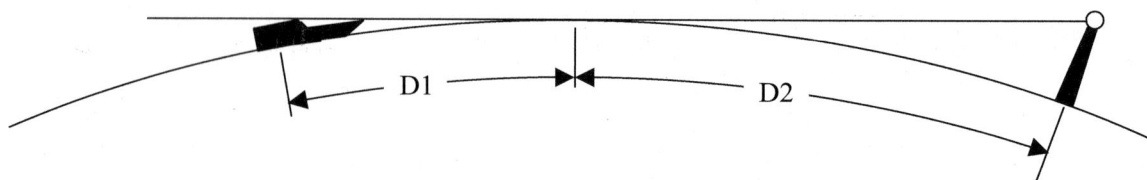

图 6-5：看见灯塔的最大距离是观察者的地理地平线距离（Navigator's Geographic Horizon，D1），加上灯塔的地理地平线距离（Geographic Horizon，D2）的和。

灯光初显的判断（Bobbing a light）：夜间，如果某个灯标足够明亮，最远可能在前面讲的地理射程上看到。灯光初显是指你正好位于最大地理射程上，船跟着波浪上下起伏，灯光也忽亮忽灭，就像在水面上下跳跃。如果你比最大地理射程更近，灯光就不会被地平线遮挡。

地理射程表

下列表格给出了对于海平面高度的观察者，不同高度物体的近似地理能见距离。你需要把物体高度对应的距离，加上观察者眼睛高于海平面高度对应的距离，才能得出最大地理射程。

高度 英尺/米	距离高度 海里/米	高度 英尺/米	距离 海里/NM	高度 英尺/米	距离 海里/NM
5/1.5	2.6	70/21.3	9.8	250/76.2	18.5
10/3.1	3.7	75/22.9	10.1	300/91.4	20.3
15/4.6	4.5	80/24.4	10.5	350/106.7	21.9
20/6.1	5.2	85/25.9	10.8	400/121.9	23.4
25/7.6	5.9	90/27.4	11.1	450/137.2	24.8
30/9.1	6.4	95/29.0	11.4	500/152.4	26.2
35/10.7	6.9	100/30.5	11.7	550/167.6	27.4
40/12.2	7.4	110/33.5	12.3	600/182.9	28.7
45/13.7	7.8	120/36.6	12.8	650/198.1	29.8
50/15.2	8.3	130/39.6	13.3	700/213.4	31.0
55/16.8	8.7	140/42.7	13.8	800/243.8	33.1
60/18.3	9.1	150/45.7	14.3	900/274.3	35.1
65/19.8	9.4	200/61.0	16.5	1000/304.8	37.0

图 6-6：USCG 灯标表上的地理射程表。

额定光力射程（Norminal light range）是标在海图和灯标表上的光力射程，是灯标在清晰能见度下的夜间最大可见距离。

示例 2：海图上标有 Fl 2.5 sec，65 ft 18M 的灯标是白色闪光灯，以 2.5 秒为周期，高度 65 英尺，额定光力射程是夜间清晰能见度下 18 海里。这个射程要比最大地理射程更远，示例 1 计算的地理射程是 13.1 海里。因此，当你进入最大地理射程时，应该能够看见它。如果你是在一条轮船上，眼睛高度为 150 英尺，你应该能在 18 海里的距离上看见这盏灯。然而，超过额定光力射程之后，灯标的能见距离就不再随着眼睛高度而增加。

光度距离（Luminous Light Range），是灯标在有限能见度条件下可以看到的距离。在雨或雾中，能见度降低，来自灯塔的灯光无法达到其额定光力射程。这个效果可以用图 6-7 来估计，这是 USCG 灯标表上摘录的光度距离图。

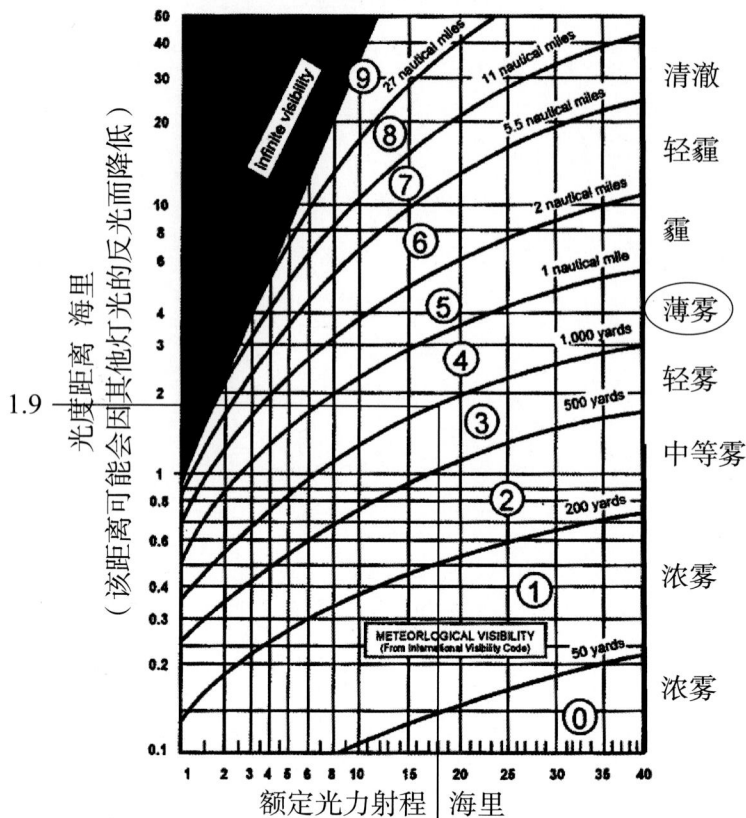

图6-7：来自USCG灯标表的光度距离图，加上了能见度注释。

示例3：前面例子中，出现了薄雾天气，能见度下降到了4（根据图6-7）。判断在当前条件下的灯标可视距离，方法如下。

● 在光度距离图的底边，找到对应的额定光力射程（示例2，18NM）；竖直向上，找到代表能见度4的曲线，然后水平向左，落在光度距离刻度上，读取1.9NM。

● 因此，你需要在1.9海里距离上才能看到灯标，这要比例1的地理射程（13.1NM）和例2的额定光力射程（18.0NM）要近得多。

方 位

方位（Bearing，B）这个词表示从你出发、前往某个物体的方向。方位可以用罗经、无线电定向或雷达来测量。取决于观测使用的仪器，方位可以用T、M或psc表示；参考第 4 章的定义。方位可以用作位置线，可以和其他位置线组合，给出定位。

定 位

你的地点或位置，可以用下面几种方式来确定。

两条位置线定位：配合正确的作图技术，你可以利用两条不同来源的位置线，让它们相交，得到一个定位（Fix）位置，如图 6-8。只有两条方位线在同一时刻测量时才有效。后面，我们会讨论在不同时刻得到的位置线。定位的作图符号是一个圆圈和一个点。

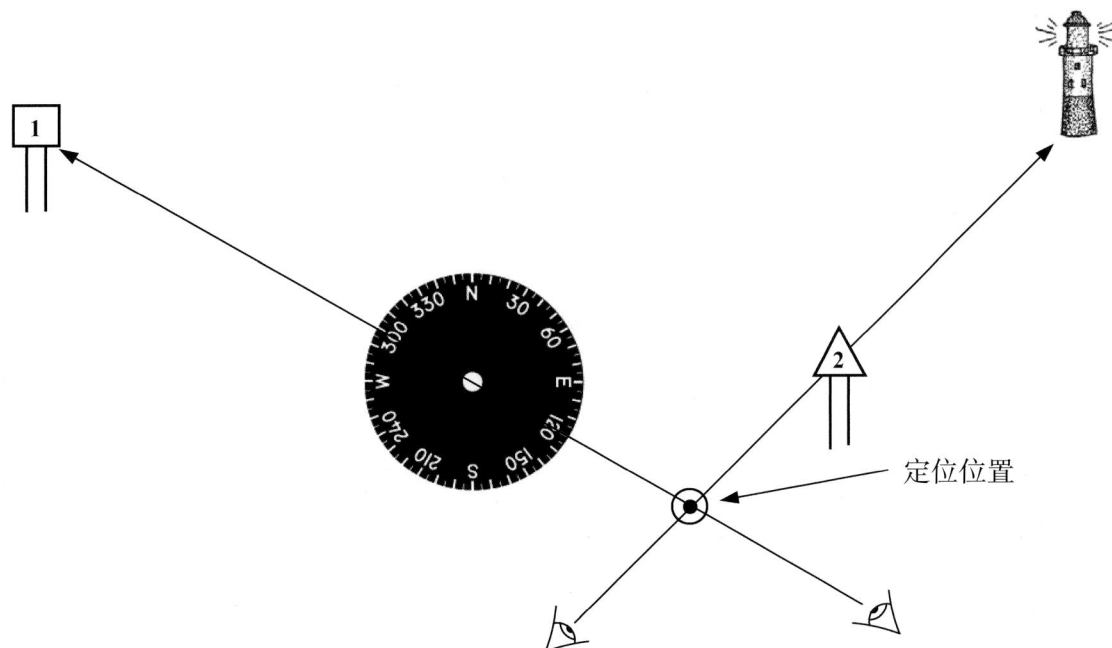

图 6-8：定位是在两条位置线的交点。

三条位置线定位：如果在同一时刻有第 3 条位置线，它有可能正好穿过前两条位置线的交点，但是，更可能的情况是，它会偏离这个点一定的距离，形成一个三角形（船位误差三角形，英语中称为 a cocked hat，用海军的三角帽来形容）；见图 6-9。你可以选择三角形的几何中心作为你的定位位置，如图 6-10。

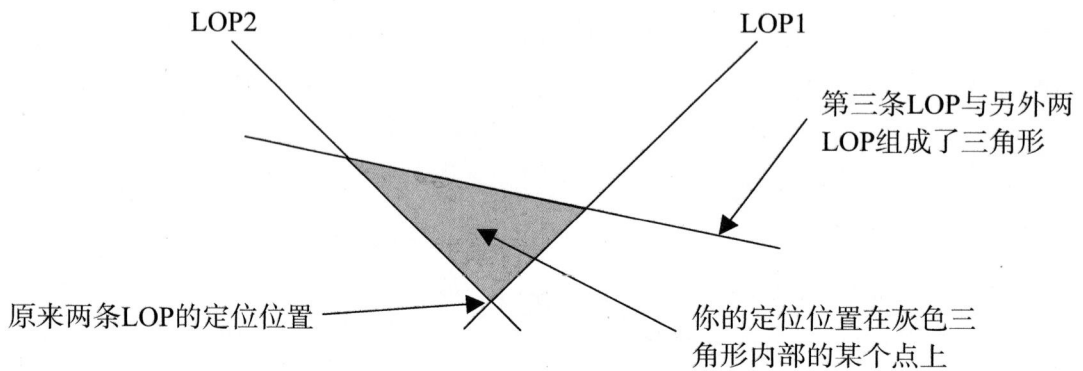

图 6-9：三条位置线通常会形成一个三角形，叫误差三角形。你的位置在这个三角形内的某个点上。

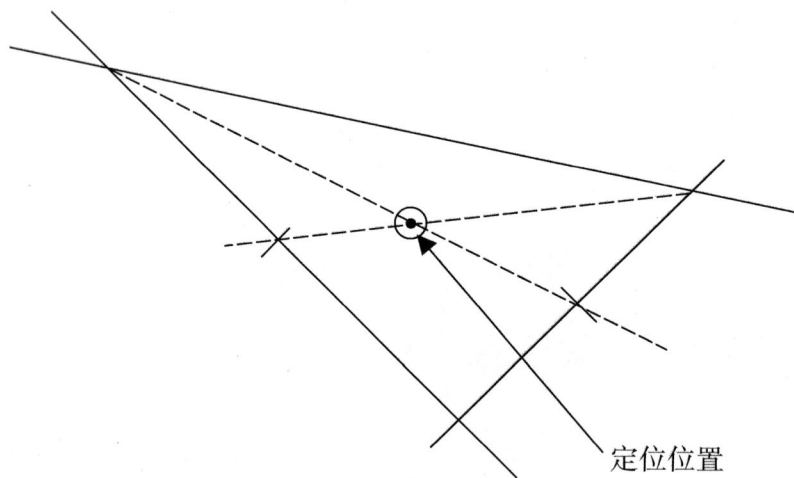

图 6-10：要想找到任何形状的三角形的中心，取两条边的中点，每个中点与对面的顶角相连。交点即是这个三角形的几何中心。

　　距离和方位：如果你能画出到达某个海图上物体的距离和方位，你就能确定自己的位置。方位可以用罗经、雷达或无线电定位仪器测量。到某个物体的距离可以用以下方法测量。

　　● 雷达。

　　● 测距望远镜或类似光学仪器。

　　● 倍角法计算（根据船头角度），本章节后面会讨论。

　　● 六分仪，用来测量已知高度物体的角度高度，以此通过解三角形确定距离。

　　● 初显灯光的判断，灯标的高度已知，你可以根据地理射程表求解距离。这只是一个非常近似的方法。

　　例如，如图 6-11，利用雷达测量另一个静止物体的距离和方位。在海图上找到这个物体，根据雷达方位，经过这个物体画一条方位线。画一个圆弧作为第 2 条位置线，圆弧半径为到这个物体的距离。两条位置线相交的位置即是你的定位位置。

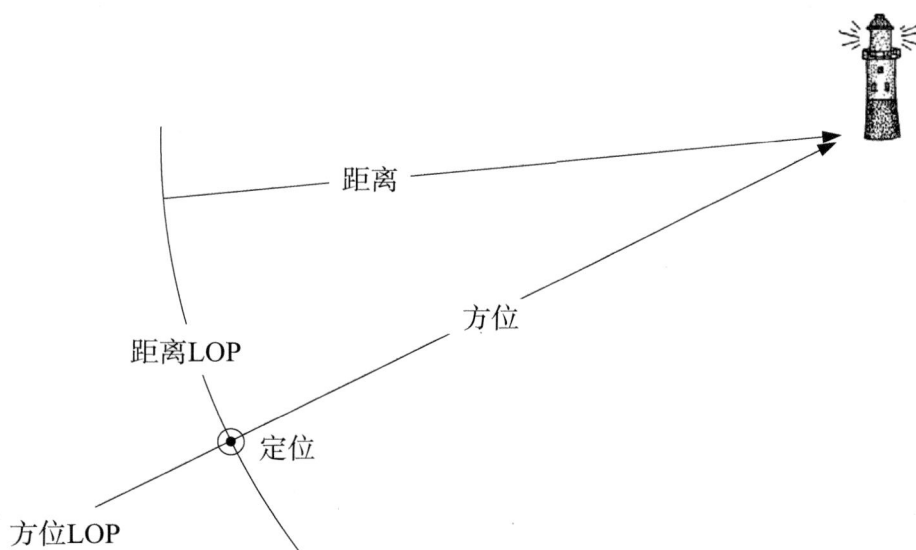

图 6-11：利用海图上已知物体的距离和方位定位。

　　水深：读取测深仪器的读数，观测一个固定物体的方位。然后在海图上找到这个物体和等深线，画一条方位位置线；你的位置就在方位线和等深线的交点上，如图 6-12。

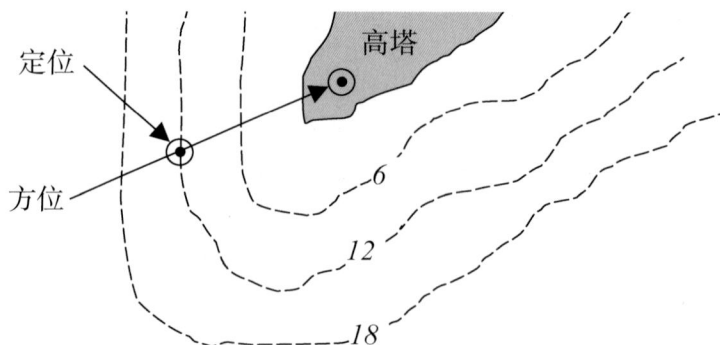

图 6-12：方位线和等深线的交点是定位位置。

移线定位

移线定位（Running Fix，RF）能让你利用在不同时刻获取的两条位置线来确定自己的位置，但是要比前面讲的方位线相交定位的精度更低。移线定位可以使用同一来源或不同来源的位置线定位，前面讲的所有位置线都可以用于移线定位。移线定位的精度非常依赖于航迹推算的作图精度（两条位置线中间的时间段的航迹推算），但一般不会受第 1 条位置线之前的航迹推算精度的影响。移线定位的作图符号是一个圆圈和一个点，与方位线相交定位相同。

图 6-13 展示了一个移线定位的例子，它是以在不同时刻、对同一静止物体的两个观测方位为基础。移线定位的步骤在下面的例子中给出。为了过程描述简单，所有的航向、方位都是以真角度给出；后面的练习中，你需要在真、磁和罗经之间换算。

示例 4：在 1000 am 时刻，你正在以速度 S = 5.0 节航行，航向为 165° T，每隔半小时标绘一次推算位置。

● 在 1030 时刻，你用罗经测得左舷船头的灯塔方位为 120° T。标绘出 1000 到 1030 的航迹推算，作出 1030 时的方位线。注意，该方位位置线并没有穿过同一时刻的 DR 位置；这并不令你感到惊讶，因为 DR 作图很少是精确的。

● 作出 1030 到 1100，还有 1100 到 1130 的航迹推算。

● 在 1140 时刻，你对同一灯塔进行第二次测量方位，结果是 50° T。画出这条方位线。

● 计算从 1130 到 1140 之间的行驶距离 = 5.0 节 × 10 分钟 ÷ 60 分钟 = 0.83NM，然后标出 1140 时刻的 DR 位置。

1000

1030

1030 LOP

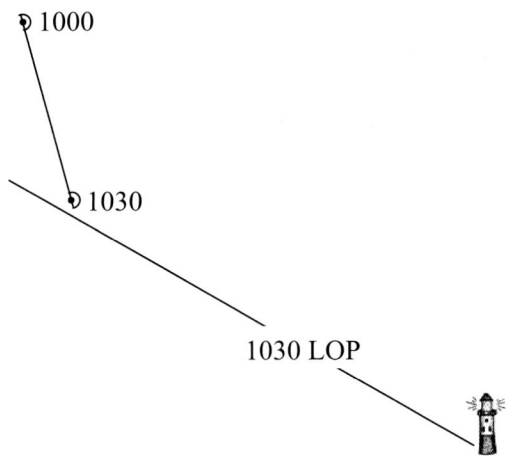

图 6-13a：作出 1000 到 1030 的航迹推算。在 1030 时刻观测灯塔方位，画在海图上。注意，这条线没有穿过 1030 的 DR 位置，因为 DR 很少是完全精确的。

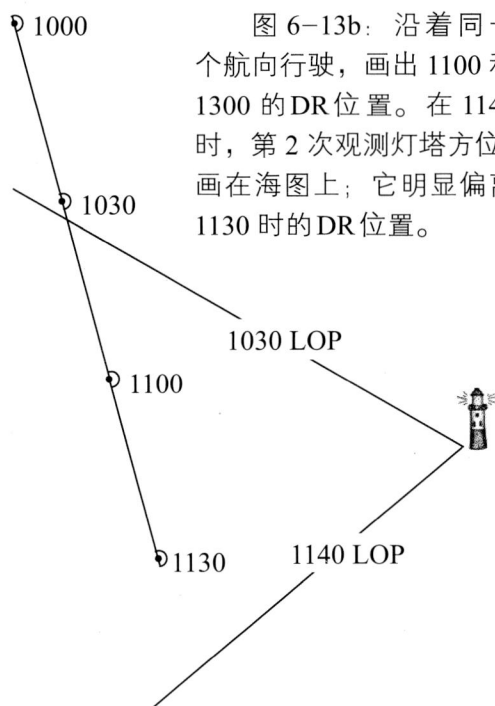

1000

图 6-13b：沿着同一个航向行驶，画出 1100 和 1300 的 DR 位置。在 1140 时，第 2 次观测灯塔方位，画在海图上；它明显偏离 1130 时的 DR 位置。

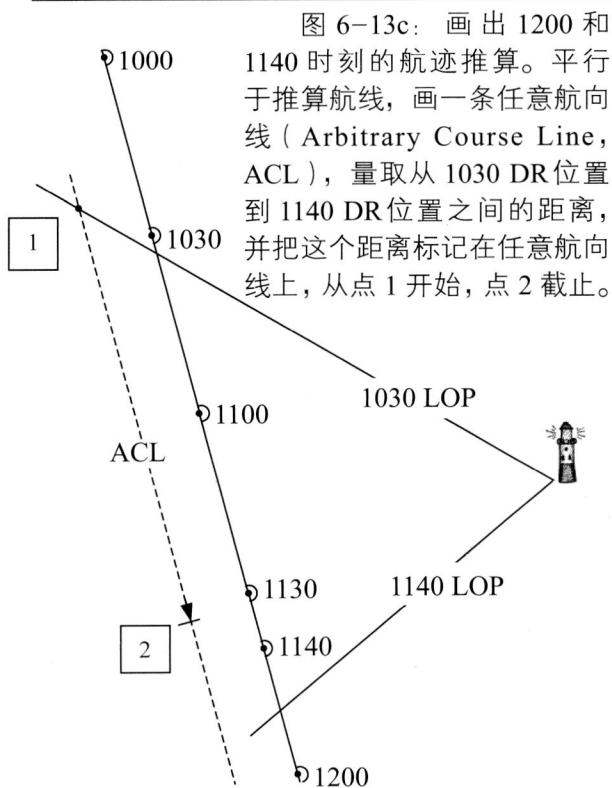

1030

1030 LOP

1100

1130

1140 LOP

图 6-13c：画出 1200 和 1140 时刻的航迹推算。平行于推算航线，画一条任意航向线（Arbitrary Course Line, ACL），量取从 1030 DR 位置到 1140 DR 位置之间的距离，并把这个距离标记在任意航向线上，从点 1 开始，点 2 截止。

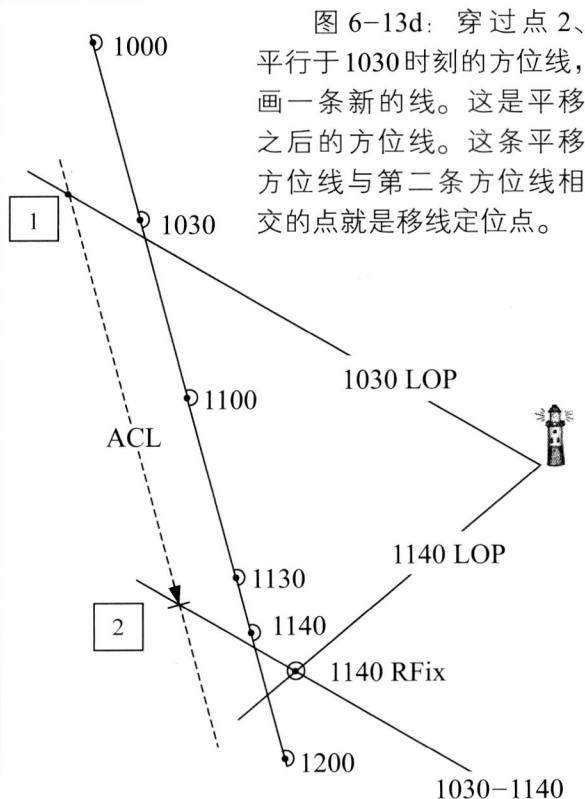

1000

1

1030

1100

ACL

1030 LOP

1130

1140 LOP

2

1140

1200

图 6-13d：穿过点 2、平行于 1030 时刻的方位线，画一条新的线。这是平移之后的方位线。这条平移方位线与第二条方位线相交的点就是移线定位点。

1000

1

1030

1100

ACL

1030 LOP

1140 LOP

2

1130

1140

1140 RFix

1200

1030-1140

图 6-13：移线定位法的作图步骤。

在航线的一侧任意位置画一条平行线。我把这条线称为平均航向线（Average Course Line，ACL），把它标记为 ACL。之所以称为平均航向线，是因为在这两个方位线的中间时间段，这条直线是你掌舵的平均航向，后面例子我们会看到。

● 测量 1030 和 1140 时刻的 DR 点之间距离。使用分规，把这段距离沿着 ACL 线，从点 1 开始（第一条方位线与 ACL 的交点），量取距离，并在 ACL 线上做一个标记，命名为点 2。

● 穿过点 2，平行于 1030 时的方位线，画一条新的直线。这就是平移后的方位线；把它标为"1030-1140"。

● 这条平移方位线与第二条方位线的交点就是移线定位位置。用圆和点标记这个点，标上时间 1140。

航向变化的情况：进行移线定位时，并不需要保持同一个航向，只需要在航行日志中较好地记录航向变化和计程仪读数、能够精确地航迹推算作图。这种移线定位作图与前面讲的方法非常类似：唯一的变化是：

ACL 线的方向和距离是，从第一个观测时刻的 DR 位置，到第二个观测时刻的 DR 位置，作一条直线。

这和前面的移线定位步骤完全一致，都遵循着同样的概念：我们只需要使用两个观测时刻之间的净推算航迹（即净行驶方向和行驶距离）。如图 6-14，这里航向变化了 4 次，但是 ACL 线是从 1030 的 DR 位置画到 1210 时刻的 DR 位置。

被观测物体不同的情况：移线定位也不需要观测同一个物体的两个方位。你也可以使用不同的物体，它们的位置线可以组合产生移线定位，步骤如图 6-15 所示。事实上，只要正确地记录航行日志和标绘航迹推算，任何两条（在本章开头列出的）位置线都可以用来移线定位。因此，你可以使用任意两条位置线的组合，这包括视觉叠标、到静止物体的方位、等深线、到静止物体的距离，以及天体位置线。

航迹推算的精度：航迹推算步骤的误差会直接影响到移线定位的精度，这包括操舵误差、罗经误差、计程仪误差、记录误差、时间误差、算术错误和作图错误。同样，船遇到的风压差和水流也会影响航迹推算和移线定位精度，在第 7 章有讨论。

TVMDC：为了简单，本节给出的移线定位示例都是给出了真航向和真方位，但在现实世界中，并不是这个样子。因此，本章末尾的课后习题是以° psc 给出了航向和方位，需要先换算成磁方向或真方向，再用于作图。

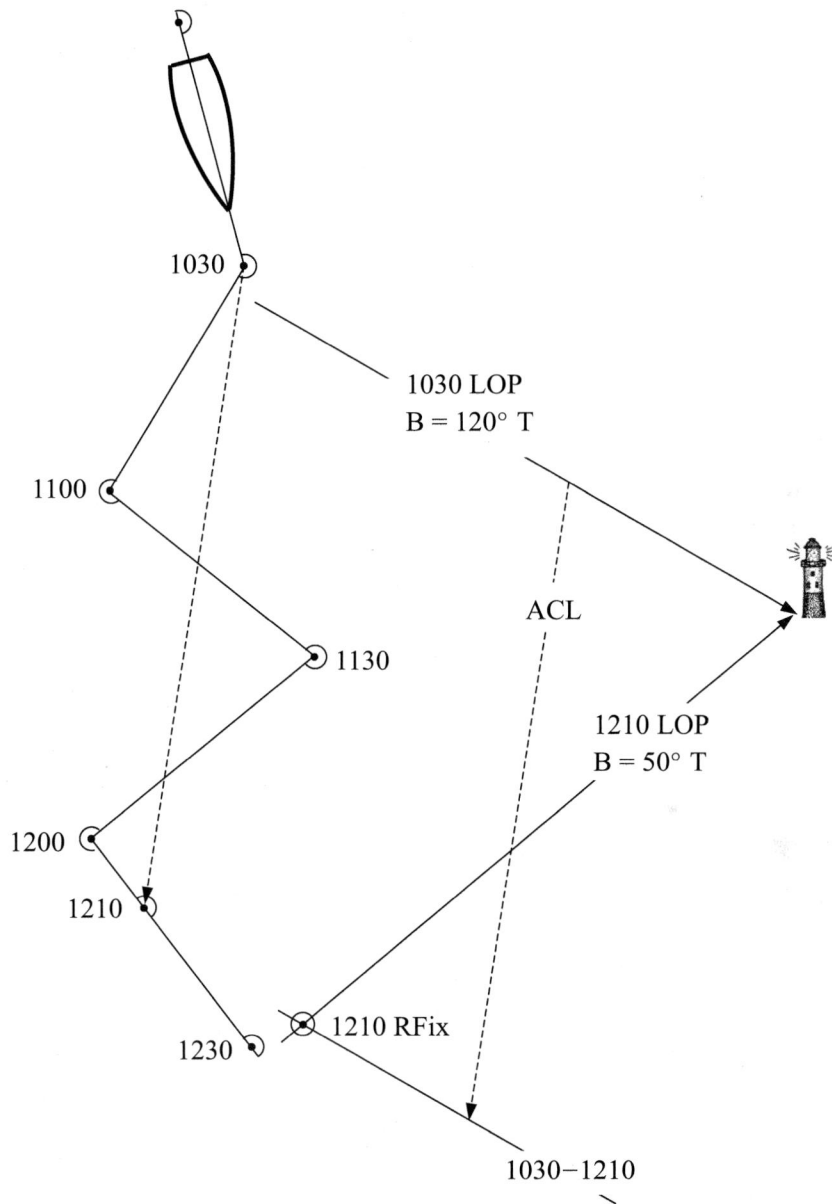

1030

1030 LOP
B = 120° T

1100

1130

ACL

1200

1210 LOP
B = 50° T

1210

1230

1210 RFix

1030-1210

图 6-14：带有航向变化的移线定位。

C = 165° T

1030

1030 LOP
B = 120° T

1100

ACL

1130

1140

1140 RFix

1200

1140 LOP
B = 230° T

1030-1140

1

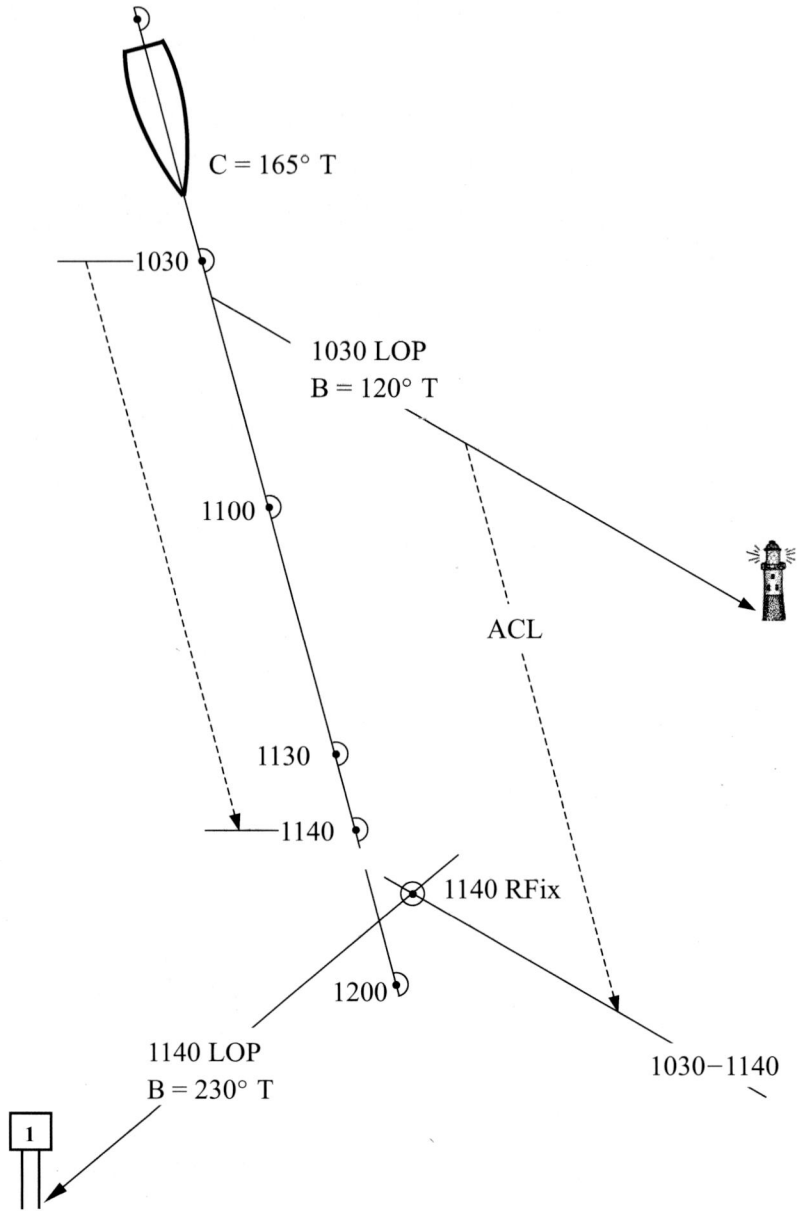

图 6-15：在不同时刻、观测不同物体获取位置线（LOP）的移线定位。

估计位置

估计位置是以航迹推算为基础，再加上一条位置线、水流的流速和方向或者风压差。

下面，我们讨论一下第一条，其他两条在第 7 章讨论。

估计船位的作图符号是一个方框和一个点。

基于航迹推算和一条位置线的估计位置必须满足下列标准：估计位置（EP）是位置线（LOP）上，最靠近同一时刻的推算位置（DR）的一个点。

图 6-16 展示了根据此标准构造估计位置的步骤。

● 以通常的方法标绘航迹推算，找到测量方位线时刻对应的推算位置（DR）。

● 把三角尺的一条直边放在位置线（LOP）上，在一条直尺的帮助下滑动。当另一条直边恰好穿过该时刻对应的推算位置时，作一条与位置线相交的垂线。

● 这条垂线与位置线的交点（垂点）就是估计位置。用方框和点标记，标上时间。

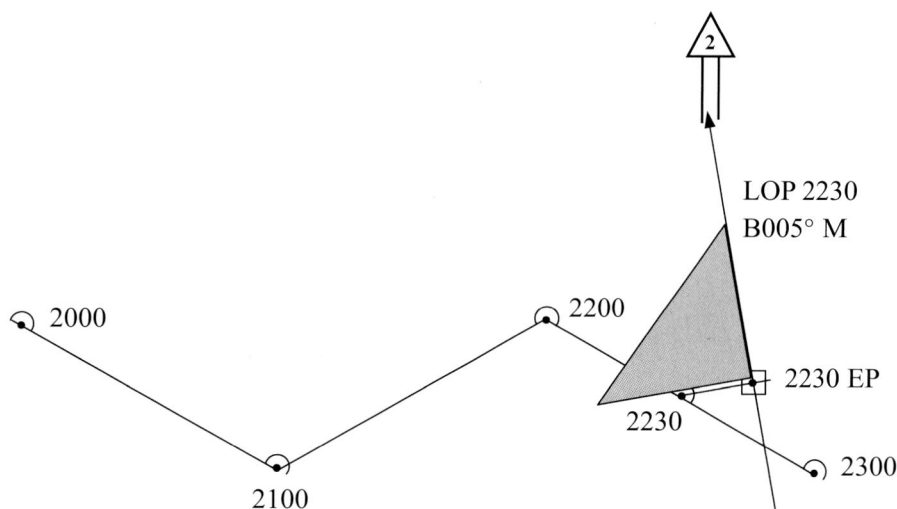

图 6-16：航迹推算加上一条位置线，作出的估计位置。

相对方位

在船舶导航中，相对方位（Relative Bearing，RB，又称舷角）是指相对于船头的方位，因此又被称为"舷角"。相对方位是从左、右舷 0° 到 180° 量起；参考图 6-17，下面是一些与相对方位可以互相替换的词汇。

● 正前方 = 0°。

● 正后方 = 180°。

● 右舷正横 = 右舷 90°。

● 左舷船头 = 左舷 45°。

● 右舷尾舷 = 右舷 135°。

相对方位可以用下面两种方法测量。

● 直接用哑罗经测量，如第 3 章的描述。穿过哑罗经观测物体，直接读取相对于船头的角度。

● 间接测量，用操舵罗经同时读取船的首向和物体的方位，算出两者的差值：

$$物体的方位 = 船首向 + 相对方位$$

在这个方程中，相对方位带有正负号，+ 表示右舷，− 表示左舷。

由于相对方位是以船头为参照的，它的值会随着船首向的变化而变化，如图 6-18。相对方位可以用于多种用途，包括：

● 倍角测量法

● 雷达标绘

● 提醒注意另一艘船舶或物体的位置。飞行员通常使用 12 小时的时钟表盘表示相对方位，今天很多海员也采用了相同用法。

相对方位不应用于避碰，因为船首向的临时变化会导致错误的结论。更好的做法是直接用罗经测量另一条船的方位，判断是否存在碰撞危险。

正前方
RB = 0°

左舷船头
RB = 45° 左舷

右舷船头
RB = 45° 右舷

左舷正横
RB = 90° 左舷

左舷尾舷
RB = 135° 左舷

右舷正横
RB = 90° 右舷

右舷尾舷
RB = 135° 右舷

正后方
RB = 180°

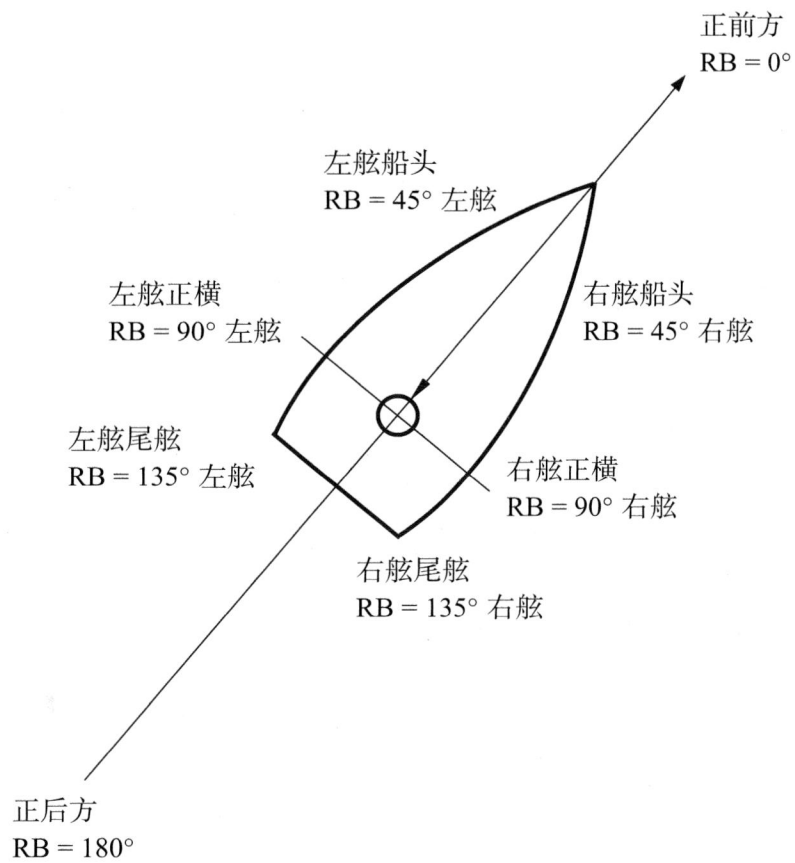

图 6-17：相对方位以船头为参照。

Heading = 40°

RB = 50°

B = 90°

Heading = 70°

RB = 20°

B = 90°

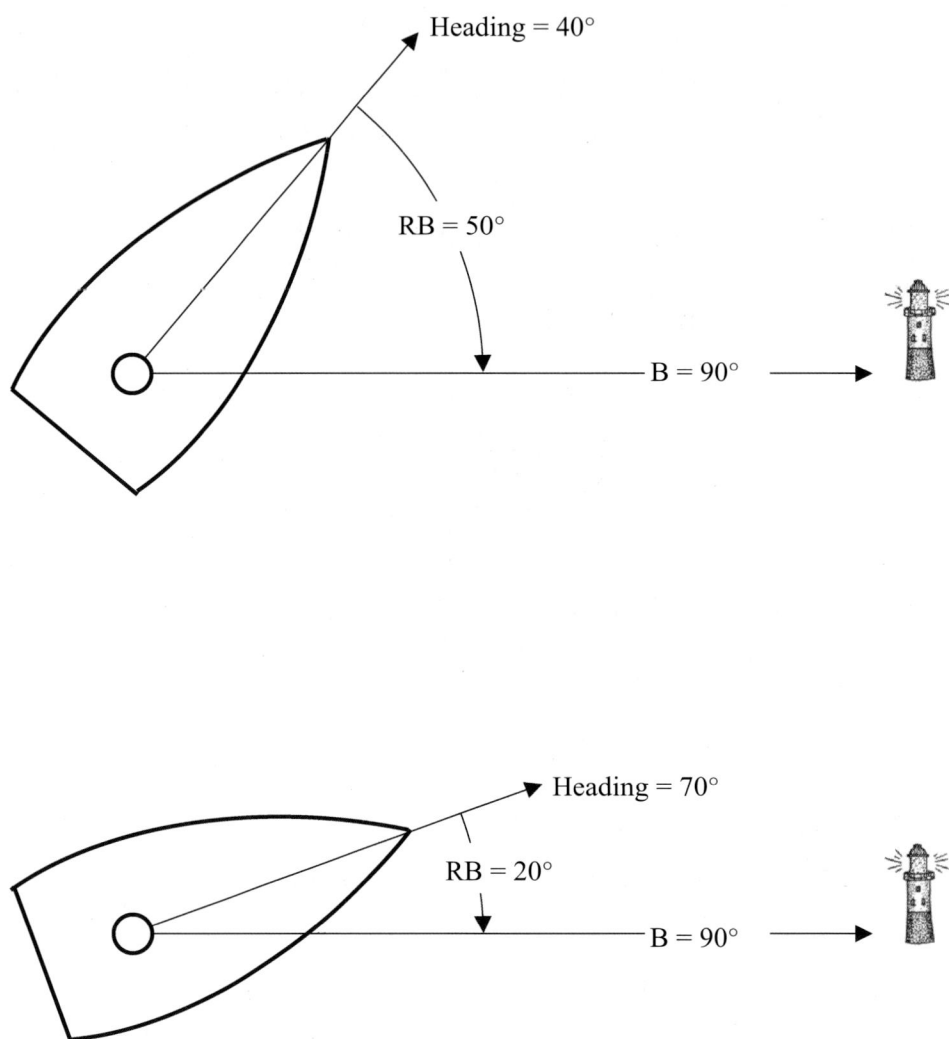

图 6-18：船首向的变化会导致物体相对方位的变化。

倍角法

在沿海水域航行时，你需要判断当前航线会使我们有多靠近突出的岬角或其他危险地貌，以及我们是否需要改变航向，以增加安全边际。你可以结合移线定位技术和相对方位（舷角）做出这个判断。

倍角（Distance-off）计算是指保持稳定的航向不变，经过一段时间，测量岬角的相对方位变化。你可以根据相对方位，以及两次观测时刻之间行驶的距离，利用三角几何原理，计算出到岬角的距离。相对方位的变化的计算方法有很多种，然而，最简单的方法如下。

保持航向不变，使相对方位角度增加到原来的 2 倍，两次观测时刻之间行驶过的距离就等于到被观测物体的距离。

示例：参考图 6-19 和下列步骤。

你正在以航向 81° psc 航行，注意到左舷下风侧有一个岬角。你利用哑罗经观测到它的相对方位是 36° RB，计程仪读数为 167.3 海里。

● 当岬角的相对方位翻倍，变成 72° RB 时，计程仪读数为 168.7 海里。

● 里程读数之差 = 168.7 − 167.3 = 1.4 NM。这就是当前时刻到岬角的距离。

● 另一种方法是，如果你没有哑罗经，你可以用下列步骤计算出同样的结果，尽管稍有些复杂：

◇ B1 = 45° psc

◇ 计程仪第 1 个读数（Log 1）= 167.3 nm

◇ 方位（Bearing）= 航向（Course）+ 相对方位（Relative Bearing）

◇ 相对方位（Relative Bearing）= 方位（Bearing）− 航向（Course）

◇ RB1 = 45° psc − 81° psc = −36°（左舷）

◇ RB2 = RB1 × 2 = −36° × 2 = −72°（左舷）

◇ B2 = 81° psc +（−72°）= 9° psc

◇ 当 B2 = 9° psc 时，计程仪读数 = 168.7

◇ 到岬角的距离 = 行驶的距离 = 168.7 − 167.3 = 1.4nm

影响操舵精度或里程的因素，比如水流和风压差，同样也会影响计算的精度。

● 顺流会减少两次相对方位测量之间计程仪的读数，因此会使你的估计距离减少。

● 相反的逆流会增加两次相对方位测量之间计程仪的读数，因此会使你的估计距离增加。

● 横向的水流或横向的风，会把你推离或推向岬角。

B2 = 9° psc

到危险物的距离

B1 = 45° psc

RB2 = 72°

C = 81° psc

RB1 = 36°

行驶的距离

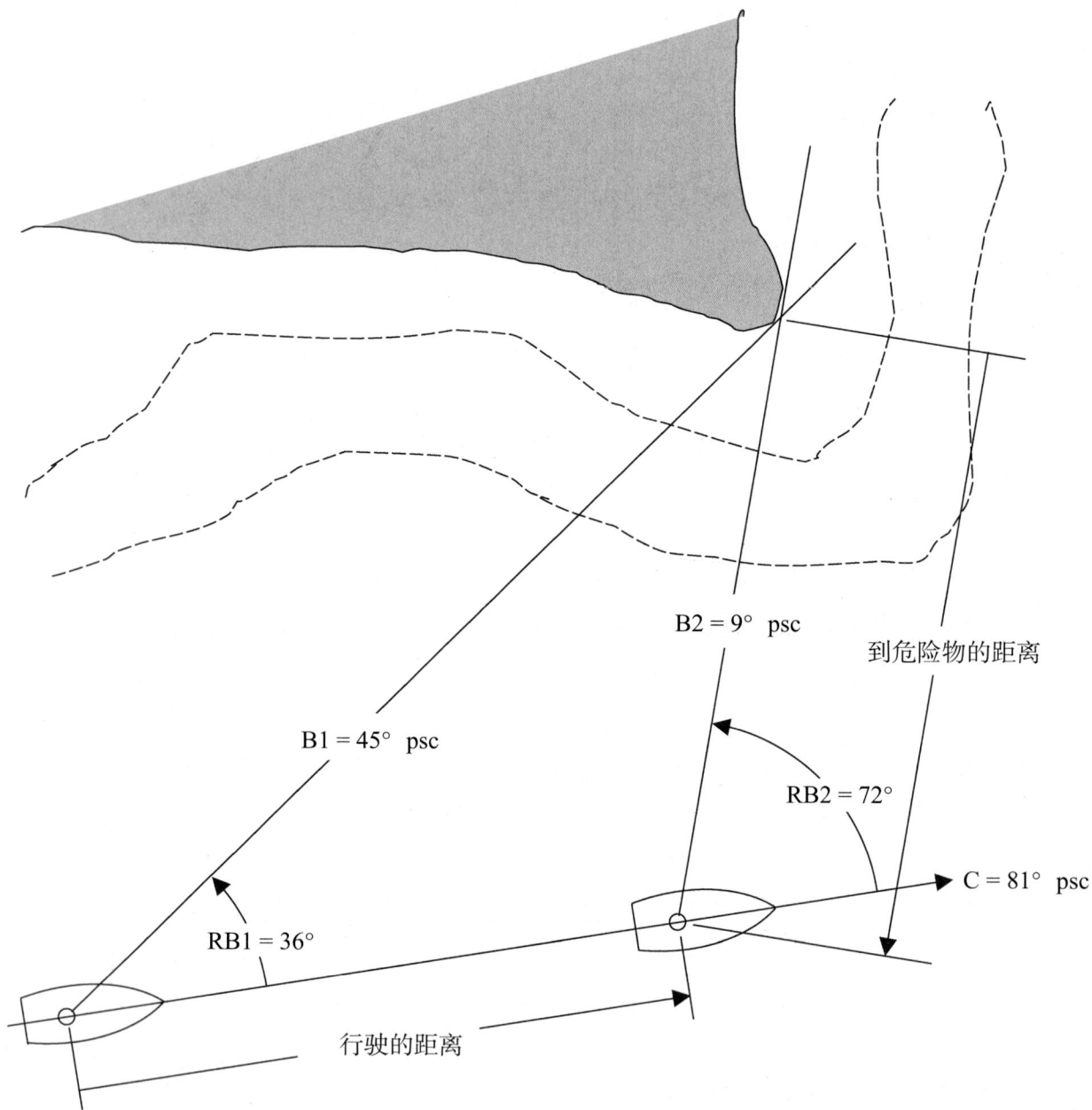

图 6-19：根据舷角加倍计算出的到岬角的距离。

定位的精度

你的定位精度取决于多个因素，包括方位、距离、速度、操舵、深度和仪器的精确度，同时还有风和水流的影响。但是，直接的观测通常要比推导的观测更加精确。例如，直接测量行驶的里程要比估算的平均速度乘以时间要精确很多。一般来说，按照精度的递减顺序，各种类型的定位这样排列。

- 基于 3 条或更多位置线的定位。
- 基于 2 条位置线的定位。
- 移线定位。
- 基于 1 条位置线和 1 个推算位置的估计位置。
- 基于航迹推算加上水流或风的影响的估计位置。
- 航迹推算。

危险方位

危险方位（Danger Bearing，DB）用来避开你所看不到的被淹没的危险物。简单来说，危险方位就是海图上的一条位置线，画在危险物和一个你能看到的固定物体之间（比如助航标志或陆地岬角），用来引导行驶。

检查海图，当你通过危险物时，判断你应该保持在危险方位线的左侧还是右侧。把海图上得到的危险方位换算成psc，用于操舵罗经。当你通过危险物时，频繁地检查固定物体的罗经方位，并按照下列准则调整你的操舵航向。

- 当你前进时，要想保持在危险方位线的右侧行驶，保持固定物体的罗经方位小于危险方位。
- 当你前进时，要想保持在危险方位线的左侧行驶，保持固定物体的罗经方位大于危险方位。

图 6-20 描述了一条以灯塔为参照的危险方位线，以避开一片浅滩。只要我们能保持在这条线的右侧行驶，无论我们的船首向如何，都能避开这片浅滩。如果我们偏离到这条线的左侧，不论船首向如何，都有撞上浅滩的危险。

图 6-21 显示了一系列画到灯塔的位置线，以说明经过浅滩时，不同的方位会怎样把你放到不同的路径上。

危险方位不是你的操舵航向。实际上，你可能需要明显地偏离危险方位，以补偿风、水流或其他因素的影响。

海图上量得的危险方位40° T，如下表换算成psc：

T	V	M	D	C
40	11W	51	3W	54

要想避开浅滩，保持灯塔的方位始终小于54° psc

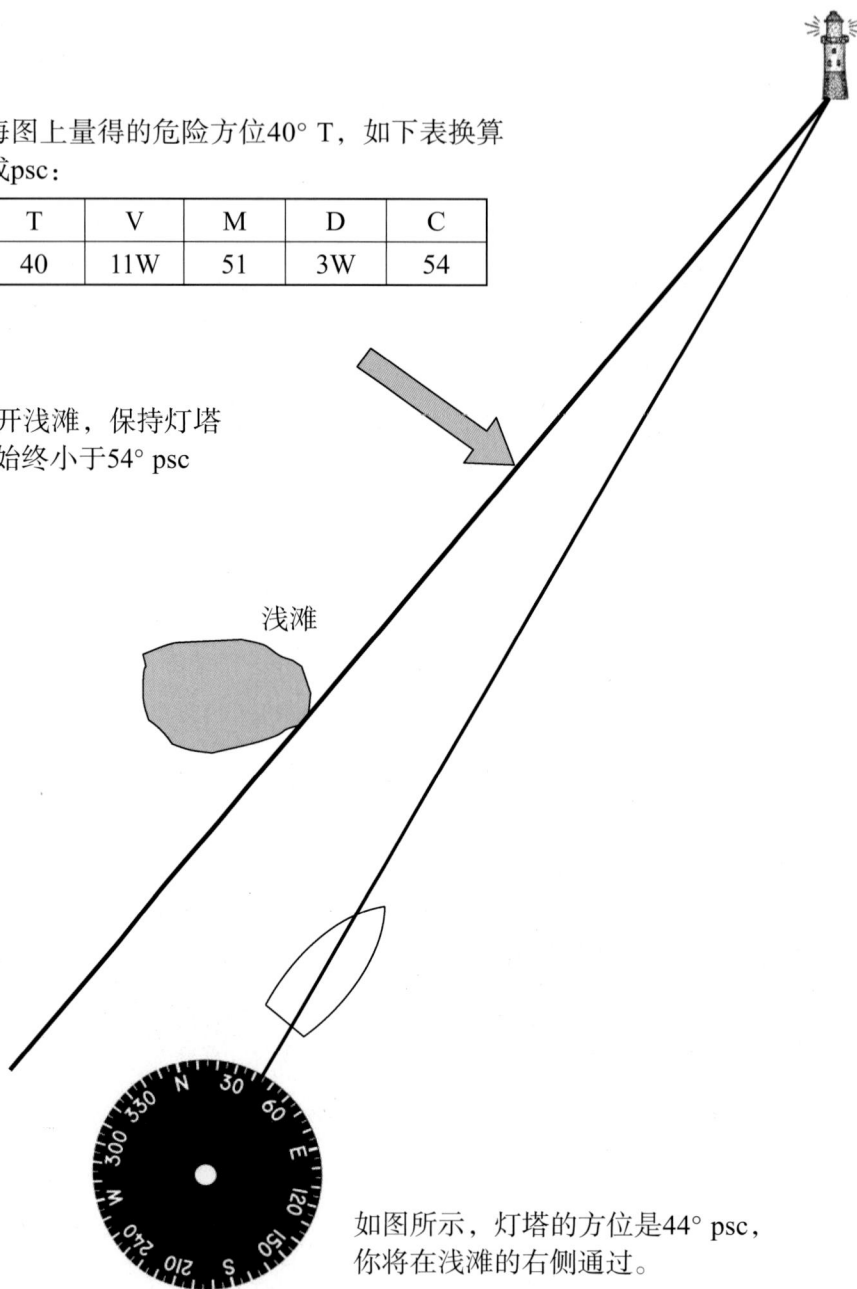

浅滩

如图所示，灯塔的方位是44° psc，你将在浅滩的右侧通过。

图 6-20：利用危险方位避开浅滩。

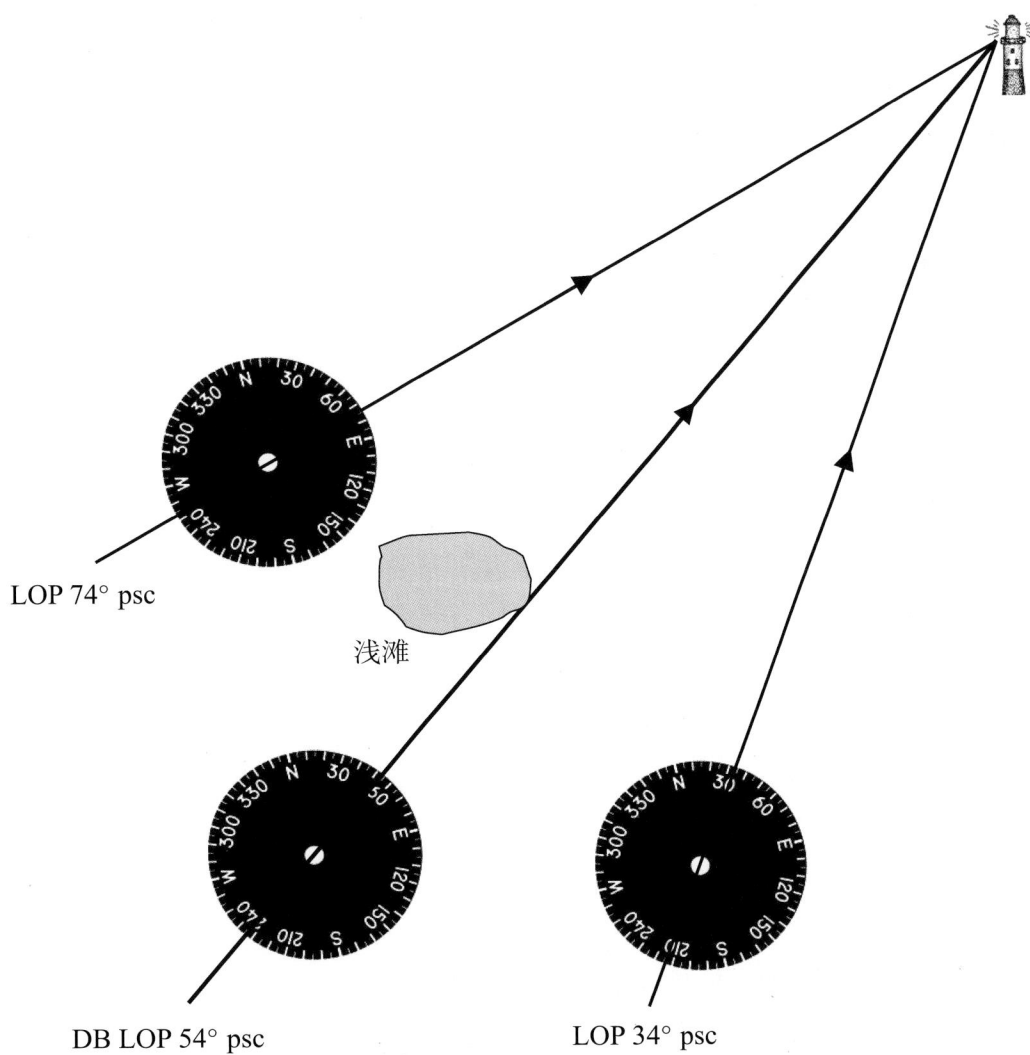

图 6-21：危险方位是一条位置线，同所有其他位置线一样。你选择沿着哪一条位置线航行，会决定你经过浅滩时距离它有多远。

课后习题

本习题使用附录E的练习空白海图纸，或者可以从我们的在线商城下载：https://asa-asia.com/home/shop/detail/id/39.html。注意这张练习空白海图纸上的罗经花显示磁差为8° 00′ W（1985）Annual Increase 5′。把磁差修正到提出问题的当年，近似到整数度数。使用第5章的自差表。一些问题还会用到图6-6和图6-7。

1. 2002年9月23日，你正在航行，注意到下列两个视觉叠标：点C与点A对齐，点D与点B对齐。你的位置在哪里？

纬度_____，经度_____。

2. 2002年9月23日，你正在沿150° psc 航向行驶，测量点B的目测方位是013° psc，点A的方位是319° psc。你的位置在哪里？

纬度_____，经度_____。

3. 过了一会儿，你对着点C测得第3个方位是283° psc。你的位置在哪里？

纬度_____，经度_____。

4. 当天晚些时候，你位于陆地岬角的东方，使用雷达，你测得到点F的距离是4.0 NM，到点E的距离是4.5 NM。你的位置在哪里？

纬度_____，经度_____。

5. 过后，在240° psc 的船首向上，你测得到点C的距离是3.0 NM，方位是175° psc。你的位置在哪里？

纬度_____，经度_____。

6. 过后，你位于点C南方几海里的位置，船首向为300° psc，发现深度计显示深度为12英尺。你测得点C的方位是021° psc。你的位置在哪里？

纬度_____，经度_____。

7. 你在晴朗、黑暗的夜晚沿航向203° psc 行驶，你准确记录的航迹推算显示，点E的发光立标位于前方数海里处，海图显示它的高度是30英尺。站在驾驶舱，你的眼睛高度大概高于水面10英尺，你正在努力地寻找灯光。逐渐地，你开始看到它在地平线上的光晕，但还是看不到灯。然后，你看到了它的特征闪光序列，但是然后又看不到了。然后过了一分钟，你又重新看到了发光序列。现在你距离立标有多远？还有你的大概位置？

距离_____NM，纬度_____，经度_____。

8. 随着你驶近E点的立标，它的发光序列开始不间断地闪烁，持续了一段时间。这时，出现了一层薄雾，灯光又被遮住了。你查看灯标表，发现灯标的额定光力射程是15NM。你同样估计这层薄雾导致气象能见度代码变成5。如果能见度持续如此，你预期在多大距离上能再次看到立标的灯光？

距离_____NM。

9. 在 2002 年 9 月 24 日 0800 时，你离开点 E，航向为 056° psc，速度为 5.2 节。在 0830，你测得灯标 F 的目测方位是 099° psc。在 0915 时，第二次测得该灯标的方位是 177° psc。0915 时刻你的位置在哪里？

纬度_____，经度_____。

10. 在 2002 年 9 月 25 日 0900 时，你离开点 F，航向 275° psc，速度 5.0 节。在 1000 时，你测得点 E 的目测方位为 237° psc。你在 1000 时刻的估计位置是多少？

纬度_____，经度_____。

11. 2002 年 9 月 26 日，你正以航向 137° psc 行驶，你发现右舷 30° 有一个浮标，这个浮标的方位是多少？

方位_____psc，方位_____M，方位_____T。

12. 当天晚些时候，你正在以航向 93° psc 行驶，你观察到点 A 和点 C 在同一直线上。你使用哑罗经测量这两座塔形成的叠标位于你的左舷 110°。基于以上观测，计算你在当前船首向的罗经自差。结果是否与第 5 章的自差表一致？

本次观测得到的自差_____°，第 5 章自差表上的自差_____。

13. 2002 年 9 月 27 日，你正在以 6 节的速度航行，观察到有一个陆地岬角位于你左舷 45°。半小时之后，你注意到岬角变成了左舷 90°。岬角距离你有多远？

距离_____NM。

14. 2002 年 9 月 28 日，你的位置在 25° 58.5′ N，75° 06.0′ W，正在右舷受风朝 NNW 方向行驶，这时你观察到左舷前方有一个陆地岬角。为了安全通过这个下风岸（lee shore），你检查了海图，决定利用点 A 的灯塔建立一个危险方位。从点 A 的灯塔出发，与 6 英尺等深线相切，画一条危险方位线；它的方位是多少？如果你继续前进，应该保持灯塔的方位大于还是小于该数值？

点 A 的危险方位是_____psc。

保持点 A 的方位大于 / 小于（二选一）该危险方位。

使用训练海图 1210Tr、第 5 章的自差表、图 6-6 和图 6-7，回答下列问题。

15. 2002 年 9 月 23 日，你正在 New Bedford 以南的 Buzzards Bay（海湾）航行，你注意到下列两个视觉叠标正好对齐：（a）Smiths Neck 上 Mishaum Point（岬角）的东南边缘与 Gooseberry Neck 的东南边缘对齐（b）Penikese Island（岛）的东边缘与 Nashawena Island（岛）的西边缘对齐。你的位置是哪里？

纬度_____，经度_____。

16. 当天晚些时候，你正在 Rhode Island Sound（罗德岛海湾）航行，船首向为

120° psc，观测到 Point Judith Light（Judith 角灯塔）的方位是 273° psc，Brenton Reef Light（Brenton 礁灯塔）的方位为 037° psc。你的位置是哪里？

纬度_____，经度_____。

17. 过了一会儿，你测量第 3 个方位，发现 Scarborough Hills（山）靠北的水塔（Tank）的方位是 314° psc。你的位置是哪里？

纬度_____，经度_____。

18. 2002 年 9 月 24 日，你位于 Gooseberry Point（岬角）以南，利用雷达，你测得到 Brenton Reef Light（Brenton 礁灯塔）的距离是 4.0 NM，到 Easton Point（岬角）的距离是 4.5NM。你的位置是哪里？

纬度_____，经度_____。

19. 过了一会儿，当船首向为 150° psc 时，你测得到灯标 Alt Gp Fl（3）W &（1）R 40 Sec 170 ft 17M 的距离是 3NM（灯标位于 Gay Head 的东北角，Martha's Vineyard），该灯标的方位是 123° psc。你的位置在哪里？

纬度_____，经度_____。

20. 又过了一会儿，你在 Cuttyhunk Island（岛）以南的几海里处，船首向为 270° psc。你注意到深度计显示深度为 90 英尺，而且测得 Cuttyhunk 岛上的 Lookout Tower（瞭望塔）的方位是 15° psc。你的位置在哪里？

纬度_____，经度_____。

21. 你在一个晴朗、黑暗的夜晚沿航向 60° psc 行驶，你准确记录的航迹推算显示，Buzzards Bay（湾）的入口灯塔在前方几海里处。站在驾驶舱里，你的眼睛高度大约是高于海面 12 英尺，你使劲地寻找 Buzzards Light（灯标）。逐渐地，你开始看到地平线上的光晕，但是看不到灯。然后，你看到了它的特征白色闪光序列，然后又看不到了。之后过了大概 1 分钟，你又看到发光序列了。你大约距离 Buzzards Light（灯标）有多远？它的发光特征是什么？

距离_____NM。光发特征_____。

22. 随着你更加靠近 Buzzards Light（灯标），它的发光序列开始不间断地闪烁，并且持续了一会儿。然后，出现了一点薄雾，Buzzards Light（灯标）又被遮挡了。你估计薄雾使得气象能见度下降到了编码 5。如果继续这样，你要距离 Buzzards Light 多远，才会再次看到灯标？

距离_____NM。

23. 2002 年 9 月 25 日 0800 时，你离开 W Or "A" Fl 4 sec BELL 浮标（位于 Point Judith 岬角东南方向 6 海里）。你的航向设置为 313° psc，速度 5.2 节。0900 时，你观测到 Point Judith Light（灯标）的方位是 027° psc。0930 时，你第二次观测到该灯标的方向是 071° psc。0930 时你的位置在哪里？

纬度_____，经度_____。

24. 2002 年 9 月 26 日 0900 时，你离开 "1" Fl G 4 sec BELL 浮标（Nomans Land Island 岛以东），航向是 080° psc，速度 6.4 节。1000 时，你测得 Chilmark on Martha's Vineyard, Chilmark 的尖顶（Sprie）的方位是 319° psc。你在 1000 时的估计位置在哪里？

纬度_____，经度_____。

25. 当天晚些时候，你正在 Point Judith（岬角）靠南位置，以航向 137° psc 行驶。你观测到右舷 30° 有一个浮标。该浮标的方位是多少？

方位_____psc 方位_____M 方位_____T。

26. 又过了一会儿，以航向 93° psc 行驶时，你观测到 Beavertail Point（岬角）上的两座塔正好在一条直线上对齐。你使用哑罗经，得出这两座塔形成的叠标在你左舷 070°。根据以上观测，计算当前船首向的罗经自差。这是否与第 5 章的自差表一致？

根据观测得到的自差_____。根据第 5 章自差表的自差_____。

27. 2002 年 9 月 27 日，你正在以航向 325° psc，速度 6 节，在 Block Island（岛）附近行驶。观测到你的左舷 45° 有一个陆地岬角。过了半小时之后，你注意到岬角的方位变成了左舷 90°。你距离这个岬角有多远？

距离_____NM。

28. 2002 年 9 月 28 日，你位于 41° 25.8′ N, 71° 10.0′ W，计划进入 Sakonnet River（河流），必须要绕过 Sakonnet Point（岬角）及其附近 Schuyler Ledge（暗礁）的浅水和礁石。为了安全地进行这个转弯，你选择以 Sachuest Point（岬角）的谷仓（Silo）建立一个危险方位。从谷仓出发，与 Schuyler Ledge（暗礁）附近的 30 英尺等深线相切，画一条危险方位线；危险方位是多少？你应该保持谷仓的罗经方位是大于还是小于该危险方位？

谷仓的危险方位_____psc。
保持谷仓的方位_____（大于/小于）该危险方位。

例 3：你希望以 225° psc 的对地航向行驶，同时有西北风产生了 10° 的风压差。这要求你朝向风掌舵，以补偿风压差，因此操舵航向 CTS = 225° + 10° = 235° psc，如图 7-5。

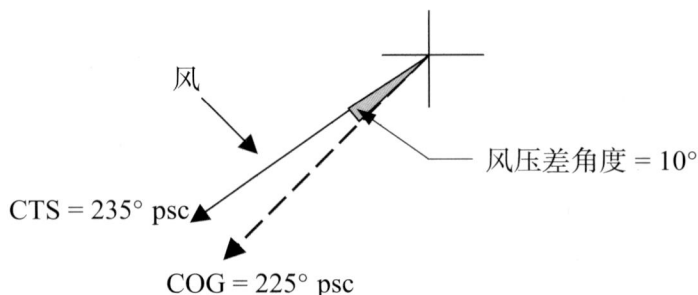

图 7-5：朝向风掌舵，以补偿风压差。

例 4：如果风从左舷吹来，你应该朝向风掌舵，操舵航向 CTS = 225° - 10° = 215° psc，如图 7-6。

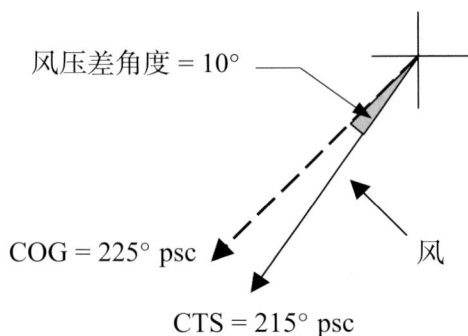

图 7-6：朝向风掌舵，以补偿风压差。

水　流

我们经常把所有航向和里程误差都归咎于水流；然而，这些误差可能实际上是水流、风压差、掌舵误差、罗经误差和计程误差的组合。

水流的强度和方向可用下列方法得到。

● 出版的潮流表和潮流图。

● 随着水流漂流，测量一段时间内的对地移动距离。

一些重要的水流词汇有：

● 流向（Set）是水流推着你移动的方向，通常用真度数表示。

● 流速（Drift）是水流的速度，通常用海里每小时或节来表示。

● 对地距离（Distance Over Ground，DOG）是你在一段时间内，被水流携带移动的距离。对地距离 = 流速 × 时间

下面是A类、B类、C类三种常会遇到的水流情形。

A类水流问题——你正在以稳定的速度和方向行驶，想要确定水流对你的位置的影响。

例5：参考图7-7。0800时，你从浮标R"26"出发，以稳向的航向C = 116° T，速度S = 6.0 节行驶。查看潮流表，你知道水流的流向Set = 55° T、流速Drift = 1.6 节。半小时之后，你的估计位置在哪里？计算过程如下：

● 画出你的航迹推算航线C = 116° T，从 0800 时的浮标开始。

● 计算DR距离 = 1/2 小时 × 6.0 节 = 3.0 海里，在推算航线上量取；用半圆和点标记，标上时间 0830。

● 从 0830 时的推算位置出发，做出水流的方向Set = 55° T。

● 计算出水流在半小时内流过的距离；DOG = 1/2 小时 × 流速 = 1/2 × 1.6 = 0.8 NM，然后沿着流向线量取该距离；用方框、点标记，标上时间 0830。

这就是根据航迹推算加上水流得出的估计位置。

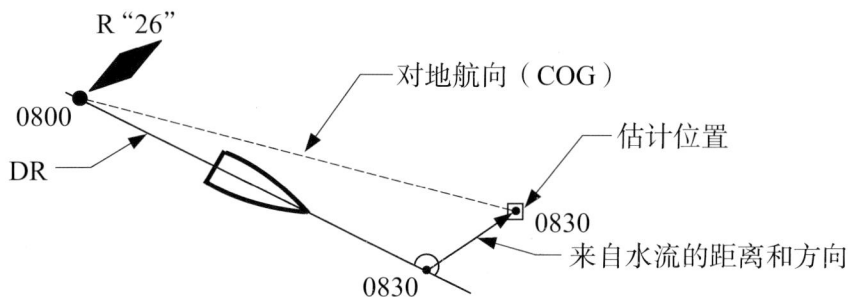

图 7-7：A类水流问题，航迹推算作图加上水流的影响。

B类水流问题：你正在以稳定的速度和方向行驶，但是由于一股强烈的水流，未能到达计划的目的地。水流的流速和流向是多少？

示例6：参考图7-8。0900时，你从浮标R"28"出发，以稳定的航向C = 116° T、速度S = 6.0 节行驶。半小时后，你最终到达了浮标R"32"，但是你原计划从它的南方通过。水流的流向和流速是多少？计算步骤如下。

● 从 0900 时浮标R"28"，推算航线C = 116° T。

● 计算你的推算行驶距离 = 1/2 小时 × 6.0 节 = 3.0 海里，在推算航线上标出；用半圆和点标记，标上时间 0930。

● 测量 0930 时刻的推算位置和浮标 R "32"（真实位置）之间的方向和距离。方向即是流向 Set = 55° T。

● 距离——DOG = 0.8 NM，是水流流速在半小时内对你船作用的结果。计算流速 = DOG ÷ 时间 = 0.8 海里 ÷ 1/2 小时 = 1.6 节。

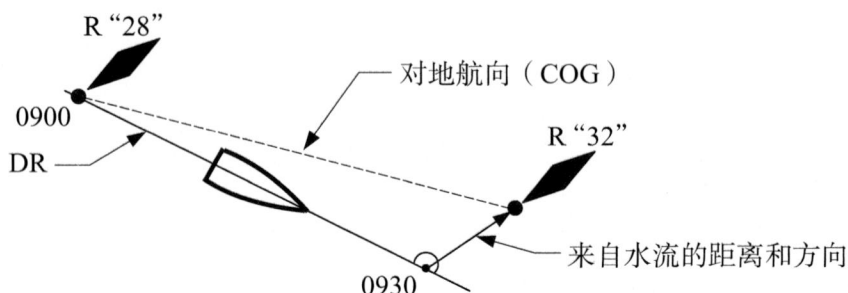

图 7-8：B 类水流问题，航迹推算作图和实际航线，以及推算出的水流。

C 类水流问题：在存在强烈水流的情况下，你希望以稳定的速度直线从一个地理位置，驶到另一个位置（航迹已定）。你的操舵航向应该是多少，才能径直前往计划目的地？

示例 7：你想要以对地航向 115° T 行驶，注意到预测的水流是流速 Drift = 2.1 节，流向 Set = 45° T。如果船的对水速度是 7.2 节，那么你需要保持多少的操舵航向，才能使船的对地航向保持在 115° T？

在示例 5 和示例 6 中，我们计算并画出了推算航迹和水流的距离，而在这种情况下，我们需要根据对水速度、对地速度、水流速度作一个速度三角形。如图 7-9 所示，步骤如下。

● 你位于点 X。

● 作出你的计划对地航向 COG = 115° T。

● 作出水流的流向 Set = 45° T。

● 按照 1 海里 = 1 节的比例尺，作出水流的流速 Drift = 2.1 节。端点命名为点 Y。

● 按照 1 海里 = 1 节的比例尺，用分规量出船的对水速度 7.2 节的距离，再将分规的一端放在点 Y，另一端画圆弧与计划的对地航向相交；交点命名为点 Z。

● 线段 YZ 就是操舵航向；它的方向在罗经花上测得是 131° T，用第 3 章讨论的方法换算成° psc。

● 测量线段 XZ 的长度，它按比例对应着你的对地速度 SOG = 7.7 节。

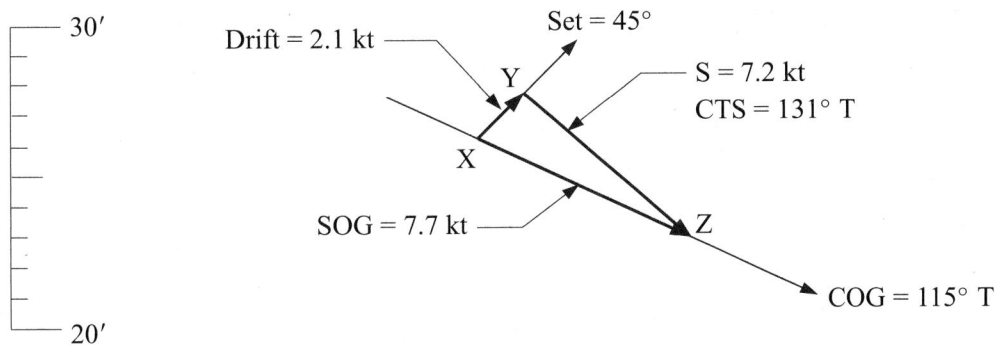

图 7-9：C类水流问题，用来计算补偿水流影响所需的操舵航向，以到达计划的目的地。

这三类水流问题可以总结成下面的表格。

	A	B	C
操舵航向（C或CTS） 对水速度（S）	已知 已知	已知 已知	? 已知
水流方向（Set） 水流速度（Drift）	已知 已知	? ?	已知 已知
对地航向（COG） 对地速度（SOG）	? ?	已知 已知	已知 ?

注意在A类和B类问题中，我们可以同时画出三个矢量中的两个矢量的大小和方向，因此我们可以通过直线连接两个矢量，画出第三个矢量。

但是在C类问题中，我们只知道船速，但是不知道其方向，只知道计划的对地航向，但不知道对地速度。你要按照例7的方式画出速度三角形，找出这些未知的变量。

潮流表

流（Current）是指水在各种原因的作用下，水平地流动，这些原因包括潮汐的涨落、风、大洋环流、海水的温度差和盐度差、陆地表面的斜坡。在这一章中，我们只讨论潮汐引起的水流，即潮流，因为它们对沿岸水手的影响最为显著，速度经常可以达到2到4节。最小的流速出现在接近高潮和接近低潮的时刻，而最大流速出现在潮汐周期的中间时刻附近，如图7-10。

下列一些重要词汇需要记住：

最大涨潮流（Max Flood），是潮汐周期中流向海岸的最强水流。

最大退潮流（Max Ebb），是潮汐周期中流向外海的最强水流。

平潮（Slack Water）是没有或者水流很小的时刻。

涨潮前的平潮（Slack before Flood，SBF）是水停止向外流，开始向岸流动；又称为涨潮前的最小流（Minimum before flood）。

退潮前的平潮（Slack before Ebb，SBE）是水停止向岸流，开始向外海流动；又称为退潮前的最小流（Minimum before ebb）。

流向（Set）是水流的方向，通常以真角度表示。

流速（Drift）是水流的速度，用节表示。

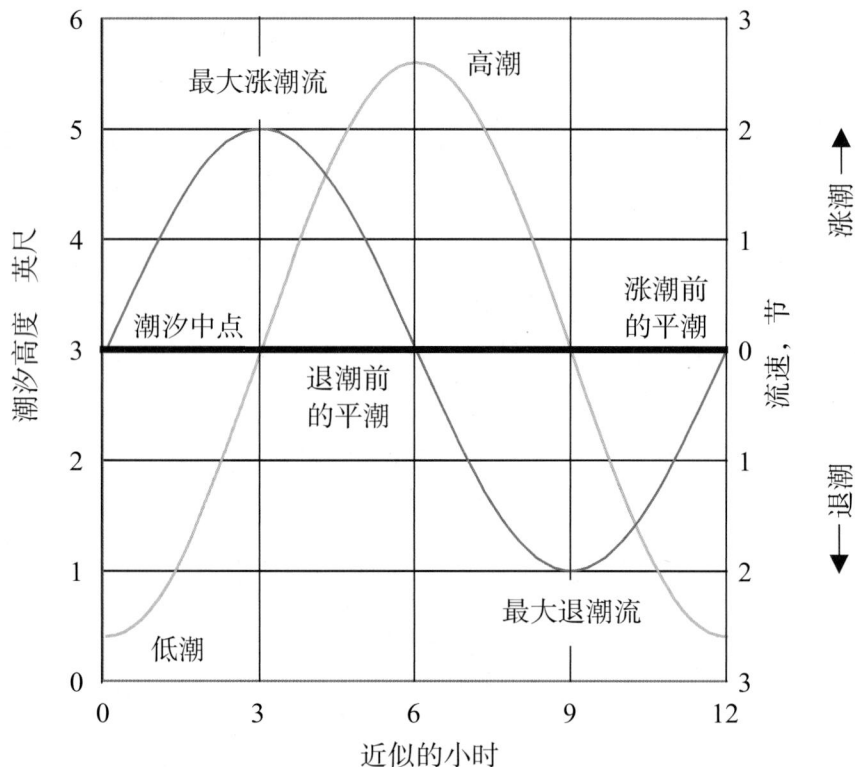

图 7-10：潮汐高度和水流有着紧密的联系，如上图所示。速度和水位高度是任意选取的。当潮汐高度在低潮或高潮时，水流是平潮，只有很少或没有流动。当潮汐在中间高度时，水流达到最大速度，无论是退潮还是涨潮。

- 印刷的潮流表，给出了高潮和低潮的高度和时间；包括美国政府机构NOAA格式的潮流表和商业格式的潮流表。

- 印刷的潮流图，以每小时的间隔显示了流速和流向，对前述表格中的最大涨潮流和最大退潮流之间的时刻进行了插值。这些图画的一些来源有：

  ◇ NOAA偶尔会针对一些河湾出版潮流图，比如波士顿港、纳拉甘西特湾、普吉湾、坦帕湾、上切萨皮克湾。参考在线附录中的附录H，查看例子。

  ◇ NOAA格式的潮流表包含潮流图，它把水流速度和船舶速度结合在一起，能估算出通过河口湾的时间。参考本书末尾附录页H−18。

  ◇ Reed航海天文历（Reeds Nautical Almanac），附录7中包含了多个河口湾的潮流图，比如巴泽兹湾、南塔基湾、纳拉甘西特湾、长岛湾、布洛克岛海峡、纽约港、特拉华湾和河流、切萨皮克湾。

  ◇ 埃尔德里奇潮汐和引航书（Eldridge Tide and Pilot Book），它也包含潮流表。

- 互联网上的潮流表：NOAA潮汐和潮流预测数据可以从互联网上获取：http://tidesandcurrents.noaa.gov

- 计算机潮流软件，可以给出潮流的速度和时间，以及完整潮汐周期的图像曲线。Google 搜索"tide and current software"，你可以找到更多的商业预测软件。

示例 8：在 1997 年 3 月 24 日，查出你在 Annisquam Harbor Light（灯标）附近锚地的最大夜间潮流，图 7−11，步骤如下。

- 在附录I−4 页的站点索引（Index to Stations）上，找到 Annisquam Harbor Light，站点编号 971。

- 附录I−6 页的表格 2 上，找到 971 号站 Annisquam Harbor Light，然后查到下列数据：

表格2　潮流修正值和其他常量							
参考站点：波士顿港，第12页							
时间修正值，小时/分钟				速度比率		方向，°T	
涨潮流之前的最小值	涨潮流	退潮流之前的最小值	退潮流	涨潮流	退潮流	涨潮流	退潮流
+0 42	+0 49	+0 58	+ 0 03	0.9	1.1	200	013

- 前边 4 列列出了以小时和分钟计的时间差，表示在 Annisquam 发生的时间与波士顿港（Boston Harbor）的时间差。＋号表示在 Annisquam 发生的时刻要晚（要加上时间差）。

任意时刻的潮流速度

　　潮流表只给出了最大涨潮和最大退潮情况，但是NOAA格式的潮流书同样还包括插值表格，能让你估计最大潮流之间的其他时刻的潮流速度。本章的课后练习有这些方法的练习；参考本书附录页I-10和I-11。下面的例子中，直线近似也能给出其他任意时刻的流速估算。

　　示例9：估计1997年3月24日2250时刻，Annisquam的潮流速度。画一张简单的流速—时间图像，如图7-12，读取2250时刻的速度。这种方法的误差是退潮和涨潮之间的流速范围的10%；因此在当前的例子中，误差可能是0.24*节，因为退潮流和涨潮流的变化范围是2.38节。但是相对本书附录I中的方法，这种方法是一种比较快速的近似算法。在这个例子中，1997年3月24日2250时刻，Annisquam的估计潮流流速是0.7节。

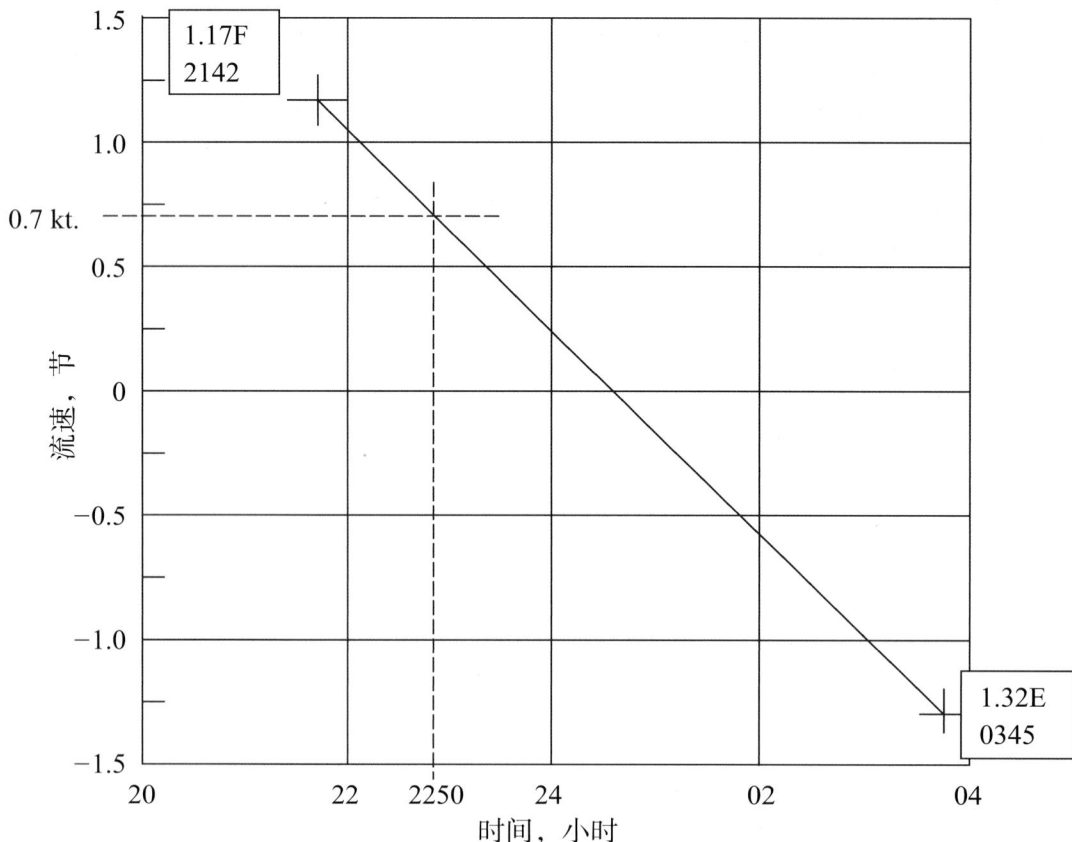

图7-12：最大涨潮流和最大退潮流之间任意时刻的流速估计：在最大值之间画一条直线，读取你感兴趣的时刻对应的高度值（流速值）。这种方法的最大误差是涨潮、退潮速度变化范围的10%。

---

　　* 译者注：由于涨/退潮流的流速分别是1.17F和1.32E，方向不同，因此求速度变化范围是相加。

潮汐表

潮汐是指海洋水面高度的<u>垂直</u>变化，它由月球引力驱动，在连通海洋的河口处形成潮涨潮落。取决于地形地貌，潮汐的涨落幅度小到只有几英寸、大到 40 英尺甚至更多。潮汐的更替近似与月球引力影响下的地球自转同步，但不完全一致，因为还受陆地地形、大气压强、风、水温和盐度的影响。在一些地区，潮汐每天一个周期（全日潮，diurnal tide）；在另一些地区，每天两个周期（半日潮）。

高潮（high tide）是一个潮汐周期中最高的水位；低潮（Low tide）是一个潮汐周期中最低的水位。一个完整的潮汐周期是从高潮变到低潮、再变回高潮。

海图显示了低潮时的水深。描述低潮的词汇有很多个，但是在美国海图上，最常用的是"平均较低低潮位"（Mean Lower Low Water，MLLW）。

特定时间和地点的实际水深是海图上该点的标记水深，加上某一时刻的潮汐高度计算得出。潮汐高度可以从多种表格上获取：

● 印刷的潮汐表给出了高潮和低潮的时间和高度；这包括美国政府 NOAA 格式的潮汐表，以及商业格式的潮汐表。

● 互联网上的潮流表：NOAA 的潮汐和潮流预测数据可以从网上获取：http://tidesandcurrents.noaa.gov

● 计算机潮流软件程序能给出时间和潮高，以及完整潮汐周期的图象曲线。Google 搜索"tide and current software"，查找更多商业预测来源。

无论使用哪种来源，预测特定地点在特定时间的水位高度的步骤如下：

● 在海图上查找该地点低潮位时的水深；

● 在潮汐表上查到该地点在特定时间的预测潮汐高度。两个数相加得到预测深度。

<u>例 10</u>：1997 年 3 月 24 日，你计划在靠近缅因州 Gloucester 的 Annisquam 河上过夜锚泊，你想知道当天夜里的预计水深。13281 号海图上显示，在你计划锚泊的位置，平均较低低潮位对应的水深是 14 英尺，如图 7–11。然后，继续使用本书附录 G 的 NOAA 潮汐表摘页：

● 在附录 G–10 页的站点索引（Index to Stations）中，找到"Annisquam，MA"，对应的站号是 915。

● 在本书附录G-12页的表格2上，找到915号站点，查到下列潮汐和时间修正值。

表格2　潮汐修正值和其他常量					
参考站点：Portland，第32页					
		时间		高度	
		高潮	低潮	高潮	低潮
		小时　分	小时　分	英尺	英尺
915	Annisquam	0 00	−0 07	*0.96	*0.96

● Annisquam 的时间修正：

◇ 高潮：00 小时 00 分；这表示 Annisquam 的高潮发生时间与参考站 Portland 一致。

◇ 低潮：−0 小时 07 分；负号表示 Annisquam 的低潮时间要早于参考站 0 小时 7 分。如果这里是+号，就是晚于参考站。

● Annisquam 的高度修正：

◇ 高潮：*0.96；星号*表示这是一个比率，参考站的高度要乘以这个比率，才得出 Annisquam 的潮高。如果这里不是星号，而+号或−号，那么显示的修正值就要加上参考站的潮高（或从中减去）。

◇ 低潮位：*0.96 比率。

◇ 注意，本页数据以潮汐书第 32 页的 Portland 作为 Annisquam 的参考站点。

● 在本书附录G-14页，找到参考站 Portland 的潮汐高度和时间、日期：

Portland, Maine, 1997

Times and Heights of High and Low Waters

	January						February						March					
	Time	Height			Time	Height			Time	Height			Time	Height			Time	Height
	h m	ft	cm		h m	ft	cm		h m	ft	cm		h m	ft	cm		h m	ft	cm
1 W ○	0349 0954 1604 2215	8.4 1.5 8.3 1.1	256 46 253 34	**16** Th	0449 1107 1721 2328	9.9 0.0 9.1 0.1	302 0 277 3	**1** Sa	0438 1058 1709 2313	8.9 1.0 8.1 1.1	271 30 247 34	**16** Su	0005 0627 1255 1910	0.9 9.3 0.4 8.3	27 283 12 253	**1** Sa	0308 0927 1540 2143	9.2 0.6 8.4 0.9	280 18 256 27	**16** Su	0449 1117 1734 2335	9.3 0.5 8.3 1.3	283 15 253 40
9 Th	0420 1035 1700 2314	−0.6 11.4 −1.7 10.1	−18 347 −52 308	**24** F	0520 1131 1751	0.5 9.8 −0.2	15 299 −6	**9** Su	0550 1205 1822	−1.6 11.6 −2.1	−49 354 −64	**24** M	0006 0606 1217 1826	9.1 0.3 9.5 0.1	277 9 290 3	**9** Su	0443 1058 1712 2326	−1.6 11.5 −1.9 11.3	−49 351 −58 344	**24** M	0507 1119 1723 2333	0.2 9.5 0.3 9.5	6 290 9 290
10 F	0512 1127 1750	−0.9 11.6 −2.0	−27 354 −61	**25** Sa	0002 0555 1206 1824	8.9 0.6 9.7 −0.1	271 18 296 −3	**10** M	0038 0644 1259 1913	11.0 −1.6 11.3 −1.8	335 −49 344 −55	**25** Tu	0037 0640 1251 1858	9.2 0.3 9.3 0.2	280 9 283 6	**10** M	0535 1150 1801	−1.9 11.5 −1.8	−58 351 −55	**25** Tu	0540 1152 1754	0.1 9.5 0.3	3 290 9

● 根据这些数字，以及 Annisquam 和 Portland 之间的时间修正值和高度修正值，我们可以预计 Annisquam 的夜间潮汐如下。

事件	Portland的发生时间	时间修正值	Annisquam的发生时间	Portland的潮汐高度	高度比率	Annisquam的潮汐高度
低潮	1723	−0 07	1716	0.3	0.96	0.29
高潮	2333	0 00	2333	9.5	0.96	9.12
低潮	0540	−0 07	0533	0.1	0.96	0.10
高潮	1152	0 00	1152	9.5	0.96	9.12

◇ 这些数值与 Portland 并无很大区别，但是在有些地方，当地的潮汐时间和高度与参考站点差异很大。

◇ 预期水深会有上边这么精确是不现实的，但是我的计算保留小数点后面两位数字，只是为了让读者明白这个算术过程。

● 你在 Annisquam 的锚泊水深，是潮汐高度和低潮时的海图水深相加得到：

你在Annisquam的锚地水深					
时间	来自海图的MLLW 深度		潮汐高度		水深
1716	14	+	0.29	=	14.29
2333	14	+	9.12	=	23.12
0533	14	+	0.10	=	14.10
1152	14	+	9.12	=	23.12

任意时刻的潮汐高度

上面讨论的潮汐表只给出了高潮和低潮时的高度。但是NOAA格式的潮汐书还包含插值表，能让你估算高潮和低潮之间任意时刻的潮高。课后习题中有这些方法的练习；参考本书附录G-16 和G-18 页。或者，简单的地直线近似也能给出任意时刻潮高的估算值，示例如下。

示例 11：估计 1997 年 3 月 24 日 2130 时，Annisquam 的潮汐高度。如图 7-13，画一张简单的潮高—时间图像，读取 1997 年 3 月 24 日 2130 时对应的潮高，是 6.2 英尺。

这个方法的最大误差是高潮和低潮之间水位差的 10%；在本例中，由于潮差大约

#	章节	问题	答案
25	K43	柱子的残桩（stumps of post）或者完全淹没的桩柱（submerged pile），用什么符号表示？	
26	M10	规定的船舶行驶方向（强制）用什么符号表示？	
27	M27.3	深水航道的中心线，用什么符号表示？	
28	N-a	表示COLREGS分界线（COLREGS DEMARCATION LINE）的符号是什么？	
29	N-a	什么是COLREGS分界线（COLREGS DEMARCATION LINE）？	
30	P3	发光立标（lighted beacon）的符号是什么？	
31	P10.2	列举一个组合联明暗灯（composite group occulting light）的符号。	
32	P11.8	琥珀色的灯标用什么符号表示？	
33	P14	列举一个印刷在海图上的灯标额定光力射程的例子。	
34	P40.1	扇形灯的符号是什么？	
35	P-a	灯标周围的乱石堆（海漫）的符号是什么？	
36	Q2	绿色不发光浮标的符号是什么？	
37	R15	号笛（whistle）雾号的符号是什么？	
38	S3.1	什么是RACON（雷达信标）？符号是什么？	

第 10 章
作图练习

对于以下练习：

使用训练海图 1210Tr。

使用日期 2000 年 6 月 15 日。

磁差近似到整数度数。

所有问题使用下列自差表（船上罗经）：

船首向 °M	自差 °M	船首向 ° psc
358	2W	0
27	3W	30
56	4W	60
86	4W	90
117	3W	120
148	2W	150
179	1W	180
210	0	210
241	1E	240
271	1E	270
300	0	300
329	1W	330
358	2W	360

1. 从 G "1B1" Fl G，4 sec Bell（位于 41° 15.48N，71° 34.57W）开始，你沿着航向 C = 80° psc、以速度 S = 6.3 节，在 0700EDT 时刻出发。在 0815 时，你测量了三个浮标的方位，分别是 R "2" = 313° psc，W Or "C" = 42° psc，W Or "A" = 189° psc。

1a）0815 时的推算（DR）位置是在哪里？纬度_____，经度_____。

1b）你在 0815 时的定位（Fix）位置是哪里？纬度_____，经度_____。

1c）水流是多少？流向_____，流速_____。

2. 继续航行，你的航向变为 050° psc，速度放慢到 5.5 节。在 0900 时，你测得 Brenton Reef Light（Breton 礁的灯塔）的方位是 B1 = 348° psc。在 0915 时，你第二次测得 Brenton 灯塔的方位是 B2 = 304° psc。

2a）你在 0900 时的推算（DR）位置在哪里？纬度_____，经度_____。

2b）你在 0915 时的推算（DR）位置在哪里？纬度_____，经度_____。

2c）你在 0915 时的定位位置在哪里？纬度_____，经度_____。

2d）水流是多少？流向_____，流速_____。

3. 继续航行，你决定改变航向，前往位于 Schuyler Ledge（暗礁）的 R "2" 浮标。该时间和路线的预测水流是流向 Set = 290° T，流速 Drift = 1.1 节。船速 S = 5 节。

3a）前往 R "2" 浮标需要的操舵航向是多少？CTS（操舵航向）= _____ psc。

3b）你预计到达 R "2" 浮标的时间是多少？ETA（预计到达时间）= _____。

4. 如果你的计算和操舵准确，你会沿着一条直线航迹驶向 R "2" 浮标，尽管船头会偏向航迹的右侧。为了确保你不会横漂偏离航线太远，你测量了位于 Schuyler Ledge 的 R "2" 浮标的方位，发现是 B = 100° psc。为了确保你不会随水漂流到计划航迹的北方，你测得 R "2" 的方位应该等于或_____（大于/小于）100° psc。

5. 当天晚些时候，船首向为 240° psc 时，你用哑罗经测得 W Or "A" Bell 浮标的方位是左舷 40°。该浮标的真方位是多少？B = _____° T。

6. 后来，你决定利用岸上的静止叠标来核实罗经的自差，选择了 Point Judith Light（灯塔）和北方 1.8 NM 处的水塔（Tank）作为叠标。当你以船首向 85° psc 航行穿过这两者形成的直线时，用哑罗经测得叠标的方位是左舷 80°。你在当前船首向上的罗经自差是_____。

7. 在 1620 时，你注意到船正横贴近 W Or "B" Bell 浮标驶过。此时你的航向是 240° psc，速度 6.3 节。风从东南方吹来，造成了 5° 的风压差。水流的流向是 180° T，流速 1.3 节。

7a）在 1645 时，你的估计位置在哪里？纬度_____，经度_____。

7b）从这个估计位置出发，你设定航向，前往Fl G 2.5 sec 33 ft 8M "1A" 灯标（位于Block Island（岛）的Southeast Point Light（东南角灯塔）北方约 1 海里，即 The Harbor 的入口）。前往目的地的航迹是哪个方向？_____° True。风完全平息下来，你的操舵航向是哪个方向？_____ psc。

7c）在 1705 时，你测量 Sandy Point 灯标 Fl 5 sec，36 ft，13M 的方位是 299° psc。你的估计位置在哪里？纬度_____，经度_____。

1645 时和 1705 时之间的水流是怎样？流向_____，流速_____。

你现在应该行驶哪个操舵罗经航向？CTS _____ psc。

7d）在 1717 时，你测得 Sandy Point 灯标的方位是 335° psc，The Harbor 入口的灯标 Fl G 2.5 sec 33 ft 8M "1A" 的方位是 257° psc。应该行驶怎样的航向？

解　答

第一次使用导航海图时，有必要先仔细检查、记录一些细节。其中之一就是选择以真度数还是磁度数作图，以及是否使用海图上的罗经花。在本练习中，海图罗经花的磁差已经过期了 15 年，偏差已经等于 1 度。因为这个原因，还有罗经的明显自差，你最好把度数换算成真度数，用真方向作图。如果排除前面的考虑，常规的做法是，沿岸导航使用磁方向，大洋作图使用真方向。

其次，你需要仔细检查海图边缘的经度和纬度刻度。通常存在两种不同的刻度：1 分划成 10 个小格，每小格对应 1/10 分；1 分划成 12 个小格，每小格对应 5 秒。我们使用的 1210Tr 海图上划分成多少小格？_____。

第三，检查深度的单位是英尺（feet）、码（yard）、英寻（fathoms）还是米（meters）。清楚这一点对于你的航行很重要。1210Tr 海图上使用哪个单位？_____。

****

1. 从 G "1B1" Fl G，4 sec Bell（位于 41° 15.48N，71° 34.57W）开始，你沿着航向 C = 80° psc、以速度 S = 6.3 节，在 0700EDT 时刻出发。在 0815 时，你测量了三个浮标的方位，分别是 R "2" = 313° psc，W Or "C" = 42° psc，W Or "A" = 189° psc。

1a）0815 时的推算（DR）位置是在哪里？纬度_____，经度_____。

1b）你在 0815 时的定位（Fix）位置是哪里？纬度_____，经度_____。

1c）水流是多少？流向_____，流速_____。

****

根据自差表，船首向 80° psc 对应的自差 Deviation = 4° W。把海图上的磁差更新到 2000 年：

2000 年的磁差 = 15° W + 3′ W × 15 年 = 15° 45′ W = 16° W

对于你的第一个船首向 80° psc，用自差和磁差换算到真方向：

T	V	M	D	C
60°	16° W	76°	4° W	80° psc

计算出第一个船首向对应的行驶时间：

时间 = T = 0815 − 0700 = 1 小时 15 分 = 1.25 小时

利用这个时间，计算出你的对水行驶距离：

距离 = D = S × T = 6.3 × 1.25 = 7.88 = 7.9 nm

从起点出发，作 60° T 真航向，沿这条线量取 7.9 nm，并用半圆和点标识一个推算（DR）位置，标上时间"0815"。求出第一个推算位置的经度和纬度。

答案 1a）0815 推算位置　纬度 = 41° 19.41N，经度 = 71° 25.42W

下一步，利用三个浮标的方位，求出 0815 时刻的实际定位位置。导航者通常反对使用漂浮的浮标来定位，因为锚可能会在水底移动、锚链有松紧的变化，因此浮标的位置有不确定性。因此，你应该永远以怀疑的态度对待这种定位。

根据当地的磁差和当前船首向对应的自差，把三个浮标方位换算到真方向，并画出方位线；它们相交的位置就是你的定位位置：

T	V	M	D	C	
293°	16° W	309°	4° W	313° psc	R "2"
22°	16° W	38°	4° W	42° psc	W Or "C"
169°	16° W	185°	4° W	189° psc	W Or "A"

答案 1b）0815 定位位置　纬度 = 41° 18.75N，经度 = 71° 24.46W

注意，加到方位上的自差是以船首向 080° psc 为基础查表，而不是方位。

我们通常假定推算位置和定位位置之间的差异是完全由于水流造成的。这个假定很大程度上是对的，但是它也包含了风压差、操舵误差和速度/距离误差。但是，我们还是遵照传统的假设，利用这两个位置之间的差异来估算水流。

因此，从你的推算位置（你猜测自己所在位置）到定位位置（你的实际位置）画一条直线，测量这条线的方位。这就是水流在这段时间内推着你移动的方向，称为流向 Set，总是用真角度表示。

流速 Drift，是用节表示的水流速度。为计算流速，量取推算位置到定位位置之间的距离，除以时间得到速度：

距离 = 1.0 nm

时间 = 0815 − 0700 = 1.25 小时

流速 = D/T = 1.0/1.25 = 0.8 节

答案 1c) **流向** Set = 133° T　**流速** Drift = 0.8 **节**

****

2. 继续航行，你的航向变为 050° psc，速度放慢到 5.5 节。在 0900 时，你测得 Brenton Reef Light（Breton 礁的灯塔）的方位是 B1 = 348° psc。在 0915 时，你第二次测得 Brenton 灯塔的方位是 B2 = 304° psc。

2a) 你在 0900 时的推算位置在哪里？纬度_____，经度_____。

2b) 你在 0915 时的推算位置在哪里？纬度_____，经度_____。

2c) 你在 0915 时的定位位置在哪里？纬度_____，经度_____。

2d) 水流是多少？流向_____，流速_____。

****

把新的船首向 050° psc 换算成真度数，从 0815 的定位位置，作一条直航向线：

$\boxed{\begin{array}{c}T\\30°\end{array}}$	$\underline{V}$ 16° W	$\underline{M}$ 46°	$\underline{D}$ 4° W	$\underline{C}$ 50° psc

计算你从 0815 到 0900 时的行驶距离：

T = 0900 − 0815 = 45 分 = 0.75 小时

D = S × T = 5.5 × 0.75 = 4.13 = 4.1 NM

沿着这条线测量 4.1 海里的距离，用半圆和点标记推算位置，标上时间"0900"。航线经过这一点继续延长，计算出从 0900 到 0915 时行驶的距离：D = 5.5 × 0.25 = 1.38 = 1.4 nm。标出 0915 时的推算位置。

答案 2a) 0900 **推算位置**　**纬度** = 41° 22.30N，**经度** = 71° 21.70W

答案 2b) 0915 **推算位置**　**纬度** = 41° 23.52N，**经度** = 71° 20.80W

把到 Breton 灯塔的两个方位都换算成真方向。同样，注意自差是用船首向查自差表，不是用方位查表。

$\boxed{\begin{array}{c}T\\328°\\284°\end{array}}$	$\underline{V}$ 16° W 16° W	$\underline{M}$ 344° 300°	$\underline{D}$ 4° W 4° W	$\underline{C}$ 348° psc 304° psc

从 Breton 灯塔出发，画两条真方位线；第一条线标上"B328° T 0900"，第二条线标上"B284° T 0915"。沿着 30° T 航向，从第一条方位线出发，量取 0900 到 0915 时的行驶距离 1.4nm，标一个点。把第一条方位线平移到这个点，标上"0900–0915"。平移直线与第二条方位线的交点，就是你的（移线）定位点；标上"0915 RFix"。

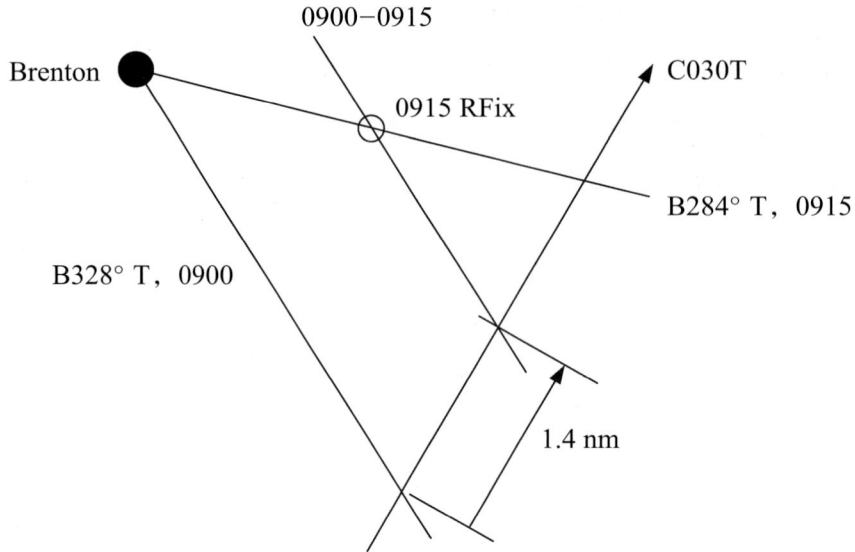

答案 2c）0915 移线定位点 RFix　纬度 = 41° 25.20N，经度 = 71° 21.00W

水流的方向，和前面一样，也是从推算位置到定位位置测量，流速是两点之间的距离除以时间：

$$距离 D = 1.7 \text{ nm}；时间 T = 1.0 \text{ 小时}$$

$$流速 Drift = D/T = 1.7/1.0 = 1.7 \text{ kt}$$

答案 2d）0815-0915 的水流　流向 = 355° T　流速 = 1.7 节

****

3.继续航行，你决定改变航向，前往位于 Schuyler Ledge（暗礁）的 R "2" 浮标（这是你最喜欢的钓鱼点）。该时间和路线的预测水流是流向 Set = 290° T，流速 Drift = 1.1 节。船速 S = 5 节。

3a）前往 R "2" 浮标需要的操舵航向是多少？　CTS（操舵航向）= _____ psc。

3b）你预计到达 R "2" 浮标的时间是多少？　ETA（预计到达时间）= _____。

****

这是一个速度矢量问题：我们先看一下已知哪些变量：

CTS	?
S	5.0 kt
Set	290° T
Drift	1.1 kt
COG	80° T
SOG	?

速度 S、流向 Set、流速 Drift 已经给出；对地航向 COG 通过从 0915 定位位置向 Schuyler Ledge 的 R "2" 画线确定。我们不知道操舵航向 CTS，也不知道对地速度

SOG。这个问题通过做矢量图解决，在海图的罗经花上做出已知的矢量；不要试图在航迹推算（DR）线上作图，这会带来混淆。这是一个速度矢量作图，因此线段的长度代表速度的大小；1 海里 = 1 节（图中用 kt 表示）。

下面是我们先画上的已知矢量：

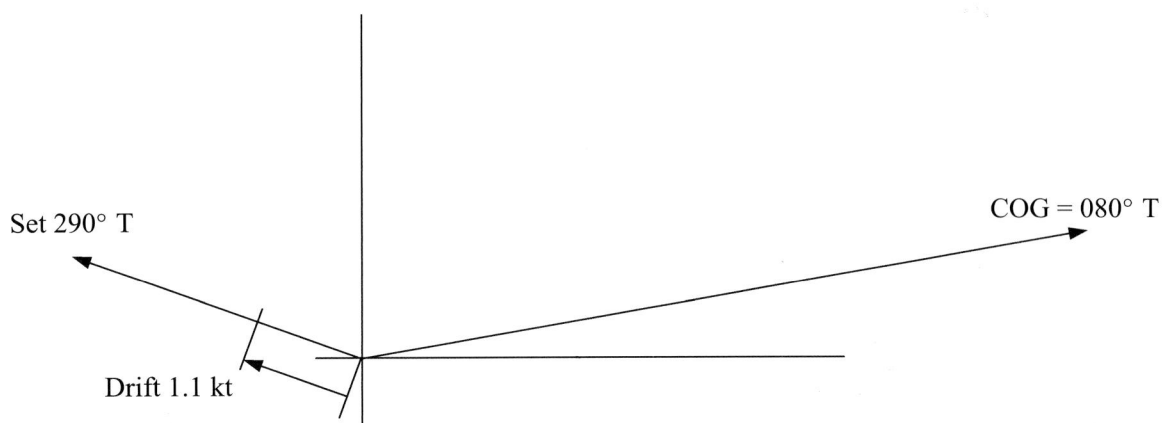

另外，我们知道，速度矢量 S 必须组成三角形的第三条边，它的长度是 5 海里，代表 5 节的速度。在空白海图纸上，把你的分规两脚展开，长度正好是 5 海里，然后一个脚放在流速矢量的末端，摆动另一个脚作圆弧，与 80° T 的航迹线相交。然后，连接这两个点，画一条线。这条线就代表着船速矢量；长度代表着 5 节的速度，角度代表着你的操舵航向 CTS，以补偿前往目的地时的水流影响。它与 80° T 的交点位置决定了你的对地速度，SOG。

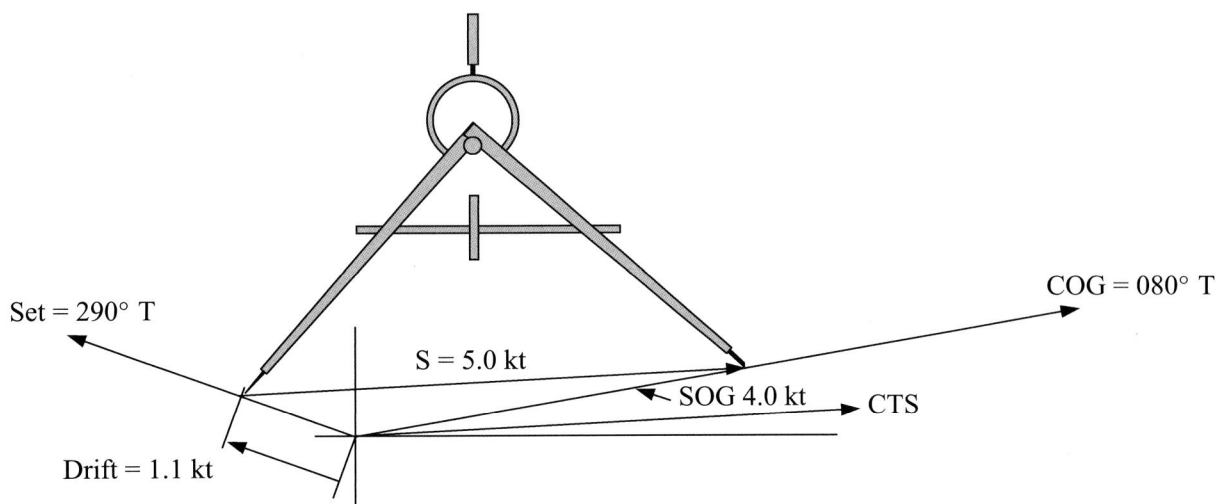

如图，穿过罗经花中心，画一条平行于船速矢量的平行线，量出 CTS 的角度，CTS = 86° T。但是问题问得是船上罗经的读数 psc，即舵手用来掌舵的角度。通过下列步骤换算：

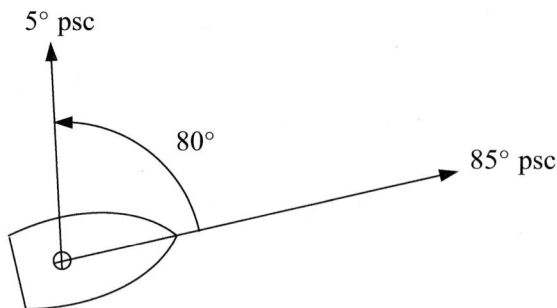

从你的航向 85° psc，朝左舷画哑罗经读数 80°，得出水塔、灯塔组成的叠标线方位是 5° psc。然后，用下面的步骤算出当前船首向上的自差：

T	V	M	D	C
357°	16° W	013°	8° E	005° psc

答案 6）实际自差 = 8° E（对应船首向 85° psc）

****

7. 在 1620 时，你注意到船正横贴近 W Or "B" Bell 浮标驶过。此时你的航向是 240° psc，速度 6.3 节。风从东南方吹来，造成了 5° 的风压差。水流的流向是 180° T，流速 1.3 节。

7a）在 1645 时，你的估计位置在哪里？

****

你的航向是 240° psc；把它换算到真航向，然后在海图上从 W Or "B" Bell 浮标画一条线：

T	V	M	D	C
225°	16° W	241°	1° E	240° psc

行驶的时间 = T = 1645 − 1620 = 25 分钟 ÷ 60 = 0.42 小时

相对于水行驶的距离 = D = S × T = 6.3 节 × 0.42 小时 = 2.6 NM

沿着 225° T 航向线，量出 2.6 NM 距离，把这个点标记为 1645 时刻的推算位置。

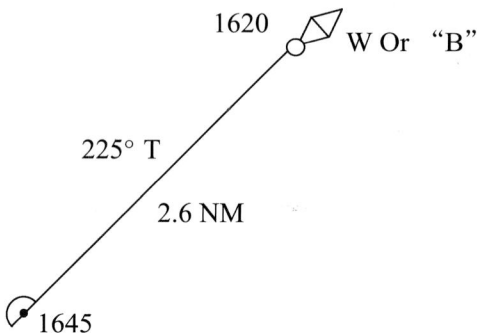

下一步，根据东南风产生的 5° 风压差，做出 1645 时的估计位置（EP），此时风会把船吹到推算航线的西北方向。

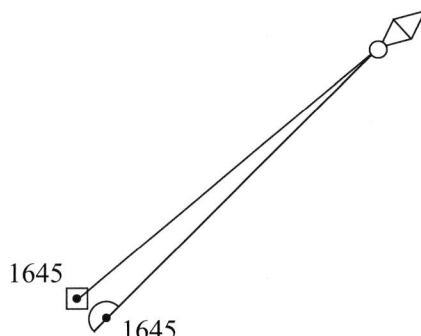

现在，把流速矢量叠加到估计位置 EP 上。水流的流向是 180° T，流速 1.3 节。也就是每小时 1.3 海里，你需要计算出在 0.42 时内被水推着移动的距离。因此：

$$距离 = D = S \times T = 1.3 \ 节 \times 0.42 \ 小时 = 0.5 \ NM$$

从 1645 时的估计位置 EP，而不是推算位置 DR，画出这段距离：

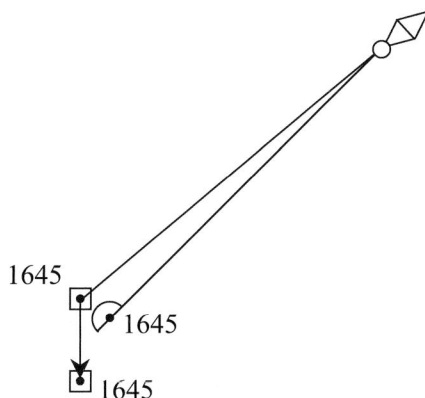

求出估计位置的纬度和经度。

答案 7a）纬度 = 41° 15.05′ N　经度 = 71° 26.60′ W

****

7b）从这个估计位置出发，你设定航向，前往 Fl G 2.5 sec 33 ft 8M "1A" 灯标（位于 Block Island（岛）的 Southeast Point Light（东南角灯塔）北方约 1 海里，位于 The Harbor 的入口）。前往目的地的航迹是哪个方向？_____° True。风完全平息下来，你的操舵航向是哪个方向？_____ psc

****

首先确定前往 Fl G 2.5 sec 33 ft 8M "1A" 灯标（在 The Harbor 的入口）的航迹，从你在 1645 时的估计位置，到这个灯标画一条线，得出这条线的方向是 229° T。

由于风完全平息下来了，你不再有风压差，但是依然受水流的影响。因此，你需要利用水流矢量求解，计算出操舵航向，我们已经知道了下列信息：

CTS	?
S	6.3
Set	180° T
Drift	1.3
COG	229° T
SOG	?

这是一个独立的水流矢量问题，必须用速度矢量图来求解，同第 3 题类似。作图时，我们用线段表示**方向**和**速度**，而**不是距离**。最简单的做法就是直接在海图的罗经花上作图，如下图所示。

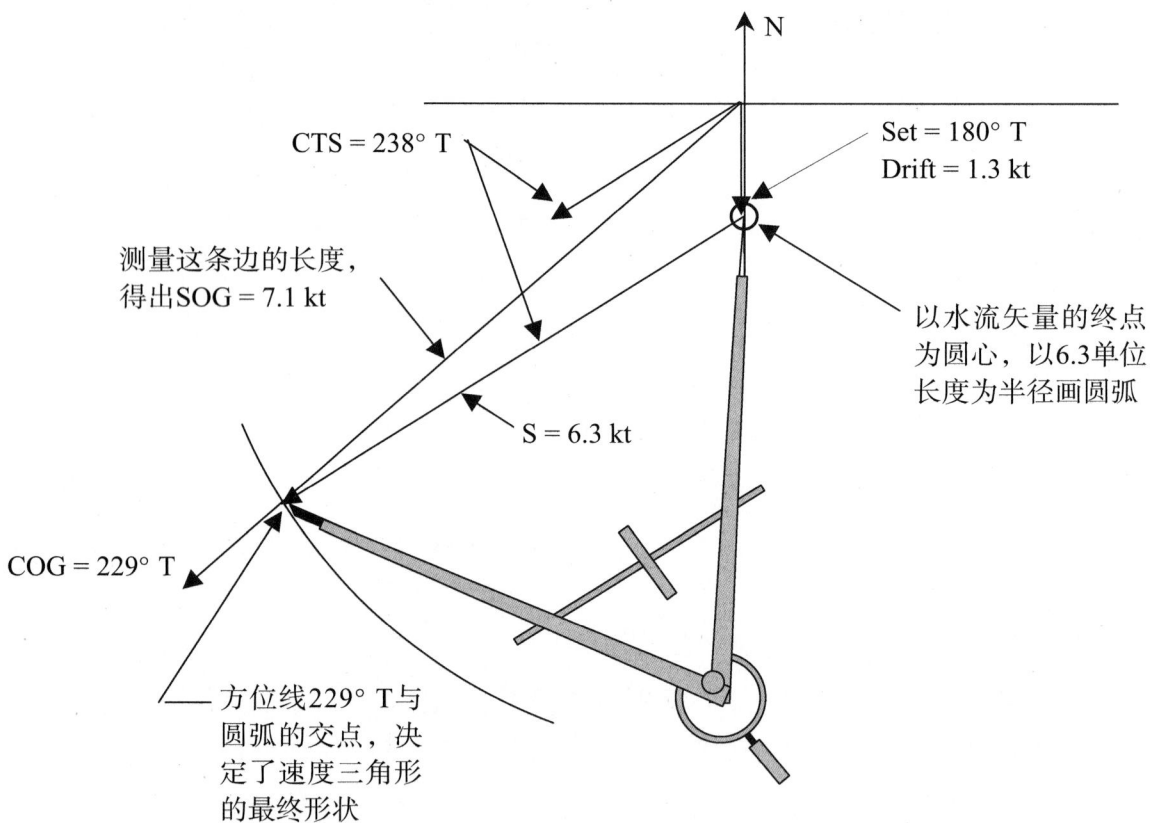

操舵航向 = CTS = 238° T，然后换算：

T	V	M	D	C
238°	16° W	254°	1° E	253° psc

答案 7b）航迹向 = 229° T　操舵航向 CTS = 253° psc

****

7c）在 1705 时，你测量 Sandy Point 灯标 Fl 5 sec，36 ft，13M 的方位是 299° psc。
你的估计位置在哪里？纬度_____，经度_____。
1645 时和 1705 时之间的水流是怎样？流向_____，流速_____。
你现在应该行驶哪个操舵罗经航向？CTS _____ psc。

****

在 1705 时，你测量 Sandy Point 灯标，换算到真角度：

T	V	M	D	C
284°	16° W	300°	1E	299° psc

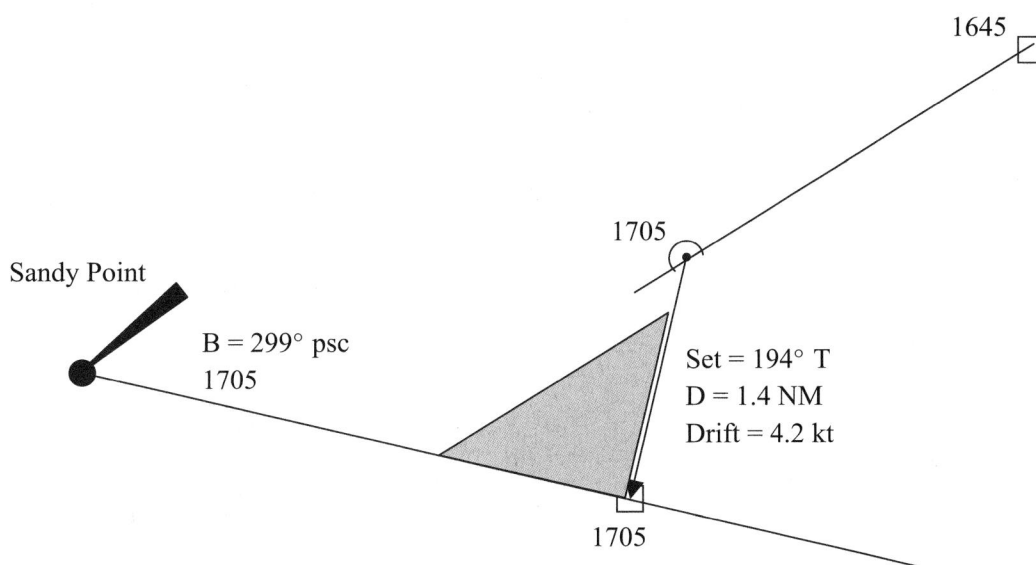

估计位置在方位位置线上，是距离同一时刻的推算位置最近的点，即推算位置到位置线的垂点。水流的流向（Set）和流速（Drift）是根据推算位置 DR（我们猜测的位置）和估计位置 EP（对当前位置的更好的估计）之间的差别计算出来的。

流向 Set = 194° T，从推算位置量到估计位置（方向不能搞反）。

推算位置和估计位置之间的距离 D = 1.4 NM

时间 T = 1705 − 1645 = 20 分 /60 分 = 0.33 小时

流速 Drift = D/T = 1.4/0.33 = 4.2 kt

因此我们在接近目的地时，水流明显地增加了，我们需要计算一个新的操舵航向，以补偿水流影响。新的对地航向 COG，从 1705 时的估计位置到 The Harbor 的入口灯标画线得出，如下图所示。

1705

COG = 236° T

The Harbor

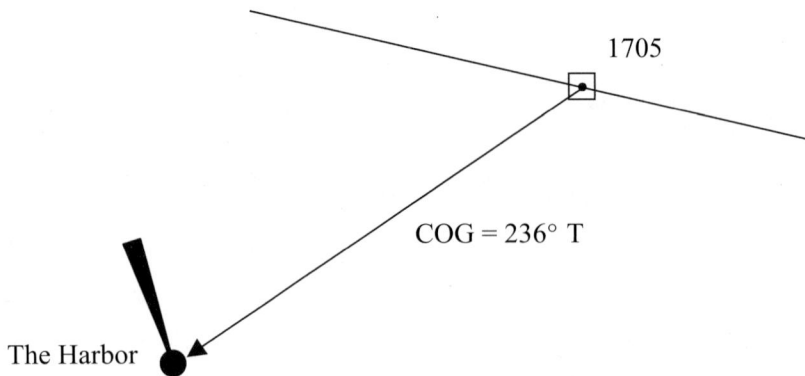

以下图的方法计算补偿水流所需要的操舵航向：

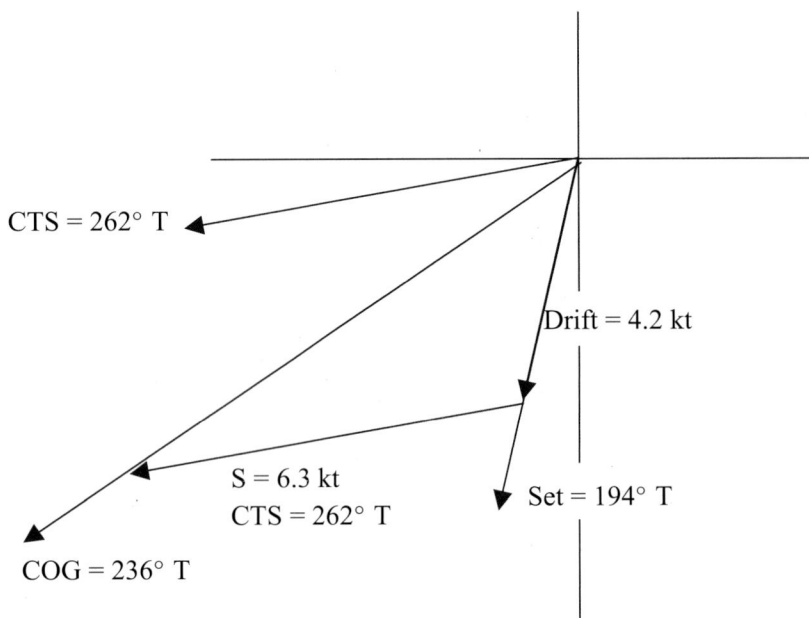

CTS = 262° T

Drift = 4.2 kt

S = 6.3 kt
CTS = 262° T

Set = 194° T

COG = 236° T

C	?
S	6.3 kt
Set	194° T
Drift	4.2 kt
COG	236° T
SOG	?

T	V	M	D	C
262°	16° W	278°	1° E	227° psc

答案 7c）估计位置 EP　纬度 = 41° 12.64N　经度 = 71° 29.39W

1645 时和 1705 时之间的水流　流向 Set = 194° T　流速 Drift = 4.2 kt

操舵航向 CTS = 277° psc

****

7d）在 1717 时，你测得 Sandy Point 灯标的方位是 335° psc，The Harbor 入口的灯标 Fl G 2.5 sec 33 ft 8M "1A" 的方位是 257° psc。你应该行驶怎样的航向？

****

当前船首向 277° psc 对应的自差是：

T	V	M	D	C	
320°	16° W	336°	1° E	335° psc	Sandy Point
242°	16° W	258°	1° E	257° psc	The Harbour

画出这些方位，我们会看到，我们的位置较计划的航迹（从 1705 时的估计位置出发）偏南一点。因此我们的操舵航向 277° psc 看起来很好，而且水流在流速和流向上都很稳定。我们现在能清楚地看见 The Harbour 入口处的 33 英尺高的灯塔了。而且我们希望灯塔的方位保持在等于或小于 257°。由于水流正在把我们向南推，我们希望朝北更偏斜一点，使灯塔的方位保持在 257° psc 或更小；如果它的方位增加了，这就意味着我们被强烈的水流推得太靠南。作为一种保守措施，我们或许希望过度靠北行驶，使方位小于 257° psc。

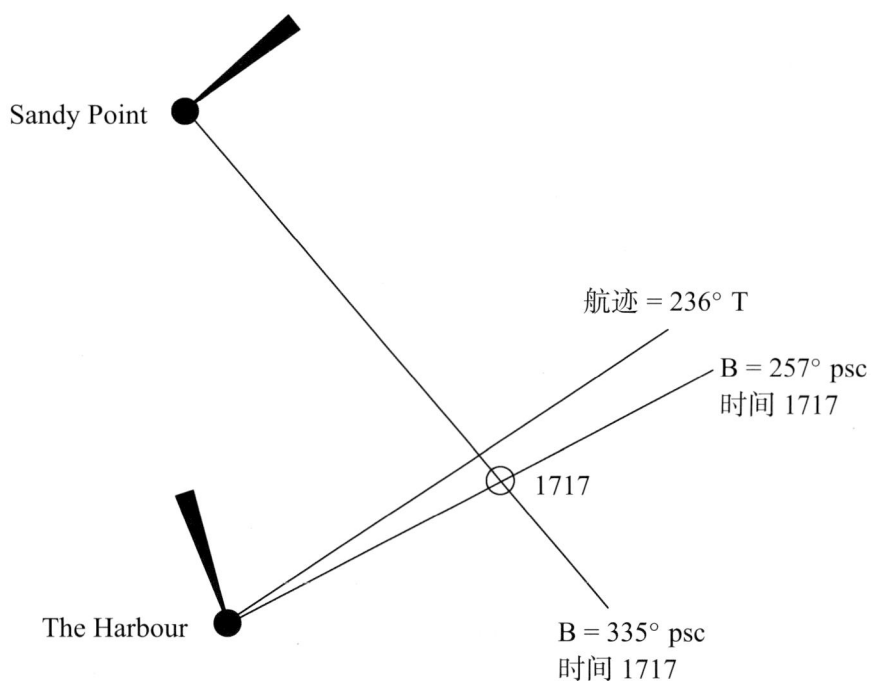

答案 7d） 在 The Harbor 方位线的北方行驶，使方位等于或小于 257° psc。

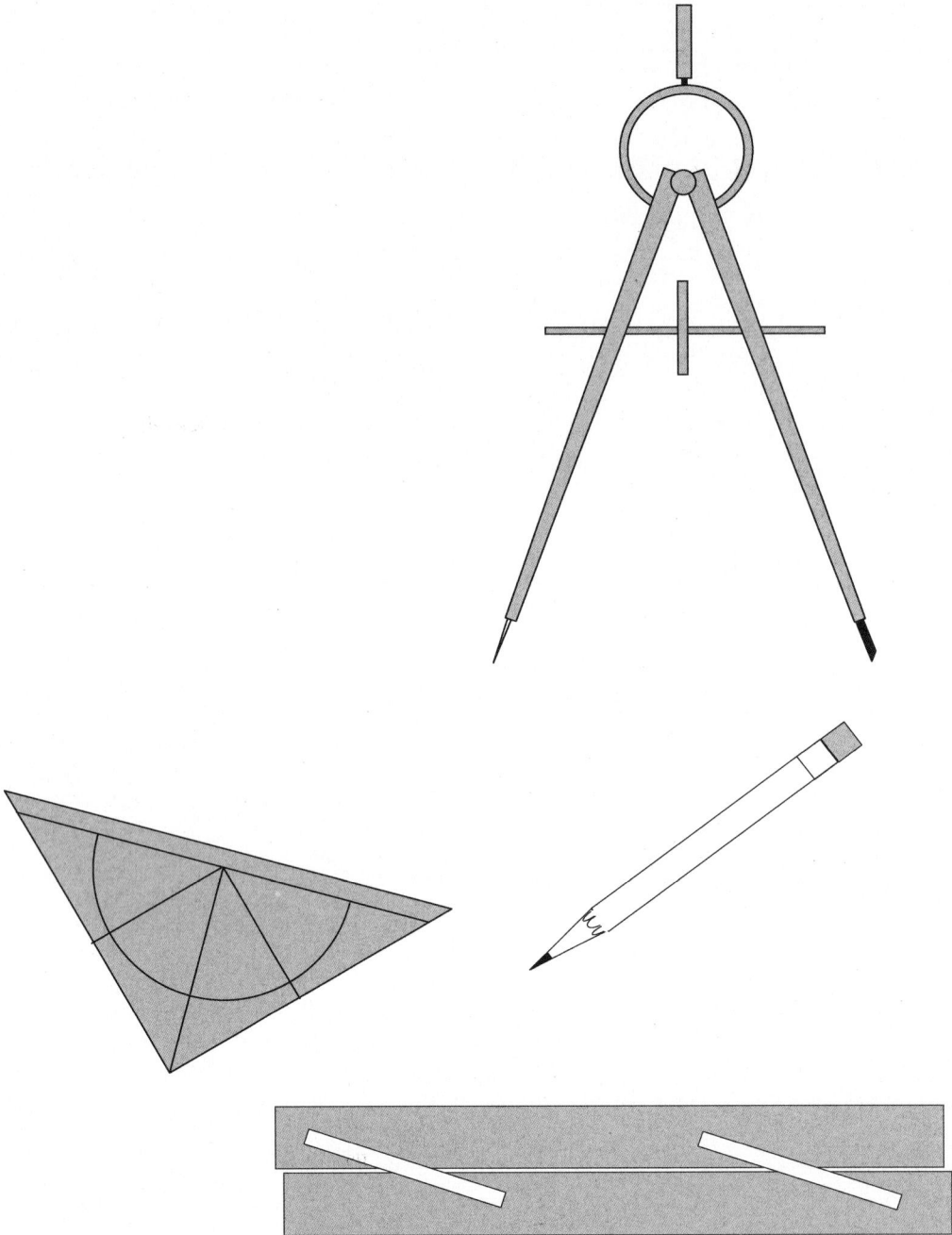

下面几页显示本章习题在 1210Tr 海图上的作图。

Boulders

FI 10sec WHISTLE

B293T

Wreck   0815

W Or "C" BELL

B022T

0815

Set 133T

B169T

BW OF "B" BELL   1620

W Or "A" FI 4sec BEL

C 060T   56.3

D 71.9

JOINS CHART 13208

Cable Area

25870

25860

25850

25840

MSG

G "1B1" FI G 4sec BELL

0700   6ft 100

225T

COG 229T   SOG

1645   5°   hrd

Set   1645

1645

DANGER
Unexploded depth charge
May 1945

1705   C 233T

TR 229T

Set

1705

FI 5sec 36ft 13M

Sandy Pt

C "3CH"   B299 PSC   1705

Crows Pt

Clay Head

HOUSE

HOUSE (FLAT TOP)

BW WHISTLE   1717

C 262T

Rks

Sh

BLOCK ISLAND

TR 236T

B257 PSC

1717

Obstr

TOWER

FI G 2.5sec 33ft 8M "1A" HORN

F R 23ft "6"

AERO Rot W & G

CUPOLAS

The Harbor

9960-W-14475

14470

14480

14485

14490

14495

14500

14505

14510

14515

14520

14525

14530

25790

25780

25770

25760

East Ground

S Sh

M Sh

Old Harbor Pt

C "3"

BLOCK ISLAND SOUTHEAST
FI G 3.7sec 201ft 21M
HORN
R Bn 301

COG

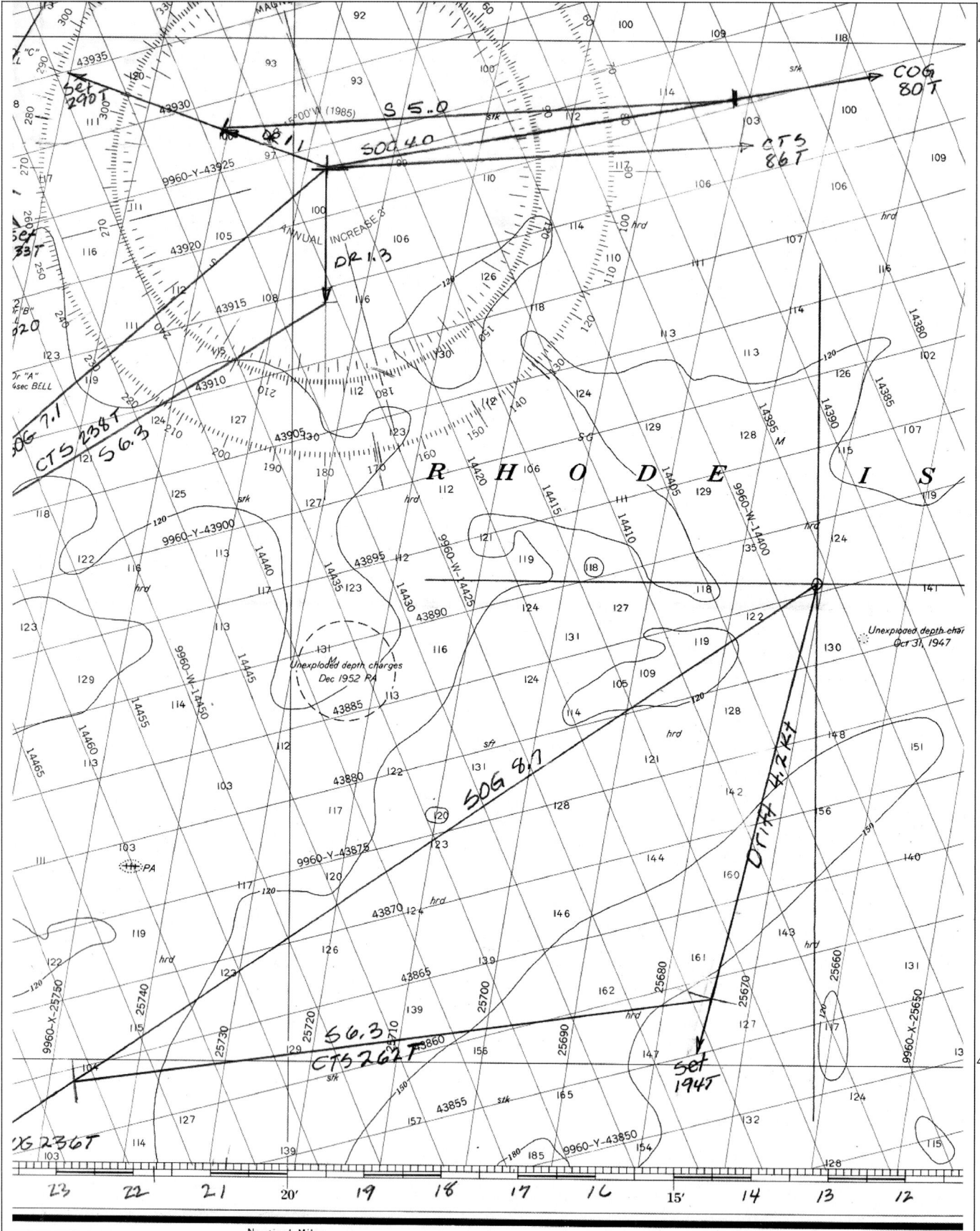

41°20'N

41°10'N

R H O D E   I S

Unexploded depth charges
Dec 1952 RA

Unexploded depth char
Oct 31, 1947

COG
80 T

CTS
86 T

S 5.0

SOG 4.0

DR 1.1

DR 1.3

ANNUAL INCREASE 8'

Set
290 T

Set
33 T

SOG 7.1

CTS 238 T

S 6.3

SOG 8.7

DRIFT 4.2 Kt

Set
194 T

S 6.3

CTS 262 T

Nautical Miles

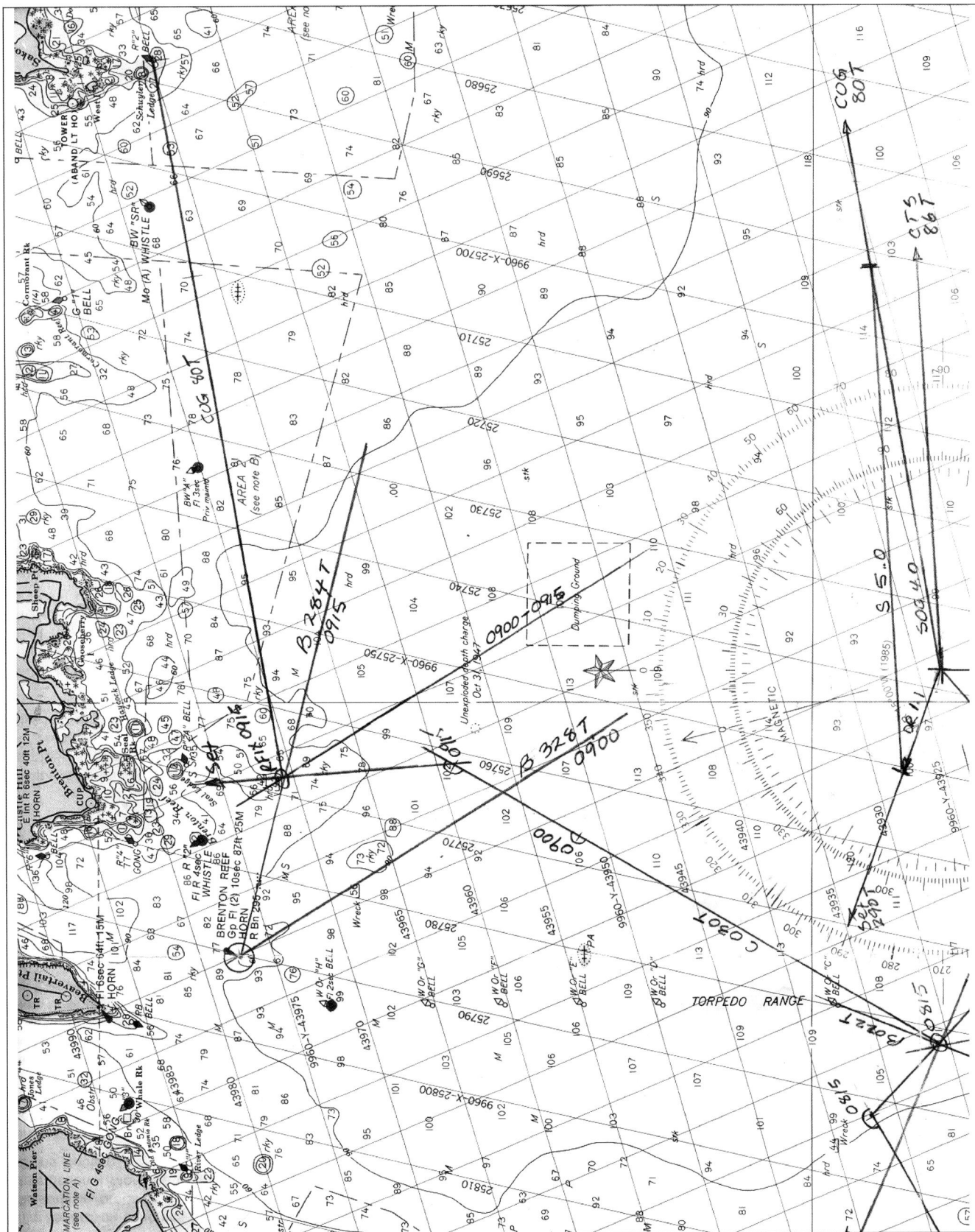

- 接近的低压系统：能够产生小到 10 到 15 节，大到飓风强度的风，伴随有倾盆大雨、大浪和刺骨的寒冷低温。

- 接近的飓风：能够产生极端剧烈的天气，伴随有超过 100 节的风和超过 50 英尺的浪，还有倾盆大雨。

下面图 12-1 到图 12-6 展示了一些基本天气系统的特征和特点。

航行中的天气数据来源包括海事 VHF 和 SSB（单边带）电台、NAVTEX（航行警告接收机）、气象传真和卫星，当然，如果你在航行中能访问互联网，互联网网站也是一种来源。

用于天气预报的 VHF 频道可以参考第 8 章；而且 NGA 的 Pub 117 出版物给出了全世界的 VHF、SSB、NAVTEX 和卫星频率；参考第 8 章。

NOAA 的网站（http://weather.noaa.gov/fax/marine.shtml）和一些商业网站（比如 http://www.passageweather.com/）提供了极佳的文本预报和气象传真图像；参考图 12-6 的例子。这些网站可以作为绝佳的训练工具，让你学会在起航前下载未来连续七天甚至更长时间的天气预报，并和当地的实际天气和电视气象频道的报告做对比。

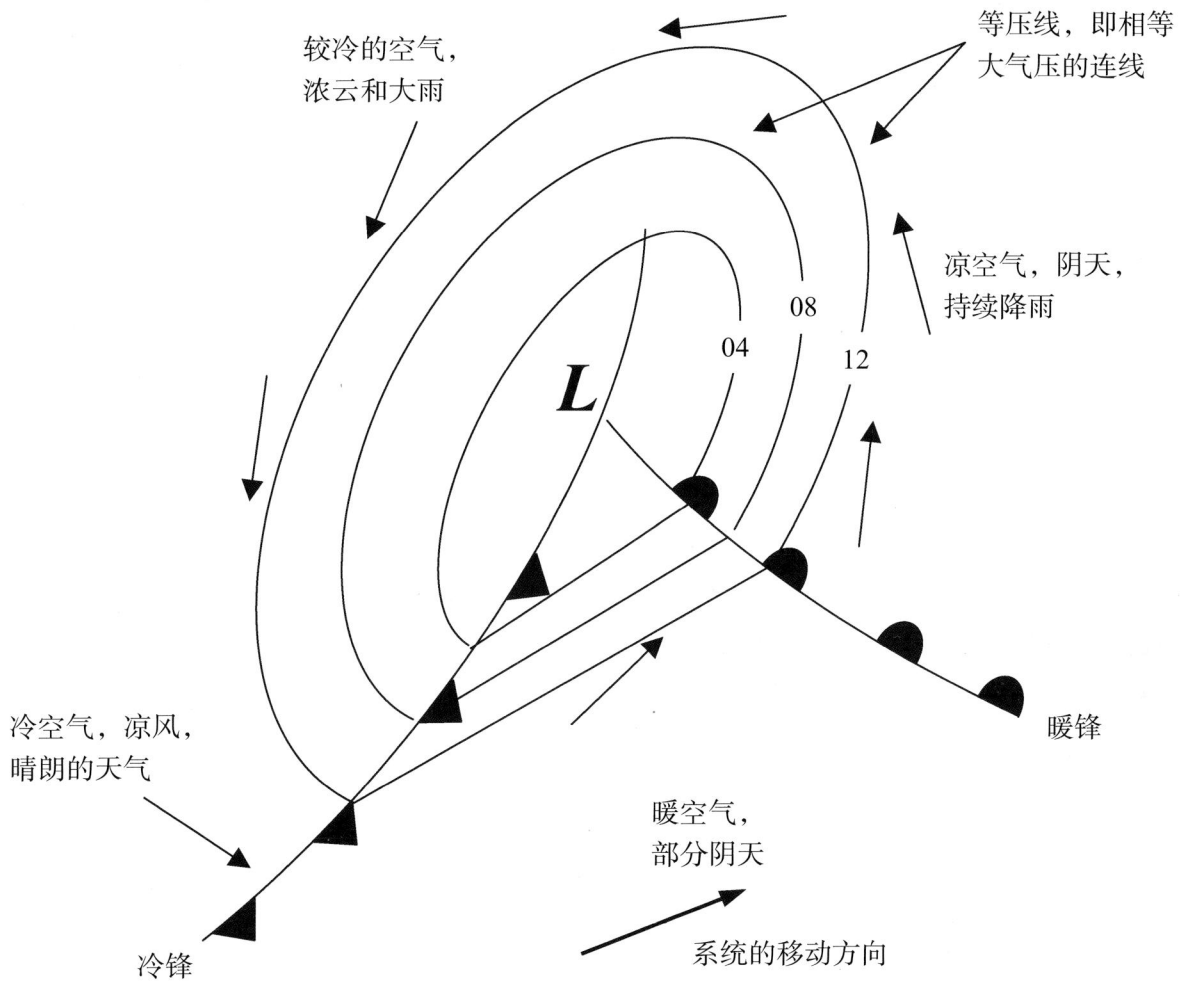

较冷的空气，
浓云和大雨

等压线，即相等
大气压的连线

凉空气，阴天，
持续降雨

08

04

12

L

冷空气，凉风，
晴朗的天气

暖锋

暖空气，
部分阴天

冷锋

系统的移动方向

图 12-1：北半球的低压风暴系统逆时针旋转，地面的风会旋转着向中心汇聚，并且会沿着中心的空气柱迅速上升到大气层的高空。该系统沿着与暖气团中的等压线平行的方向移动。图中的数字是以毫巴量度的气压值的后两位数字，即"12"= 1012 毫巴。注意随着冷锋经过，风向从西南明显地摆到西北。

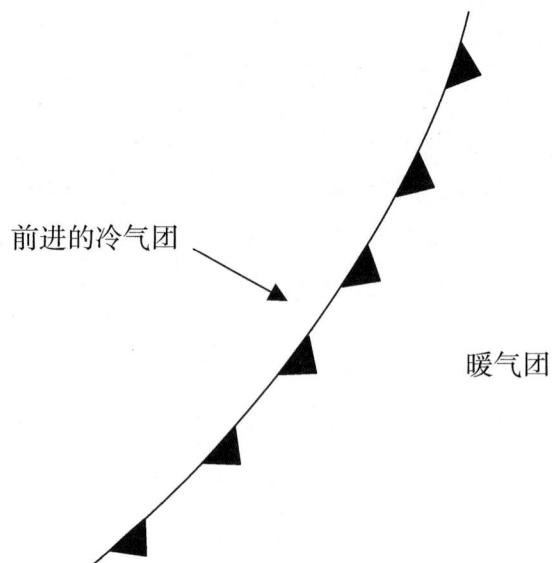

图 12-2a：气象预报图上，水平视图的地面高度的冷锋。

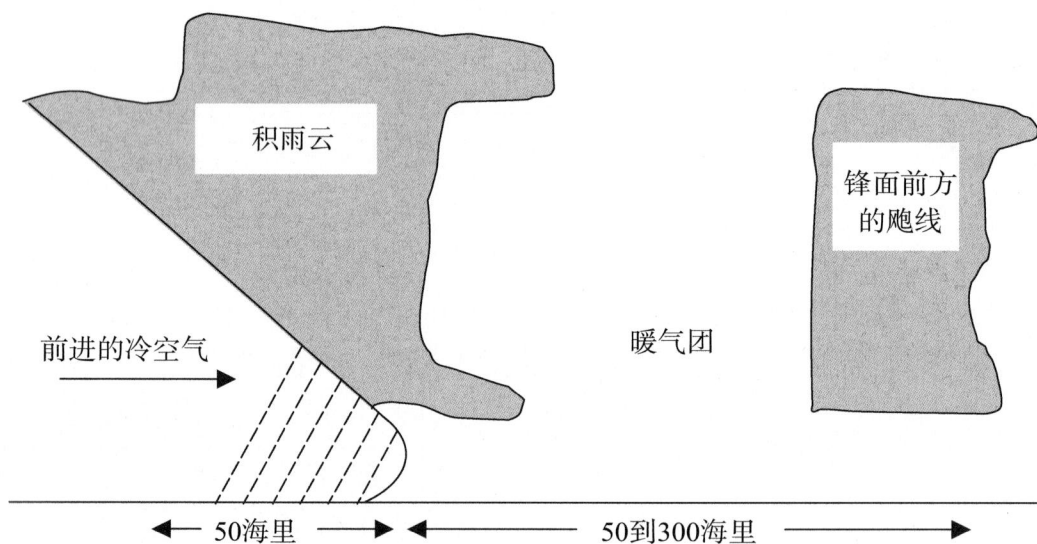

图 12-2b：冷锋的垂直剖面图，冷气团移动到暖气团的下方，推动着前方的云和雷暴。

冷气团

前进的暖气团

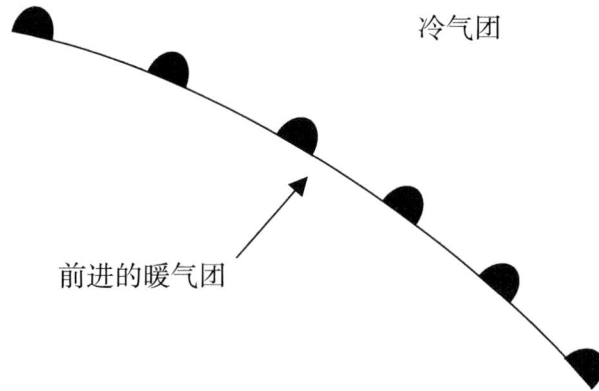

图 12-3a）：气象预报图上，水平视图的地面高度的暖锋。

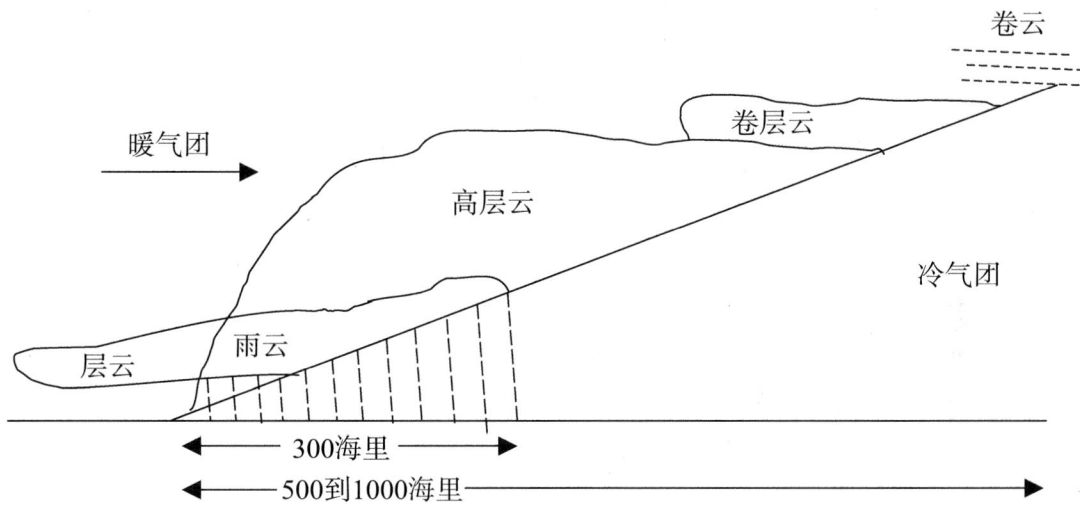

卷云

暖气团

卷层云

高层云

冷气团

层云

雨云

300海里

500到1000海里

图 12-3b）：暖锋的垂直剖面图，暖气团压在冷气团上方，形成了一系列易于辨别的云彩类型。

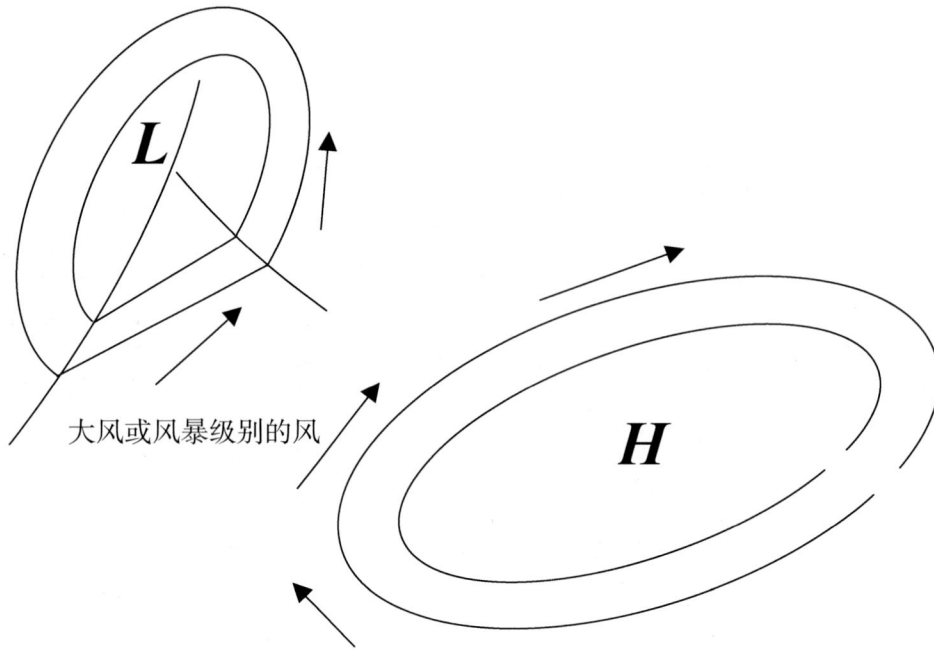

图 12-4：低压系统与高压系统相遇，在它们的风会互相加强的区域，通常会产生大风或风暴级别的风。

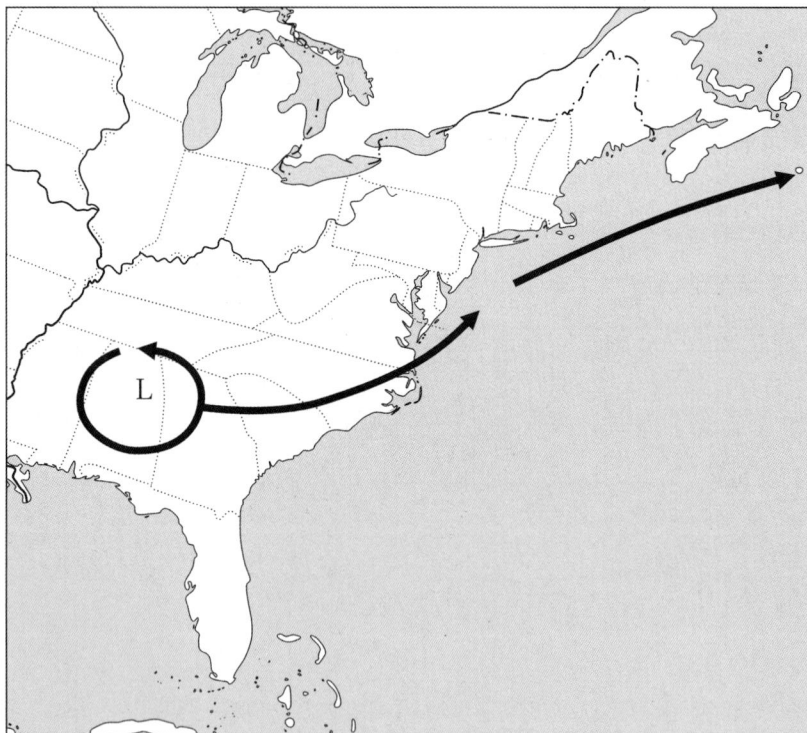

图 12-5：沿着美国东海岸的典型风暴路径。

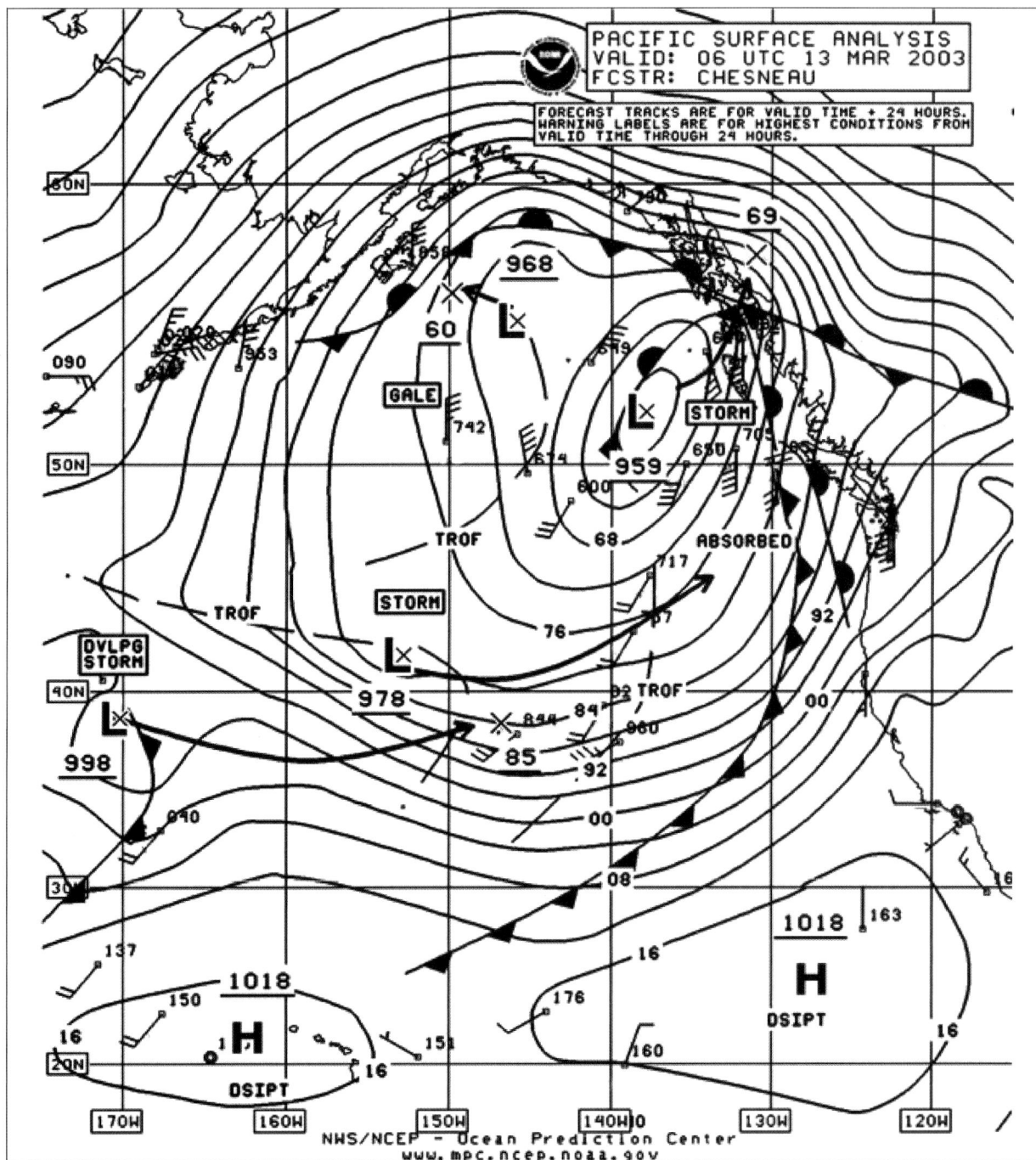

图 12-6：来自 NOAA 网站的东太平洋气象传真图，显示了一个低压系统，后面跟着一个冷锋，风力达到 40 节的风暴级别。

5. 列出 4 种可以从互联网上下载的导航出版物或海图：

    a. _____

    b. _____

    c. _____

    d. _____

6. 最新版的美国导航海图的日期，在哪里可以找到？

_____

7. 当你在美国水域，朝外海航行时，通常把绿色助航标志置于你的_____舷（左/右）通过。

8. 更新导航海图的两个信息来源是什么？

    a. _____

    b. _____

9. 识别下列助航标志：

白色和红色 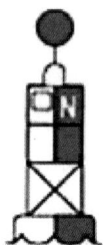   a. _____

黑色和红色    b. _____

绿色 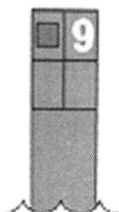   c. _____

黄色

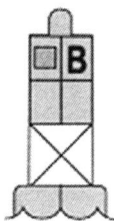

d. _____

白色和黑色

e. _____

第2部分——第10～15题包含32个空，每空2分。满分64分。

10. 2004 年 6 月 18 日，你正在 Vineyard Sound（海湾）航行，航向 C = 246° psc，速度 S = 4.9 kt。在 0900 时，你贴近驶过浮标 R "26" Fl R 4 sec Bell（位于海湾的东北角）。在 1130 时，你注意到 Nashawena Island（岛）的东端正好与 Pasque Island（岛）的西端重合对齐。此时，你测得下列罗经方位：

    Cuttyhunk Light（灯标），Qk Fl 63ft 12M：316° psc

    Gay Head Light（灯标），Alt Gp Fl（3）W&（1）R 40 sec 170ft 17M：153° psc

    a. 你在 1130 时刻的推算（DR）位置在哪里？

    纬度_____，经度_____。

    b. 1130 时的定位（Fix）位置在哪里？

    纬度_____，经度_____。

    c. 过去的 2.5 小时中，水流的平均流向和流速是多少？

    流向_____° T，流速_____节。

    d. 继续沿着相同的航向和速度行驶，你在 1200 时的推算（DR）位置在哪里？

    纬度_____，经度_____。

11. 当天晚些时候，你位于浮标 BW "VS" Whistle 处（Nomans Land 的 WNW 方向 8 海里处）。有一股流向 Set = 20° T、流速 Drift = 1.6 kt 的水流。船速 S = 5.1 kt。作出到浮标 R "2" Fl R 4 sec Whistle 的航线（位于 Nomans Land 的南方）。

    a. 航向（航迹）和距离是多少？

    _____° T _____° M _____ NM。

    b. 要想保持在这个航迹上，你的操舵航向应该是多少？

    _____° T _____° psc

    c. 你的对地速度（SOG）是多少？ _____节。

Appendix C

USCG Light List for US Waters

Light lists are discussed in Chapters 2 and 8. Following is an example of four of the Nav

Aides on training chart 1210Tr which were downloaded from the NGA website

(1) No.	(2) Name	(3) Position	(4) Characteristic	(5) Height	(6) Range	(7) Structure	(8) Remarks
SEACOAST（Massachusetts）－First District							
APPROACHES TO NEW YORK－NANTUCKET SHOALS TO FIVE FATHOM BANK（Chart 12300）							
620 15610	G a y Head Light	41 20 54N 70 50 06W	Al W R 15s 0.2s W fl 7.3s ec 0.2s R fl 7.3s ec	170	W 24 R 20	Red brick tower. 51	Obscured from 342° to 359° by Nomans Land; light occasionally visible through notches in hilltop. Emergency light（Fl W 6s）of reduced intensity when main light is extinguished. Lighted throughout 24 hours.
SEACOAST（Massachusetts）－First District							
630 15985	Buzzards Bay Entrance Light	41 23 48N 71 02 01W	Fl W 2.5s	67	17	Tower on red square on 3 red piles with large tube in center, worded BUZZA RDS on sides.	Emergency light of reduced intensity when main light is extinguished. RACON: B（－ • • •）. HORN: 2 blasts ev 30s（2s bl－2s si－2s bl－24s si）.

附录C
USCG灯标表（美国水域）

灯标表在第2章和第8章有讨论。下面是灯标表上记录的，出现在1210Tr海图上的4个助航标志，它们是从NGA网站上下载的。

（1）编号	（2）名称	（3）位置	（4）特征	（5）高度	（6）光力射程	（7）建筑	（8）备注
			海岸（麻萨诸塞州）—— 第一区				
		纽约进港 —— NANTUCKET 浅滩到FIVE FATHOM 浅滩（海图12300）					
620 15610	Gay Head 灯标	41 20 54N 70 50 06W	Al W R 15s 0.2s W fl 7.3s ec 0.2s R fl 7.3s ec	170	W 24 R 20	红砖塔 51	在342°和359°之间被Nomans Land遮挡；偶尔能在山顶的豁口间看到灯光。主灯熄灭时，有（Fl W 6s）的低强度应急灯光。24小时全亮。
			海岸（麻萨诸塞州）—— 第一区				
630 15985	Buzzards Bay（湾）入口灯标	41 23 48N 71 02 01W	Fl W 2.5s	67	17	安装在红色方形平台上的灯塔，下有三个桥墩，中间是根大柱子；两侧标有BUZZARDS字样。	主灯熄灭时，有低强度的应急灯光。雷达信标：B（－•••）。号角：每30秒响2声（响2s－停2s－响2s－停24s）

灯标的发光特征

插图	种类的描述	缩写词
	1. 定光灯 连续稳定发光的灯	F
	2. 明暗灯 在一个周期中灯亮的时间大于暗的时间，熄灭的时间相等	
周期	2.1 单明暗灯 一个熄灭信号周期重复的明暗灯	Oc
周期	2.2 联明暗灯 一组熄灭信号有规律地重复，可以根据熄灭信号的数量的不同来识别	Oc（2）
周期	2.3 组合联明暗灯 和联明暗灯相似，它是由数量不同的几组连续的熄灭信号组成一个周期	Oc（2+1）
周期	3. 等明暗灯 灯光亮的时间和熄灭的时间相等	Iso
	4. 闪光灯 在一个周期内，亮光持续的时间短于灯熄灭的时间，并且亮光持续的时间相等	
周期	4.1 单闪光灯 一个闪光有规律地重复出现（频率在分钟内不超过30次）	Fl
周期	4.2 联闪灯 一组闪光周期性地重复，可以根据闪光的数量不同来识别它	Fl（2）
周期	4.3 组合联闪灯 和联闪灯相似，它是由数量不同的几组闪光组成一个周期	Fl（2+1）
	5. 快闪灯 一分钟内闪光60次以上的闪光灯	

C-15

插图	种类的描述	缩写词
▮▮▮▮▮▮▮▮▮▮	5.1 连续快闪 闪光连续重复的快闪灯	Q
▮▮▮▮ ▮ ▮▮▮▮	5.2 中断的快闪灯 快闪光被固定的较长时间的熄灭有规律地打断	IQ
▮ ▮ ▮ ▮ 周期	6. 摩尔斯码 两种比较明显不同的闪光来分别表示"滴"和 "答"信号,组合成表示一定意思的闪光周期重复	Mo（A）
▮ ▮ ▮ 周期	7. 定闪光灯 一个定光灯和一个有更强光力的闪光灯的组合	FFI
R W R W R W R 周期	8. 互光灯 交替地出现不同颜色的灯	AI RW

C-16

美国助航标志系统
除密西西比流域之外的可航行水域

从海上进港时看到的侧面标志系统

左侧标 奇数编号

■ 只有绿色发光
联闪光（2）
闪光
明暗
快闪
等明暗

"1"
Fl G 6s
发光标志

G "9"
Fl G 4s
发光浮标

G
C "9"
罐形标

G
"5"
日间立标

推荐航道标志 没有数字——可能有字母

推荐航道在标志的右侧
顶部色带是绿色

■ 只发绿光
组合联闪（2+1）

GR "A"
Fl (2+1) G 6s

GR "U"
罐形标

GR
C "S"

推荐航道标志 没有数字——可能有字母

推荐航道在标志的左侧
顶部色带是红色

■ 只发红光
组合联闪（2+1）

RG "B"
Fl (2+1) R 6s

RG
N "C"
锥形标

RG
"G"
锥形标

右侧标 偶数编号

■ 只发红光
联闪光（2）
闪光
明暗
快闪
等明暗

"2"
Fl R 6s
发光

R "8"
Fl R 4s
发光浮标

R
N "6"
锥形标

R
"2"
日间标志

没有侧面意义的助航标志

孤立危险物 没有数字——可能有字母

□ 只发白光

Fl (2) 5s

BR "A"
Fl (2) 5s
发光

BR "C"
不发光

安全水域 没有数字——可能有字母

□ 只发白光 莫尔斯码
Mo (A)

RW "N"
Mo (A)
发光且/或发出声音

RW "A"
多面反射器

RW SP "B"
球形

RW "N"
不发光且/或发出声音

叠标日间板——可能有字母

KGW KWG KWB KBW KWR KRW KRB KBR KGB KBG KGR KRG

日间板——可能有字母*

□ 只发白光

NR
RW Bn

NG
GW Bn

NB
BW Bn

特殊标志——可能有字母

□ 只发黄光
定光
闪光

Y C "A" Bn
不发光

Y N "C" Bn

Y "A" Bn

形状可选——但是根据浮标在可航水域中的相对位置，以及浮标的方向做出选择。

Y "B" Fl
发光

典型的信息和管制标志
信息和管制标志

发光时，信息和管制标志可能会显示除了快闪和闪光（2）之外的任意发光节律。

□ 只发白光

NW

W Bn

DANGER

禁止驶入   操作受限   危险

标记沿岸内航道（Intercoastal Waterway, ICW）的助航标志标有特殊的黄色符号，以便与标记其它水域的助航标志做区分。黄色的三角形 ▲ 表示应该将该标志置于右舷通过。黄色方块 ■ 表示船舶应该将其置于左舷通过。黄色水平色带 ▬ 没有任何侧面的信息，只是表示该浮标用来标记ICW。

Plate 1

---

* 译者注:NR、NG、NB是这些标的名字，分别是Near-Red、Near-Green、Near-Black的缩写词。Bn表示Beacon，立标。RW、GW、BW表颜色。

C-37

附录 E
空白海图纸

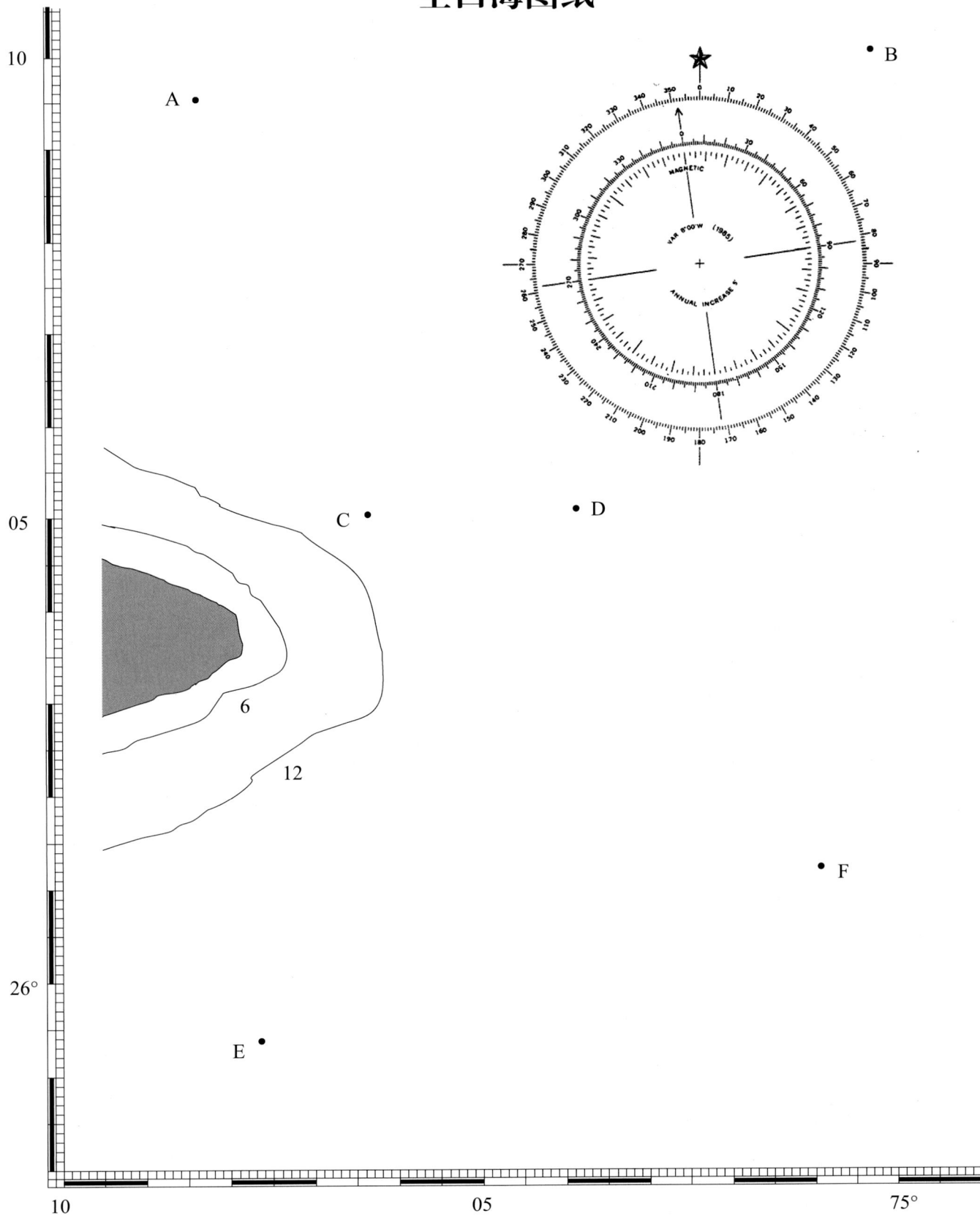

B

A •

★

10

05

C •

• D

6

12

• F

26°

E •

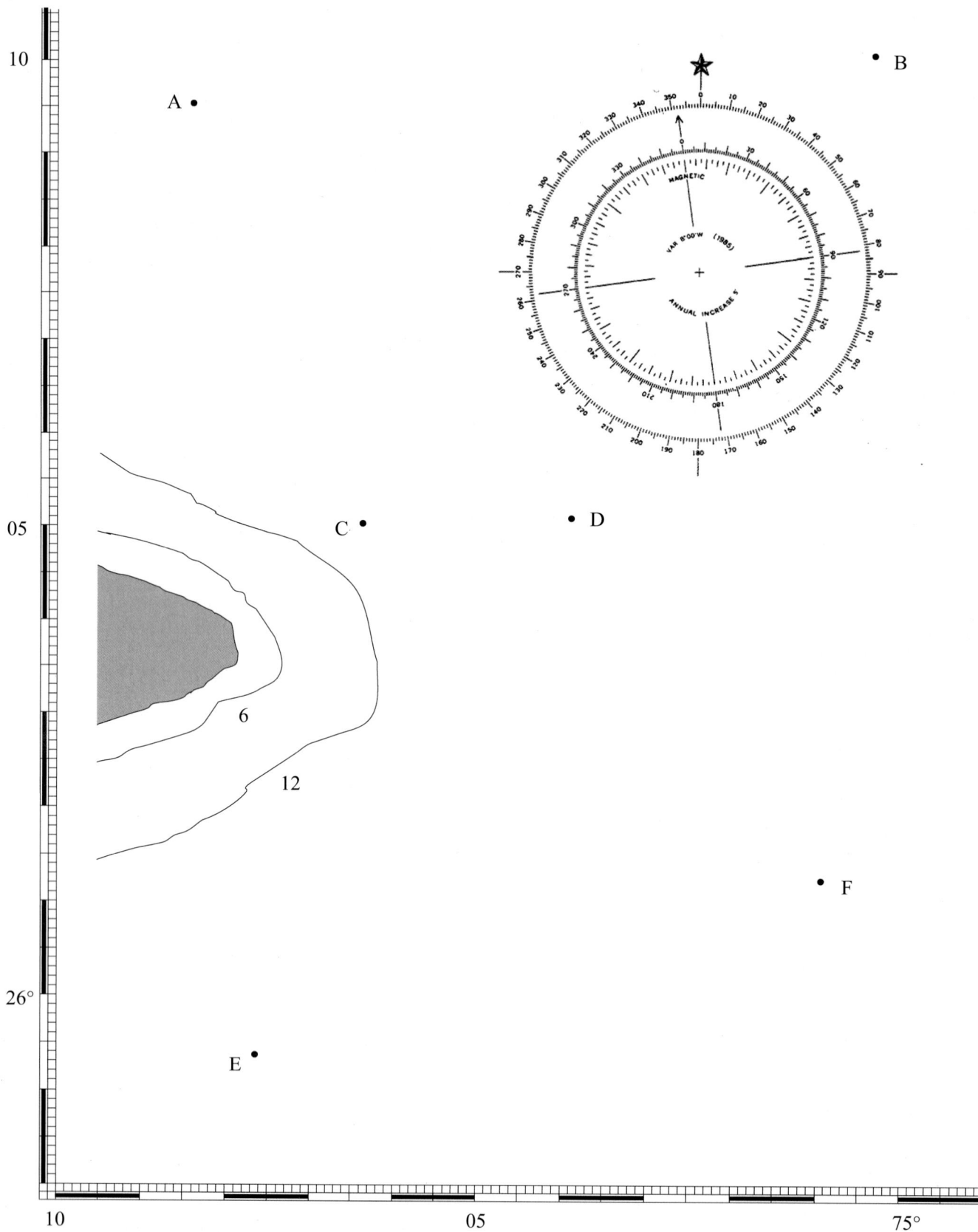

E-3

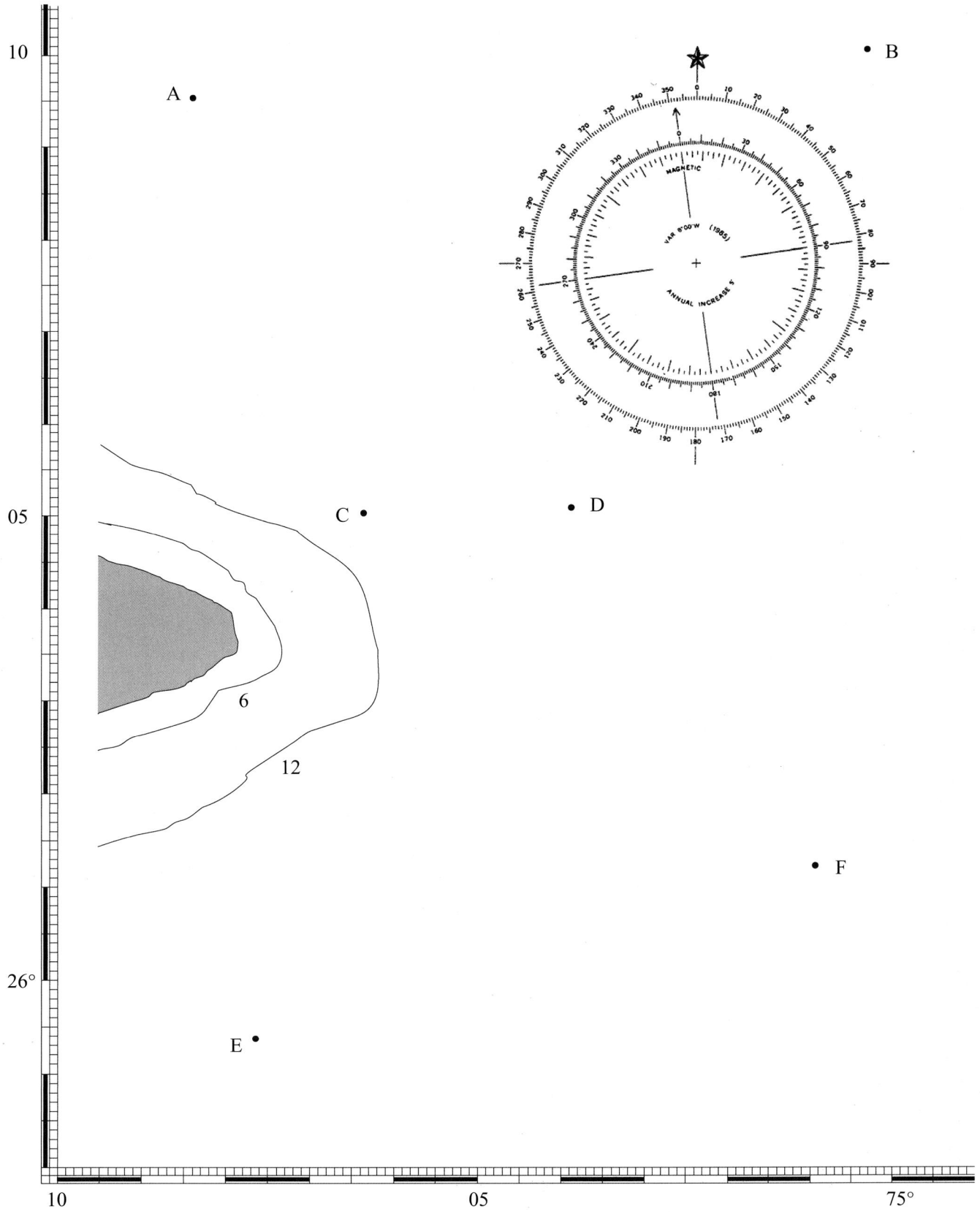

E-4

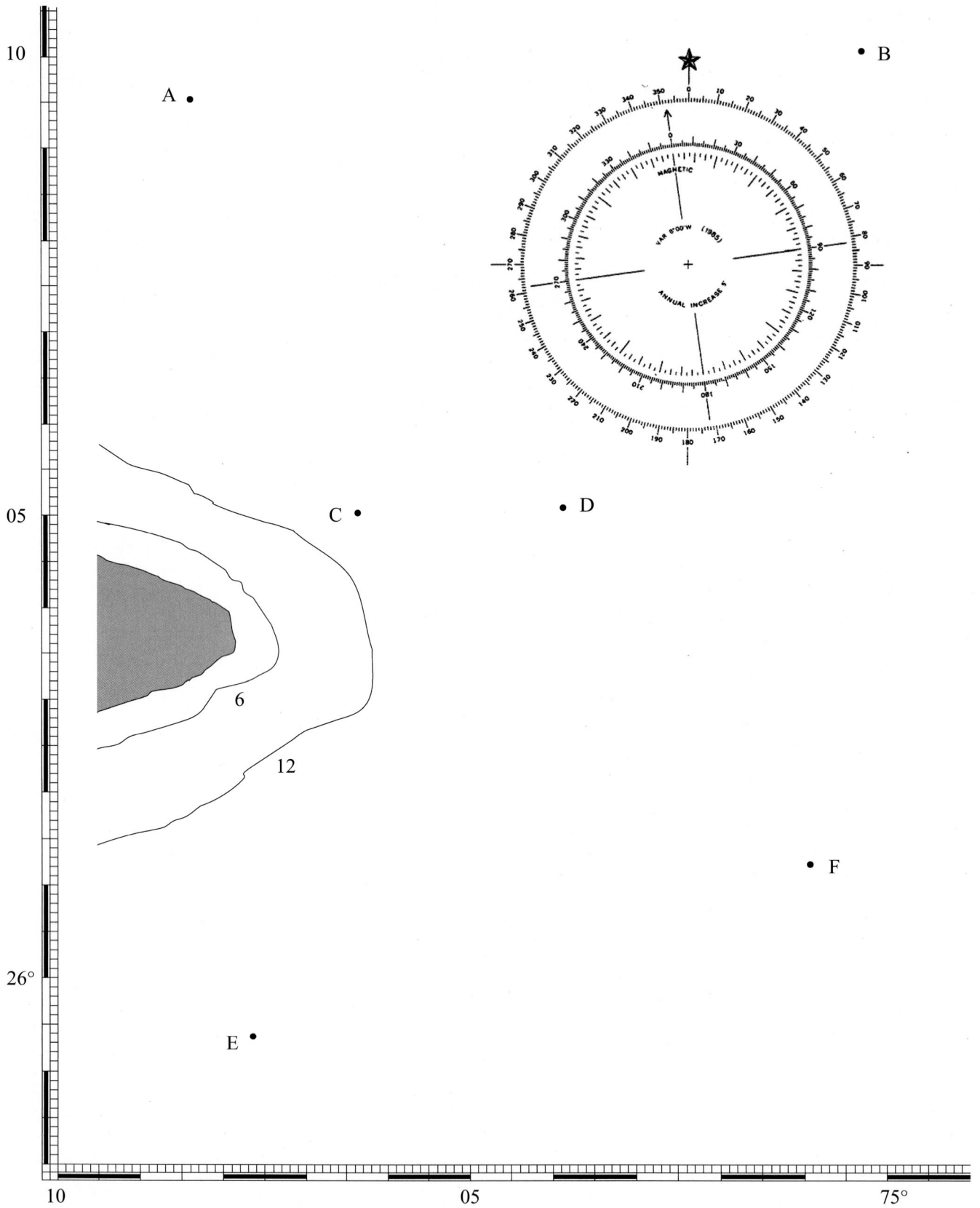

E-5

Appendix F

Equations

$$\text{Speed} = \frac{\text{Distance}}{\text{Time}}$$

$$\text{Distance} = \text{Speed} \times \text{Time}$$

$$\text{Time} = \frac{\text{Distance}}{\text{Speed}}$$

Greenwich Mean Time = Zone Time + Meridian Time Difference

Daylight Time = Standard Time + 1 hour

$$\text{Meridian Time Difference} = \frac{\text{Longitude of Zone Meridian}}{15°}$$

$$\text{Longitude Time Difference} = \frac{\text{Longitude}}{15°}$$

ZTD = LTD − MTD

$$\text{Speed Over Ground} = \frac{\text{Distance Over Ground}}{\text{Elapsed Time}}$$

$$\text{Speed Correction Factor} = \text{SF} = \frac{\text{Speed Over Ground}}{\text{Log Speed}}$$

Corrected Speed through the water = S = SF × Log Speed.

$$\text{Distance Correction Factor} = \text{DF} = \frac{\text{Distance Over Ground}}{\text{Log Distance}}$$

Corrected Distance through the water = D = DF × Log Distance

Bearing = Course + Relative Bearing

表格 3——任意时刻的潮汐高度
表格的解释

尽管表格 3 的脚注可能已经包含了足够的解释，足以让你求出任意时刻的高度，下面给出了两个应用实例，以说明其具体用法。

例 1：求出纽约州的 New York（The Battery）在 0755 时的潮汐高度，表格 1 给出的当天预测数据如下：

低潮			高潮	
时间	高度		时间	高度
0522	0.1		1114	4.2
1741	0.6		2310	4.1

检视上面的例子，可以发现，待求的时刻落在两个上午潮汐之间

涨潮持续时间是 11 时 14 分 −5 时 22 分 = 5 时 52 分

低潮之后，要计算高度的时刻距离该低潮是 7 时 55 分 −5 时 22 分 = 2 时 33 分

潮差是 4.2 − 0.1 = 4.1 英尺

表格 3 给出了涨潮和退潮时间，从 4 时 10 分到 10 时 40 分，每隔 20 分钟给出一组数据。最接近当天涨潮时长 05 时 52 分的制表数据是 6 时 00 分；在水平的一行中，最接近 2 时 33 分（低潮之后经过的时间）的数据是 2 时 36 分。沿着 2 时 36 分所在的一列向下查找，查到潮差 4 英尺（最接近我们当天的潮差 4.1 英尺）对应的一行，行列相交的位置就是我们要查的修正值，是 1.6 英尺。因为是在低潮之后，因此要加上修正值，0.1+1.6=1.7 英尺，或 52 厘米。这是高于纽约的基准面——平均较低低潮位——的高度。

例 2：查表得到美国某个地方在 0300 时刻的潮汐高度，当天的潮汐预测给出如下：

高潮			低潮	
时间	高度		时间	高度
0012	11.3		0638	−2.0
1251	11.0		1853	−0.8

退潮的持续时间是 6 时 38 分 −00 时 12 分 = 6 时 26 分。

待求高度的时刻，在高潮之后，时间差是 3 时 00 分 −00 时 12 分 = 2 时 48 分

当天的潮差是 11.3−（−2.0）= 13.3 英尺。

从退潮的持续时间 6 时 20 分进入表格，这是最接近 6 时 26 分的值；在水平的一行上，最接近时间差 2 时 48 分的表格值是高潮后 2 时 45 分。沿着这一列向下查，找到与潮差 13.5 英尺（最接近当天的潮差 13.3 英尺）对应的一行的交点，查出的数字是 5.3。因为是高潮之后的时间，因此必须减掉这个数，即 11.3 − 5.3 = 6.0 英尺，也就是 183 厘米。

当涨潮或退潮的持续时间超过 10 时 40 分时，使用该时长的 1/2 进入表格，到最近的高潮或低潮的时间差也取 1/2 的数值。但是如果涨潮或落潮的持续时间小于 4 小时，那么就把持续时间和时间差分别乘以 2，再进入表格查表。

G-16

TABLE3. —HEIGHT OF TIDE AT ANY TIME.

Similarly, when the range of tide is greater than 20 feet, enter the table with one-half the given range. The tabular correction should then be doubled before applying it to the given high or low water height. If the range of tide is greater than 40 feet, take one-third ot the range and. multiply the tabular correction by 3.

If the height at any time is desired for a place listed in table 2 predictions of the high and low waters for the day in question should be obtained by the use of the difference give for the place in that table. Having obtained these predictions, the height for any intermediate time is obtained in the same manner as illustrated in the foregoing example.

GRAPHIC METHOD

If the height of the tide is required for a number of times on a certain day the full tide curve for the day may be obtained by the *one-quarter*. The procedure is as follows:

1. On cross-section paper plot the high and low water points in the order of their occurrence for the day, measuring time horizontally and height vertically. These are the basic points for the curve.

2. Draw light straight lines connecting the points representing successive high and low waters.

3. Divide each of these straight lines into four equal parts. The halfway point of each line gives another point for the curve.

4. At the quarter point adjacent to high water draw a vertical line above the point and at the quarter point adjacent to low water draw a vertical line below the point, making the length of these lines equal to one-tenth of the range between the high and low waters used. The points marking the ends of these vertical lines give two additional intermediate points for the curve.

5. Draw a smooth curve through the points of high and low waters and the intermediate points, making the curve well rounded near high and low waters. This curve will approximate the actual tide curve and heights for any time of the day may be readily scaled from it.

Caution.—Both methods presented are based on the assumption that the rise and fall conform to simple cosine curves, Therefore the heights obtained will be approximate. The roughness of approximation will vary as the tide curve differs from a cosine curve.

An example of the use of the graphical method is illustrated below. Using the same predicted tides as in example 2, the approximate height at 3^h00^m could be determined as shown below.

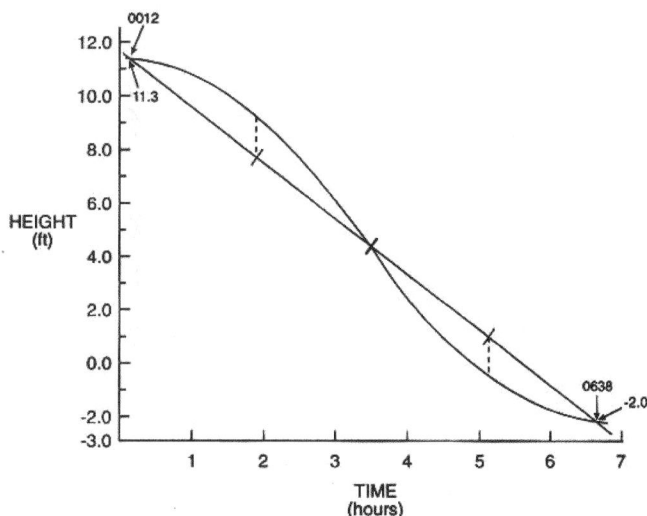

G-17

表格 3——任意时刻的潮汐高度

类似，当潮差超过 20 英尺时，以 1/2 的潮差进入表格。从表格中得到的修正值最后要先乘以 2，再去修正给出的潮汐高度。如果潮差大于 40 英尺，取潮差值的 1/3，最后把修正值再乘以 3。

如果待求潮高的地点是在表格 2 中给出，要先把表格 2 给出的当天高低潮时间和高度的修正值算进去。得到预测数据之后，中间任意时刻的高度再根据前面的例子，以同样的方法算出。

图形方法

如果需要求某一个或者多个时刻的潮汐高度，当天的完整潮汐曲线可以依据——1/4，1/10——规则获得。步骤如下：

1. 在垂直坐标纸上，根据它们发生的时间顺序，分别画出高潮点和低潮点：水平轴是时间，纵轴是潮汐高度。这些点就是曲线的基本点。

2. 轻轻地画一条直线，连接高潮点和低潮点。

3. 把这条直线分成四份相等的线段。可以利用等分的方法，求出这四个点。

4. 在靠近高潮的四分点上，画一条高于该点的竖直线；在靠近低潮的四分点上，画一条低于该点的竖直线；在这些竖直线上，量取高低潮之间潮差的 1/10 长度。由此得出的端点就是潮汐曲线经过的另外两个中间点。

5. 通过高潮点、低潮点和中间点，画出一条圆滑的曲线，在高、低潮点要特别圆滑。这条曲线就可以近似代表真实的曲线，当天任意时刻的潮汐高度就可以从这条曲线上按比例量取。

6. 警告：以上讲的两种方法，都假设潮汐的涨落吻合简单的余弦曲线。因此以上高度只是近似值。近似的精度会有所变化，因为真实潮汐曲线并非是余弦曲线。

下面给出了一个使用图形方法的例子。使用与例 2 同样的预测潮汐，3 时 00 分的近似高度可以在下图求出。

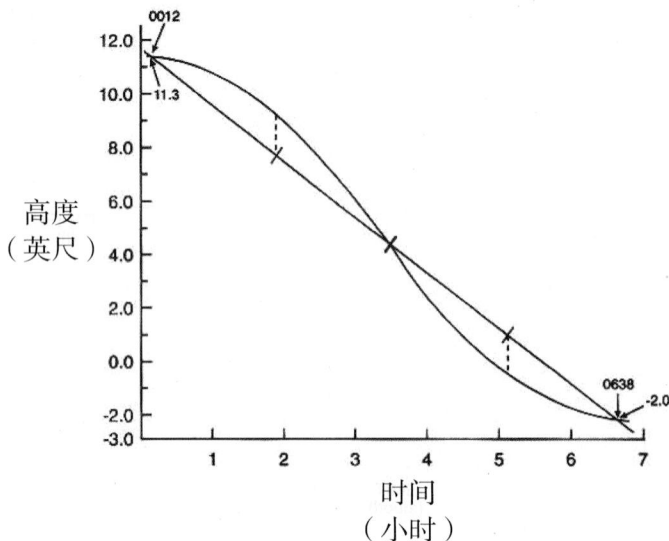

G–17

表格 3——任意时刻的潮汐高度

到最近的高潮或低潮的时间

涨潮和落潮的持续时间；参考脚注 (h. m.)	h. m.	h. m.	h. m.	h. m.	h. m.	h. m.	h. m.	h. m.	h. m.	h. m.	h. m.	h. m.	h. m.	h. m.	h. m.
4 10	0 08	0 16	0 24	0 32	0 40	0 48	0 56	1 04	1 12	1 20	1 28	1 36	1 44	1 52	2 00
4 20	0 09	0 17	0 26	0 35	0 43	0 52	1 01	1 09	1 18	1 27	1 35	1 44	1 53	2 01	2 10
4 40	0 09	0 19	0 28	0 37	0 47	0 56	1 05	1 15	1 24	1 33	1 43	1 52	2 01	2 11	2 20
5 00	0 10	0 20	0 30	0 40	0 50	1 00	1 10	1 20	1 30	1 40	1 50	2 00	2 10	2 20	2 30
5 20	0 11	0 21	0 32	0 43	0 53	1 04	1 15	1 25	1 36	1 47	1 57	2 08	2 19	2 29	2 40
5 40	0 11	0 23	0 34	0 45	0 57	1 08	1 19	1 31	1 42	1 53	2 05	2 16	2 27	2 39	2 50
6 00	0 12	0 24	0 36	0 48	1 00	1 12	1 24	1 36	1 48	2 00	2 12	2 24	2 36	2 48	3 00
6 20	0 13	0 25	0 38	0 51	1 03	1 16	1 29	1 41	1 54	2 07	2 19	2 32	2 45	2 57	3 10
6 40	0 13	0 27	0 40	0 53	1 07	1 20	1 33	1 47	2 00	2 13	2 27	2 40	2 53	3 07	3 20
7 00	0 14	0 28	0 42	0 56	1 10	1 24	1 38	1 52	2 06	2 20	2 34	2 48	3 02	3 16	3 30
7 20	0 15	0 29	0 44	0 59	1 13	1 28	1 43	1 57	2 12	2 27	2 41	2 56	3 11	3 25	3 40
7 40	0 15	0 31	0 46	1 01	1 17	1 32	1 47	2 03	2 18	2 33	2 49	3 04	3 19	3 35	3 50
8 00	0 16	0 32	0 48	1 04	1 20	1 36	1 52	2 08	2 24	2 40	2 56	3 12	3 28	3 44	4 00
8 20	0 17	0 33	0 50	1 07	1 23	1 40	1 57	2 13	2 30	2 47	3 03	3 20	3 37	3 53	4 10
8 40	0 17	0 35	0 52	1 09	1 27	1 44	2 01	2 19	2 36	2 53	3 11	3 28	3 45	4 03	4 20
9 00	0 18	0 36	0 54	1 12	1 30	1 48	2 06	2 24	2 42	3 00	3 18	3 36	3 54	4 12	4 30
9 20	0 19	0 37	0 56	1 15	1 33	1 52	2 11	2 29	2 48	3 07	3 25	3 44	4 03	4 21	4 40
9 40	0 19	0 39	0 58	1 17	1 37	1 56	2 15	2 35	2 54	3 13	3 33	3 52	4 11	4 31	4 50
10 00	0 20	0 40	1 00	1 20	1 40	2 00	2 20	2 40	3 00	3 20	3 40	4 00	4 20	4 40	5 00
10 20	0 21	0 41	1 02	1 23	1 43	2 04	2 25	2 45	3 06	3 27	3 47	4 08	4 29	4 49	5 10
10 40	0 21	0 43	1 04	1 25	1 47	2 08	2 29		3 12	3 33	3 55	4 16	4 37	4 59	5 20

高度的修正值

潮差（参考脚注）Ft.	Ft.	Ft.	Ft.	Ft.	Ft.	Ft.	Ft.	Ft.	Ft.	Ft.	Ft.	Ft.	Ft.	Ft.	Ft.
0.5	0.0	0.0	0.0	0.0	0.0	0.0	0.1	0.1	0.1	0.1	0.1	0.2	0.2	0.2	0.2
1.0	0.0	0.0	0.0	0.0	0.1	0.1	0.1	0.2	0.2	0.2	0.3	0.3	0.4	0.4	0.5
1.5	0.0	0.0	0.0	0.1	0.1	0.1	0.2	0.2	0.3	0.4	0.4	0.5	0.6	0.7	0.8
2.0	0.0	0.0	0.0	0.1	0.1	0.2	0.3	0.3	0.4	0.5	0.6	0.7	0.8	0.9	1.0
2.5	0.0	0.0	0.1	0.1	0.2	0.2	0.3	0.4	0.5	0.6	0.7	0.9	1.0	1.1	1.2
3.0	0.0	0.0	0.1	0.1	0.2	0.3	0.4	0.5	0.6	0.8	0.9	1.0	1.2	1.3	1.5
3.5	0.0	0.0	0.1	0.2	0.2	0.3	0.4	0.6	0.7	0.9	1.0	1.2	1.4	1.6	1.8
4.0	0.0	0.0	0.1	0.2	0.3	0.4	0.5	0.7	0.8	1.0	1.2	1.4	1.6	1.8	2.0
4.5	0.0	0.0	0.1	0.2	0.3	0.4	0.6	0.7	0.9	1.1	1.3	1.6	1.8	2.0	2.2
5.0	0.0	0.1	0.1	0.2	0.3	0.5	0.6	0.8	1.0	1.2	1.5	1.7	2.0	2.2	2.5
5.5	0.0	0.1	0.1	0.2	0.4	0.5	0.7	0.9	1.1	1.4	1.6	1.9	2.2	2.5	2.8
6.0	0.0	0.1	0.1	0.3	0.4	0.6	0.8	1.0	1.2	1.5	1.8	2.1	2.4	2.7	3.0
6.5	0.0	0.1	0.2	0.3	0.4	0.6	0.8	1.1	1.3	1.6	1.9	2.2	2.6	2.9	3.2
7.0	0.0	0.1	0.2	0.3	0.5	0.7	0.9	1.2	1.4	1.8	2.1	2.4	2.8	3.1	3.5
7.5	0.0	0.1	0.2	0.3	0.5	0.7	1.0	1.2	1.5	1.9	2.2	2.6	3.0	3.4	3.8
8.0	0.0	0.1	0.2	0.3	0.5	0.8	1.0	1.3	1.6	2.0	2.4	2.8	3.2	3.6	4.0
8.5	0.0	0.1	0.2	0.4	0.6	0.8	1.1	1.4	1.8	2.1	2.5	2.9	3.4	3.8	4.2
9.0	0.0	0.1	0.2	0.4	0.6	0.9	1.2	1.5	1.9	2.2	2.7	3.1	3.6	4.0	4.5
9.5	0.0	0.1	0.2	0.4	0.6	0.9	1.2	1.6	2.0	2.4	2.8	3.3	3.8	4.3	4.8
10.0	0.0	0.1	0.2	0.4	0.7	1.0	1.3	1.7	2.1	2.5	3.0	3.5	4.0	4.5	5.0
10.5	0.0	0.1	0.3	0.5	0.7	1.0	1.3	1.7	2.2	2.6	3.1	3.6	4.2	4.7	5.2
11.0	0.0	0.1	0.3	0.5	0.7	1.1	1.4	1.7	2.3	2.8	3.3	3.8	4.4	4.9	5.5
11.5	0.0	0.1	0.3	0.5	0.8	1.1	1.5	1.8	2.3	2.9	3.4	4.0	4.6	5.1	5.8
12.0	0.0	0.1	0.3	0.5	0.8	1.1	1.5	1.9	2.5	3.0	3.6	4.1	4.8	5.4	6.0
12.5	0.0	0.1	0.3	0.5	0.8	1.2	2.6	1.9	2.6	3.1	3.7	4.3	5.0	5.6	6.2
13.0	0.0	0.1	0.3	0.6	0.9	1.2	1.7	2.2	2.7	3.2	3.9	4.5	5.1	5.8	6.5
13.5	0.0	0.1	0.3	0.6	0.9	1.3	1.7	2.2	2.8	3.4	4.1	4.7	5.3	6.0	6.8
14.0	0.0	0.2	0.3	0.6	0.9	1.3	1.8	2.3	2.9	3.5	4.2	4.8	5.5	6.3	7.0
14.5	0.0	0.2	0.4	0.6	1.0	1.4	1.9	2.4	3.0	3.6	4.3	5.0	5.7	6.5	7.2
15.0	0.0	0.2	0.4	0.6	1.0	1.4	1.9	2.5	3.1	3.8	4.4	5.2	5.9	6.7	7.5
15.5	0.0	0.2	0.4	0.7	1.0	1.5	2.0	2.6	3.2	3.9	4.6	5.4	6.1	6.9	7.8
16.0	0.0	0.2	0.4	0.7	1.1	1.5	2.1	2.6	3.3	4.0	4.7	5.5	6.3	7.2	8.0
16.5	0.0	0.2	0.4	0.7	1.1	1.6	2.1	2.7	3.4	4.1	4.9	5.7	6.5	7.4	8.2
17.0	0.0	0.2	0.4	0.7	1.1	1.6	2.2	2.8	3.5	4.2	5.0	5.9	6.7	7.6	8.5
17.5	0.0	0.2	0.4	0.8	1.2	1.7	2.2	2.9	3.6	4.4	5.2	6.0	6.9	7.8	8.8
18.0	0.0	0.2	0.4	0.8	1.2	1.7	2.3	3.0	3.7	4.5	5.3	6.2	7.1	8.1	9.0
18.5	0.1	0.2	0.5	0.8	1.2	1.8	2.4	3.1	3.8	4.6	5.5	6.4	7.3	8.3	9.2
19.0	0.1	0.2	0.5	0.8	1.3	1.8	2.4	3.1	3.9	4.8	5.6	6.6	7.5	8.5	9.5
19.5	0.1	0.2	0.5	0.8	1.3	1.9	2.5	3.2	4.0	4.9	5.8	6.7	7.7	8.7	9.8
20.0	0.1	0.2	0.5	0.9	1.3	1.9	2.6	3.3	4.1	5.0	5.9	6.9	7.9	9.0	10.0

从预测数据中找到高潮和低潮，一个在待求潮高的时刻之前，另一个在之后。高潮和低潮之间的时间差就是涨潮或落潮的持续时间，二者之间的高度差就是表格所用的潮差。求出最近高潮或低潮时刻，到待求高度时刻的时间差。

以涨潮或落潮的持续时间（选择最接近实际值的数字）进入表格，在水平的一行上，找到最接近到涨潮或落潮的时间差的数字。然后竖直向下查表，找到对应潮差的那一行，交点位置的数字即是修正值。

当最近的潮汐是高潮，减去修正值；

当最近的潮汐是低潮，加上修正值。

G-18

CURRENT DIAGRAMS

EXPLANATION

"Current diagram" is a graphic table that shows the veloicities of the flood and ebb currents and the times of slack and strength over a considerable stretch of the channel of a tidal waterway. At definite intervals along the channel the velocities of the current are shown with reference to the times of turning of the current at some reference station. This make it a simple matter to determine the approximate velocity of the current along the channel for any desired time.

In using the diagrams, the desired time should be converted to hours before or after the time of the nearest predicted slack water at the reference station.

Besides showing in compact form the velocities of the current and their changes through the flood and ebb cycles, the current diagram serves two other useful purposes. By its use the mariner can determine the most advantageous time to pass through the waterway to carry the most favorable current and also the speed and direction of the current that will be encountered in the channel at any time.

Each diagram represents average durations and average velocities of flood and ebb. The durations and velocities of flood and ebb vary from day to day. Therefore predictions for the reference station at times will differ from average conditions and when precise results are desired the diagrams should be modified to represent conditions at such particular times. This can be done by changing the width of the shaded and unshaded portions of the diagram to agree in hours with the durations of flood and ebb, respectively, as given by the predictions for that time. The speeds in the shaded area should then be multiplied by the ratio of the predicted flood speed to the average flood speed (maximum flood speed given opposite the name of the reference station on the diagram)and the speeds in the unshaded area by the ratio of the predicted ebb speed to the average ebb speed.

In a number of cases approximate results can be obtained by using the diagram as drawn and modifying the final result by the ratio of speeds as mentioned above. Thus, if the diagram in a particular case gives a favorable flood speed averaging about 1.0 knot and the ratio of the predicted flood speed to the average flood speed is 0.5 the approximate favorable current for the particular time would be $1.0 \times 0.5 = 0.5$ knot.

潮流图
解　释

　　"潮流图"是一份图形表格，显示了一大片潮汐水域航道中的涨潮流速度和退潮流速度，以及平潮的时间和强度。在一些指定的间隔地点，航道中水流的速度以某个参考站的水流转向的时间作为参照给出。这样就能简单地求得某一个时刻，整个航道中的近似水流速度。

　　使用潮流图时，待求的时刻应该换算成距离参考站的预测平潮的时间差（提前或延后）。

　　除了以简洁的形式显示涨潮、退潮周期中的水流速度和变化，潮流图还有另外两个功能。利用潮流表，海员可以确定最有利的通过航道的时间，以充分利用最有利的水流，而且能知道任意时刻航道中的流速和流向情况。

　　每张图代表了涨潮和退潮时的平均持续时间和平均速度。每一天的潮流持续时间和速度都是不同的。因此，在不同时刻，对参考站的预测会与平均情况存在差异，当你想知道精确的结果时，潮流图需要修正到代表这些特定时刻的情况。这可以通过改变阴影区和非阴影区的宽度、匹配涨潮和退潮的持续时间（这两个时间的预测已经分别给出）实现。阴影区域的速度然后要乘以预测涨潮速度与平均涨潮速度的比率（潮流图上，参考站名称的对面给出了最大涨潮速度），非阴影区域的速度要乘以预测退潮速度和平均退潮速度的比率。

　　在很多情况下，可以按上文所述的方法，通过把最终结果乘以速度比率的方法，求出近似值。因此，如果潮流图给出了有利的涨潮流，平均速度是1.0节，而预测的涨潮速度与平均涨潮速度的比率是0.5，那么该特定时间的有利水流应该是1.0×0.5＝0.5节。

H-16

第 3 章   课后习题解答

1. 2000 − 1990 = 10 年

   10 × 8′ 每年增加 = 80′ 总增加；

   在 2000 年，V = 12° 15′ W + 80′ = 13° 35′ W

2. 2000 − 1990 = 10 年

   10 × 8′ 每年减少 = 80′ 总减少

   在 2000 年，V = 12° 15′ W − 80′ = 10° 55′ W

3. 2000 − 1990 = 10 年

   10 × 8′ 每年增加 = 80′ 总增加

   在 2000 年，V = 6° 20′ E + 80′ = 7° 40′ E

4. 2000 − 1990 = 10 年

   10 × 8′ 每年减少 = 80′ 总减少

   在 2000 年，V = 6° 20′ E − 80′ = 5° 00′ E

5.

T	V	M	D	C
090	3E	087	1W	088
171	14E	157	2W	159
324	6E	318	3E	315
358	11W	009	4E	005
358	8W	006	11E	355
222	5E	227	6W	233
004	9E	355	7W	002
002	4E	358	7W	005

6. 利用太阳完成罗经校准，首先要把日晷对偶相对方位换算成罗经方位，以下面的表
   格为指导：

船首向（H） °C	时间（EDT） 时-分-秒	太阳的日晷对偶相对 方位（RRB）°	太阳的日晷相对 方位（RB）°	太阳的罗经方位 （H+RB）°C
045	091608	241	61	106
090	091812	193	13	103
135	092031	145	325	100
180	092219	101	281	101
225	092441	63	243	108
270	092635	21	201	111
315	092837	338	158	113
360	093033	290	110	110

下一步，把EDT时间换算成GMT时间，步骤如下。

● 你的经度是 76° 10.2W = 76° + 10.2′ ÷ 60′ = 76.17° W

● 你到格林尼治的时差 = 76.17° ÷ 15° = 5.078 小时，偏西

● 把 5.078 小时近似成整数，这就是你所在的时区，即你在格林尼治以西的第 5 个时区。

● 第一次观测的区时（Zone Time）= 091608 EDT − 1 小时 = 081608 EST

● 你的观测的 GMT 时间 = 081608 EST +5 小时 = 131608 GMT

计算每个船首向和每个观测时刻对应的太阳的真方位，你可以使用NOAA网站工具（https://www.esrl.noaa.gov/gmd/grad/solcalc/azel.html）或智能手机上的 Star Pilot 应用。在下面表格上输入真方位，近似到整数度数。

船首向（H） °C	时间（EDT） 小时-分-秒	时间（GMT） 小时-分-秒	Zn °T	Zn °T（近似）
045	091608	131608	92.1	92
090	091812	131812	92.5	93
135	092031	132031	92.8	93
180	092219	132219	93.1	93
225	092441	132441	93.5	94
270	092635	132635	93.9	94
315	092837	132837	94.2	94
360	093033	133033	94.5	95

下一步，完成TVMDC表格，计算每个船首向上的罗经自差：

H	T	V	M	D	C
045	92	12W	104	2W	106
090	93		105	2E	103
135	93		105	5E	100
180	93		105	4E	101
225	94		106	2W	108
270	94		106	5W	111
315	94		106	7W	113
360	95		107	3W	110

从这张表出发，以下列格式构建一张自差表：

船首向 °M	罗经自差 °E或°W	船首向 °C
043	2W	045
092	2E	090
140	5E	135
184	4E	180
223	2W	225
265	5W	270
308	7W	315
357	3W	360

利用表格中的数据，构建一张自差图像：

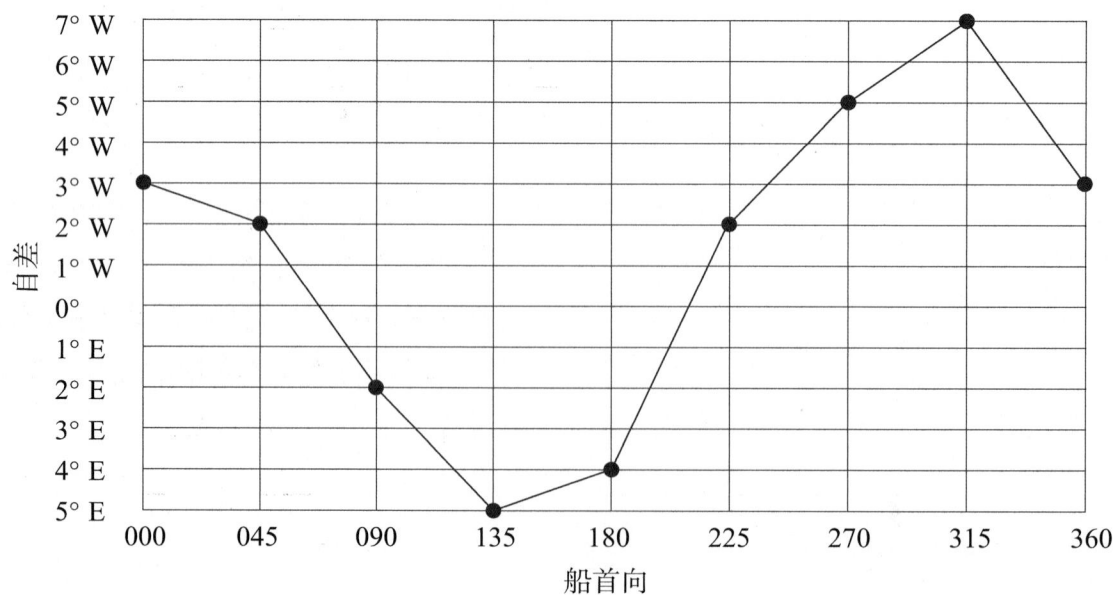

7. 要想利用方向为 263° T 的陆地叠标，来检查船首向 180° psc 对应的船上罗经自差，步骤如下。

哑罗经读数 65°（右舷）加上罗经航向 180° C，计算出基于船首向的叠标方向：180° C+65° = 245° C。

从叠标的真方位 263° 中减去 65° 相对方位，得到航向的真角度：263° T − 65° = 198° T。

利用 TVMDC 表格，比较航向的真角度和罗经角度，以此计算出罗经自差是 11° E。
或者是，也可以比较叠标的真角度和罗经角度，同样也能计算出罗经自差是 11° E。

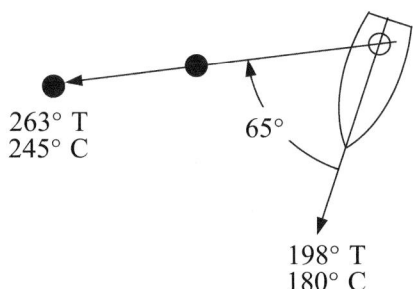

	T	V	M	D	C
航向	198	7E	191	11E	180
叠标	263	7E	256	11E	245

8. a. 向外走的时间 T_O = 9 分 14 秒 = 0.15389 小时

　向外走的对地速度 SOG_O = DOG ÷ T_O = 1 ÷ 0.15389 = 6.5 kt

　返回时间 T_R = 13 分 20 秒 = 0.22222 小时

　返回时对地速度 SOG_R = DOG ÷ TR = 1 ÷ 0.22222 = 4.5 kt

　速度因子 SF = $\dfrac{SOG_O + SOG_R}{2LS}$ = $\dfrac{6.5+4.5}{2 \times 6}$ = 0.92

　b. 距离因子 DF = 速度因子 = 0.92

9. a. 修正速度 S = SF × LS = 0.92 × 6.5 = 6.0 kt

　b. 修正距离 D = DF × LD = 0.92 × 4.9 = 4.5 NM

第4章　课后习题解答

1. 确定下列方位和距离 a-e

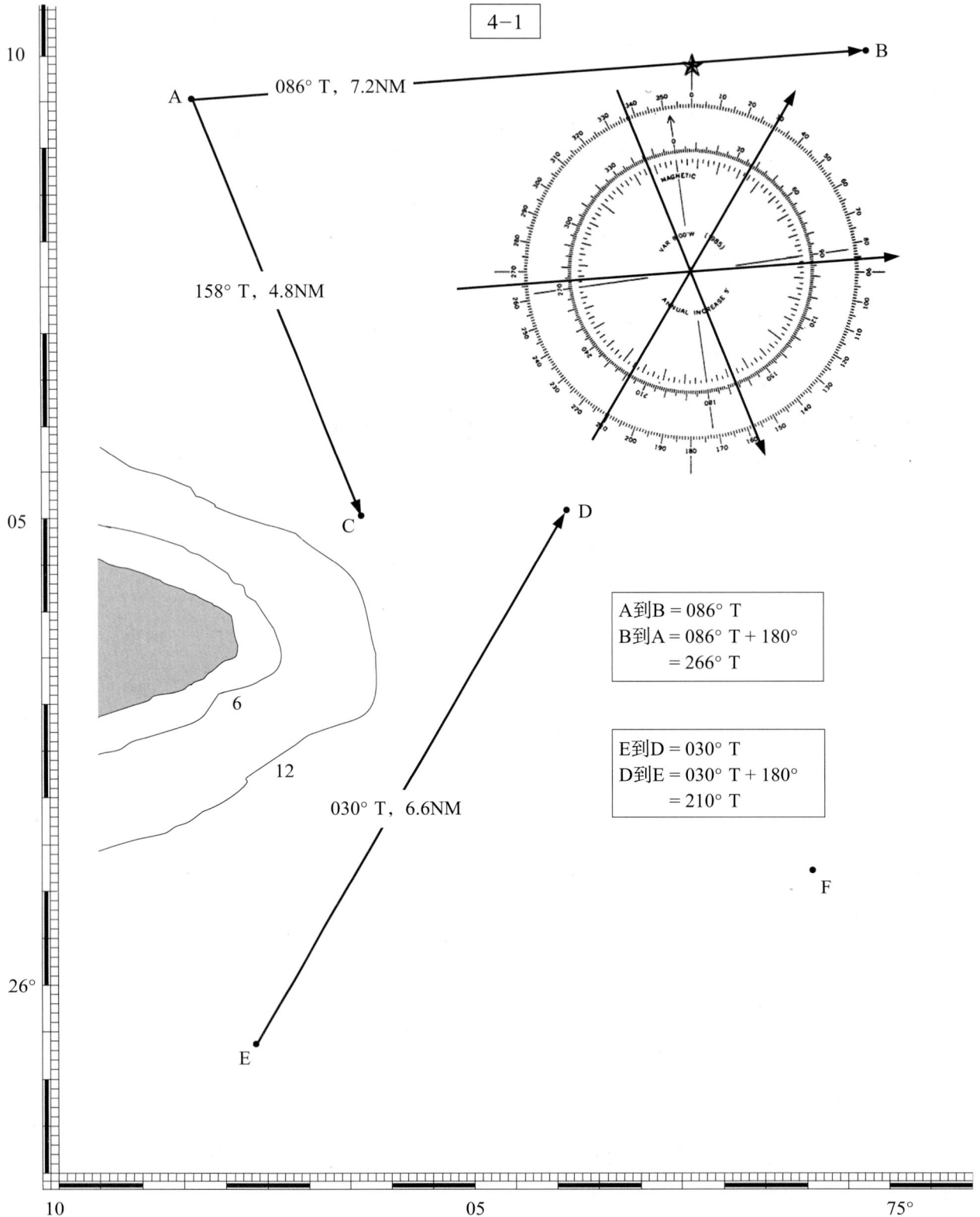

4-1

A到B = 086° T
B到A = 086° T + 180°
　　 = 266° T

E到D = 030° T
D到E = 030° T + 180°
　　 = 210° T

086° T，7.2NM

158° T，4.8NM

030° T，6.6NM

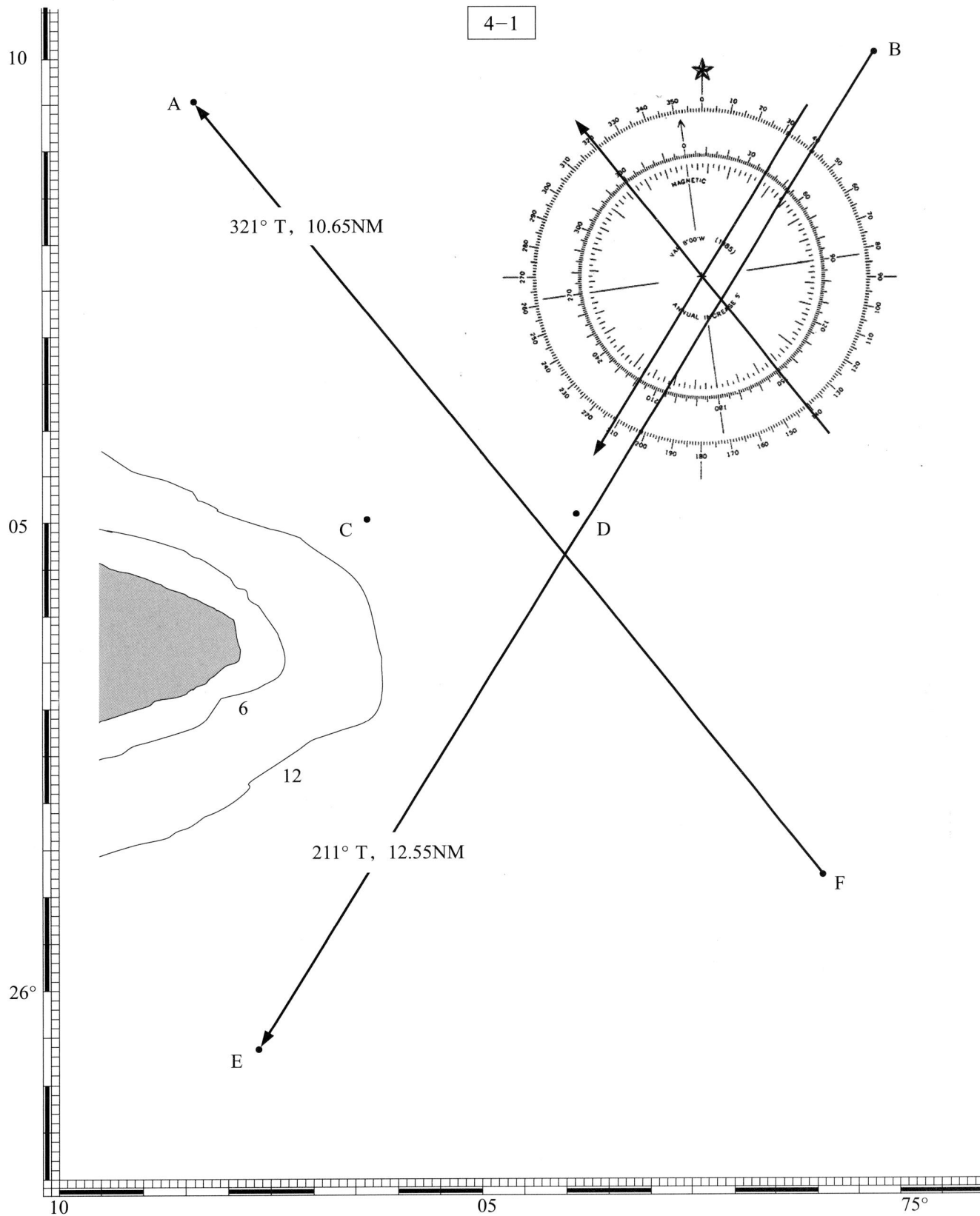

1. 确定下列方位和距离 f-g

4-1

A

B

321° T，10.65NM

C

D

211° T，12.55NM

E

F

6

12

2. 确定下列点的经度和纬度（a）

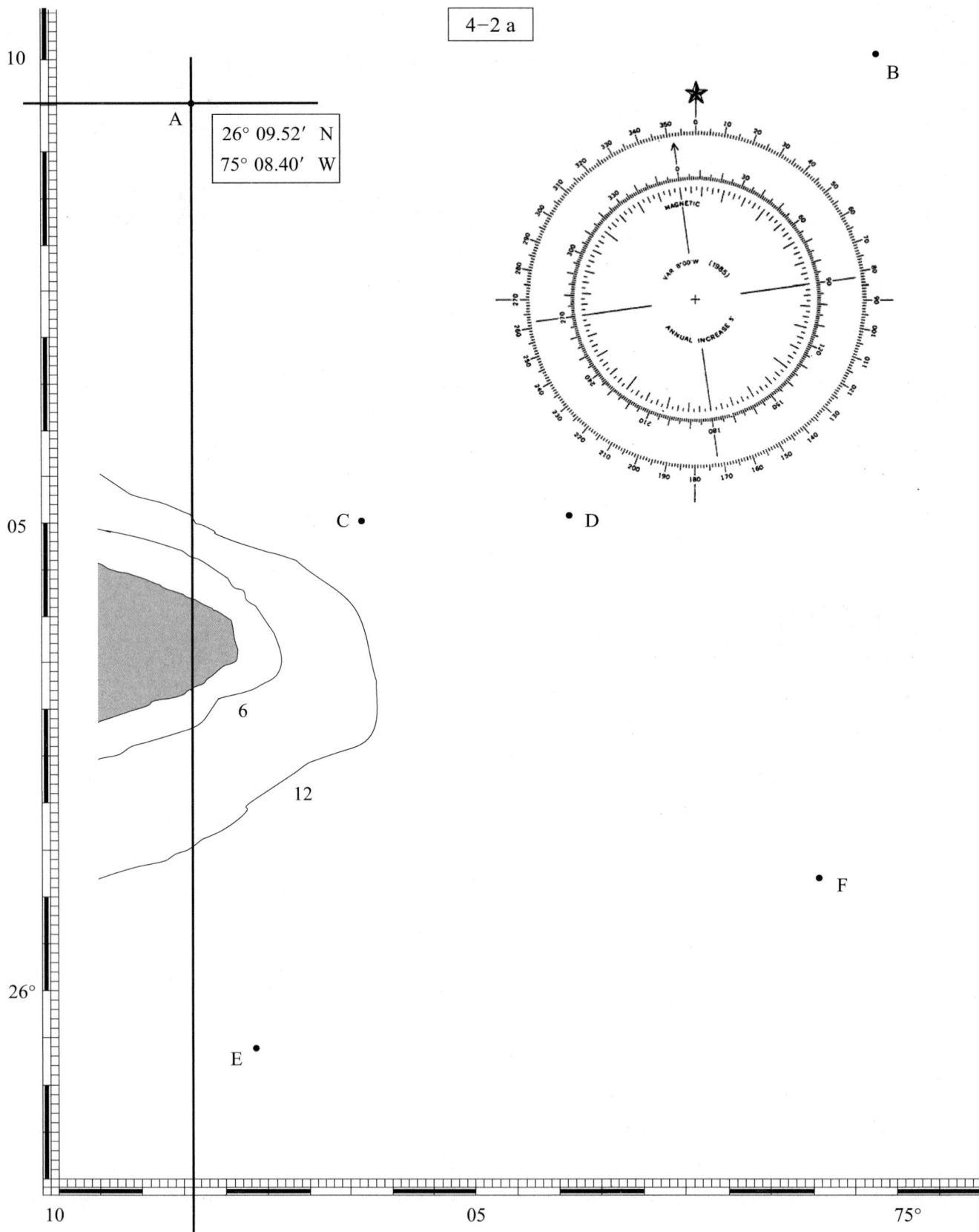

4−2 a

A

26° 09.52′ N
75° 08.40′ W

B

C ·

D

6

12

F ·

E ·

2. 确定下列点的经度和纬度（b）

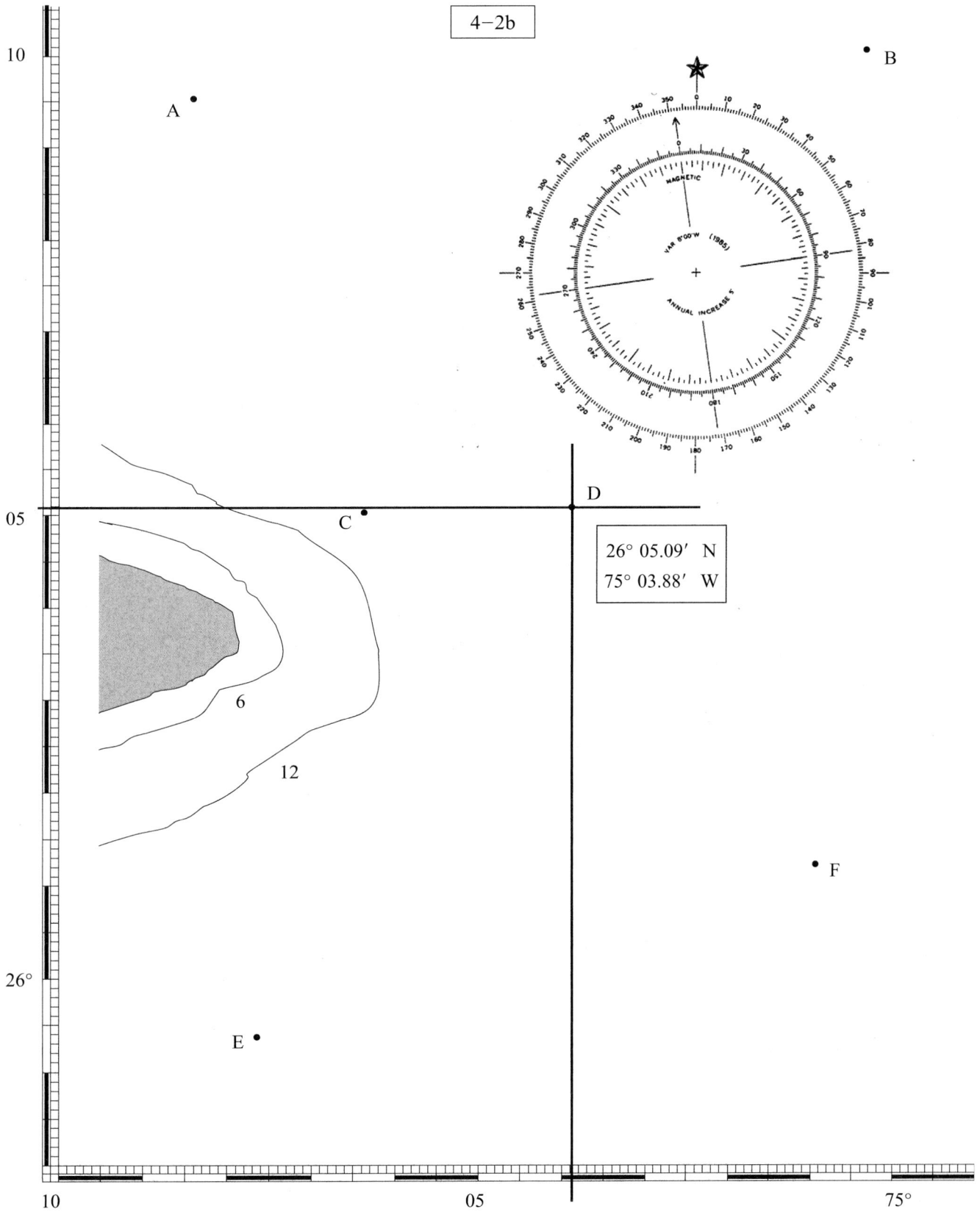

4－2b

26° 05.09′ N
75° 03.88′ W

2. 确定下列点的经度和纬度（c）

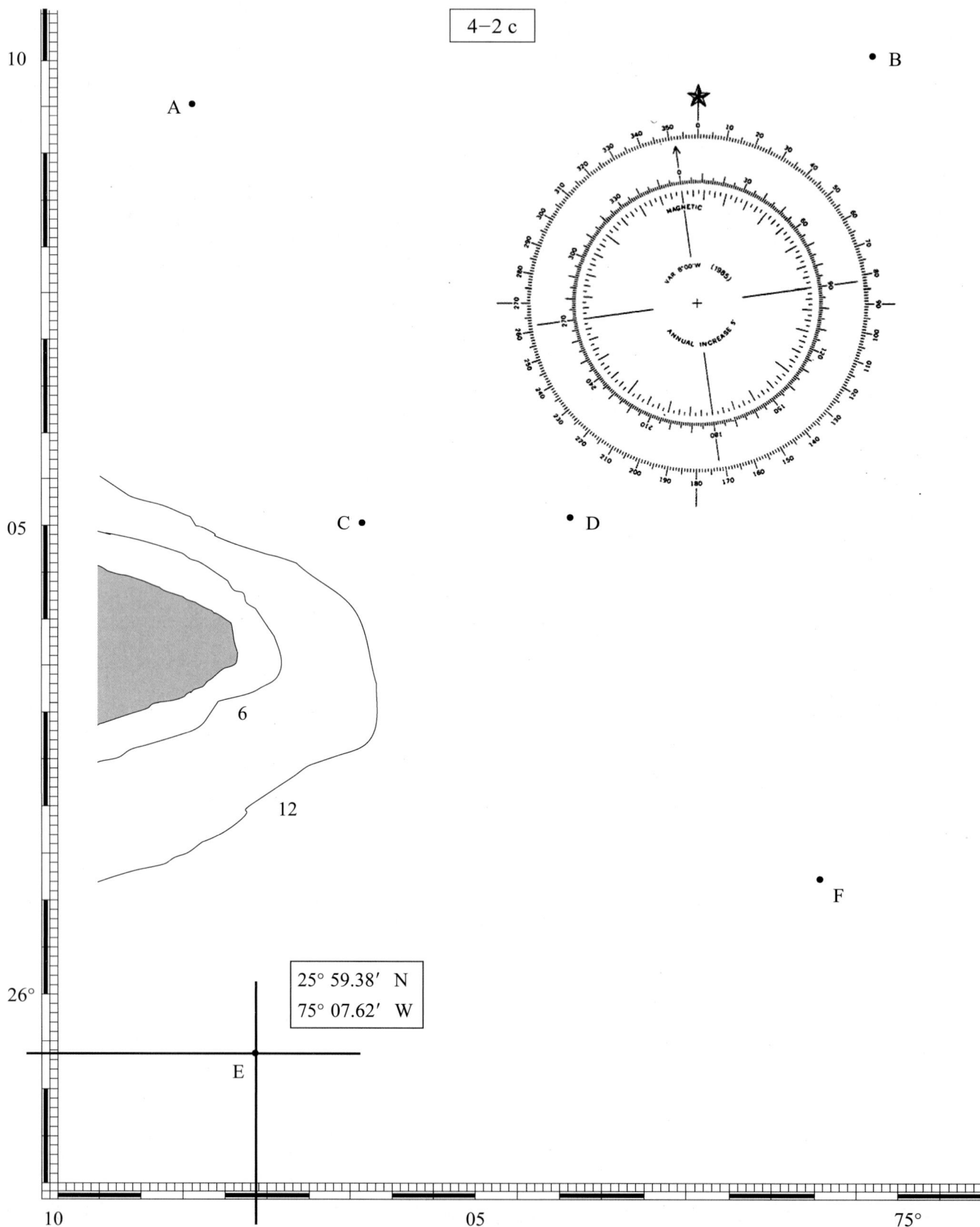

4-2 c

25° 59.38′ N
75° 07.62′ W

3. 在纬度 26° 03.2′ N，经度 75° 02.8′ W 的位置，画一个新的点 "G"，然后确定下列方位和距离：

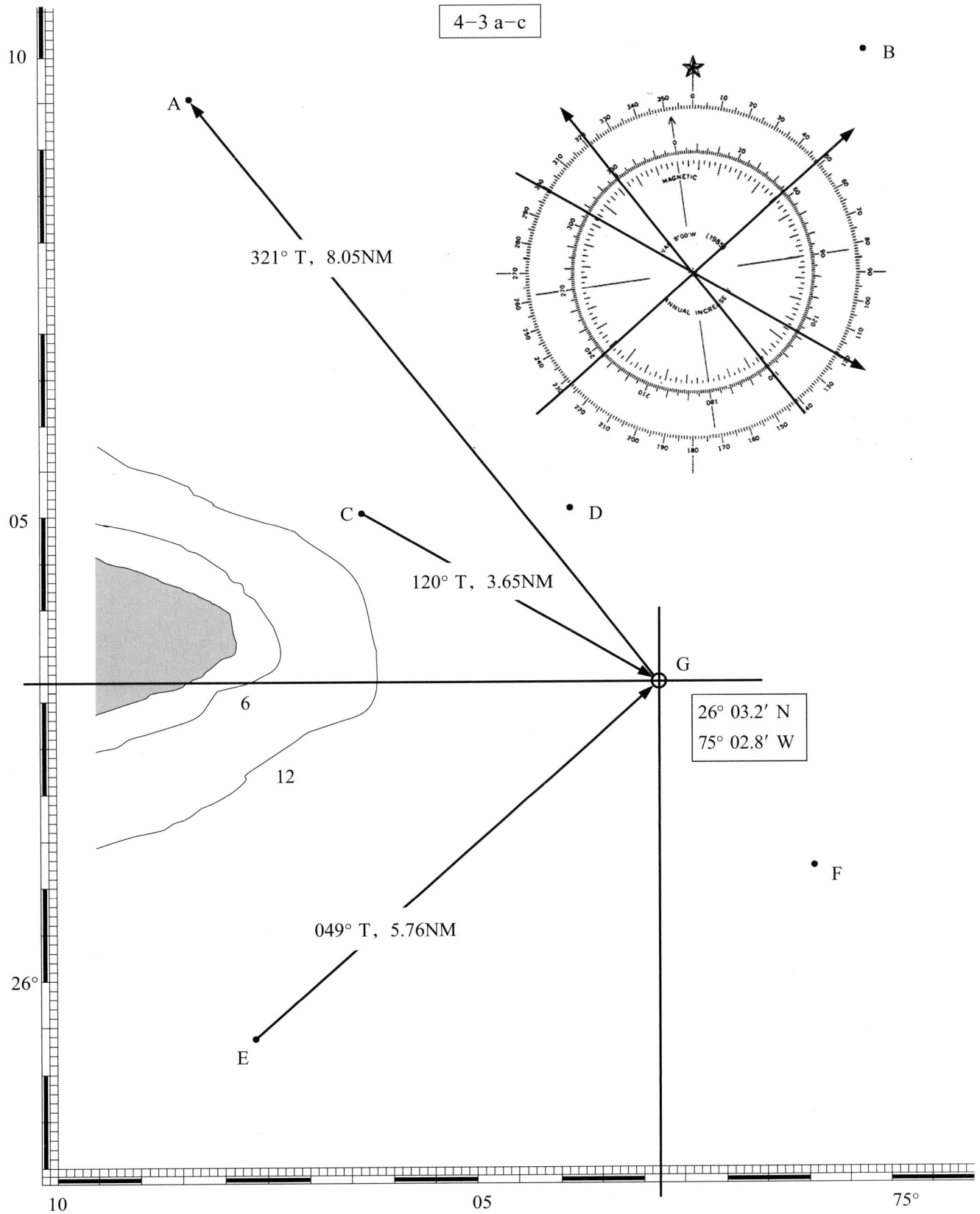

4-3 a-c

· B

A ·

321° T，8.05NM

C ·

· D

120° T，3.65NM

6

12

G

26° 03.2′ N
75° 02.8′ W

· F

049° T，5.76NM

E ·

10

05

75°

10

05

26°

第 5 章 课后习题解答

磁差计算如下：

2002 − 1985 = 17 年 × 5′ = 85′

1985 年磁差 = 8° 00′ W

$$\frac{+85′}{9° \ 25′ \ W}$$

9° W

自差表		
船首向 ° M	自差 °	船首向 ° psc
358	2W	0
027	3W	030
056	4W	060
086	4W	090
117	3W	120
148	2W	150
179	1W	180
210	0	210
241	1E	240
271	1E	270
300	0	300
329	1W	330
358	2W	360

填表完成 DR 计算栏，如下表。

日期	时间	航向 ° psc	距离 NM	DR计算				
9/23/02	0700		432.6					
	0730	001	435.6	T 350	V 9W	M 359	D 2W	C 001
				距离 = 435.6 − 432.6 = 3.0				

续表

日期	时间	航向 °psc	距离 NM	DR计算
	0800	076	438.8	<table><tr><td>T</td><td>V</td><td>M</td><td>D</td><td>C</td></tr><tr><td>063</td><td>9W</td><td>072</td><td>4W</td><td>076</td></tr></table> 距离 = 438.8 − 435.6 = 3.2
	0830	319	442.2	<table><tr><td>T</td><td>V</td><td>M</td><td>D</td><td>C</td></tr><tr><td>309</td><td>9W</td><td>318</td><td>1W</td><td>319</td></tr></table> 距离 = 442.2 − 438.8 = 3.4
	0900	076	445.4	<table><tr><td>T</td><td>V</td><td>M</td><td>D</td><td>C</td></tr><tr><td>063</td><td>9W</td><td>072</td><td>4W</td><td>076</td></tr></table> 距离 = 445.4 − 442.2 = 3.2
	0930	319	448.4	<table><tr><td>T</td><td>V</td><td>M</td><td>D</td><td>C</td></tr><tr><td>309</td><td>9W</td><td>318</td><td>1W</td><td>319</td></tr></table> 距离 = 448.4 − 445.4 = 3.0

从出发点 E 开始，利用这些距离和方向，标绘出航迹推算，然后确定出 0930 时刻的经纬度，如下图所示：

答案：纬度 26° 09.34′ N，经度 75° 07.42′ W

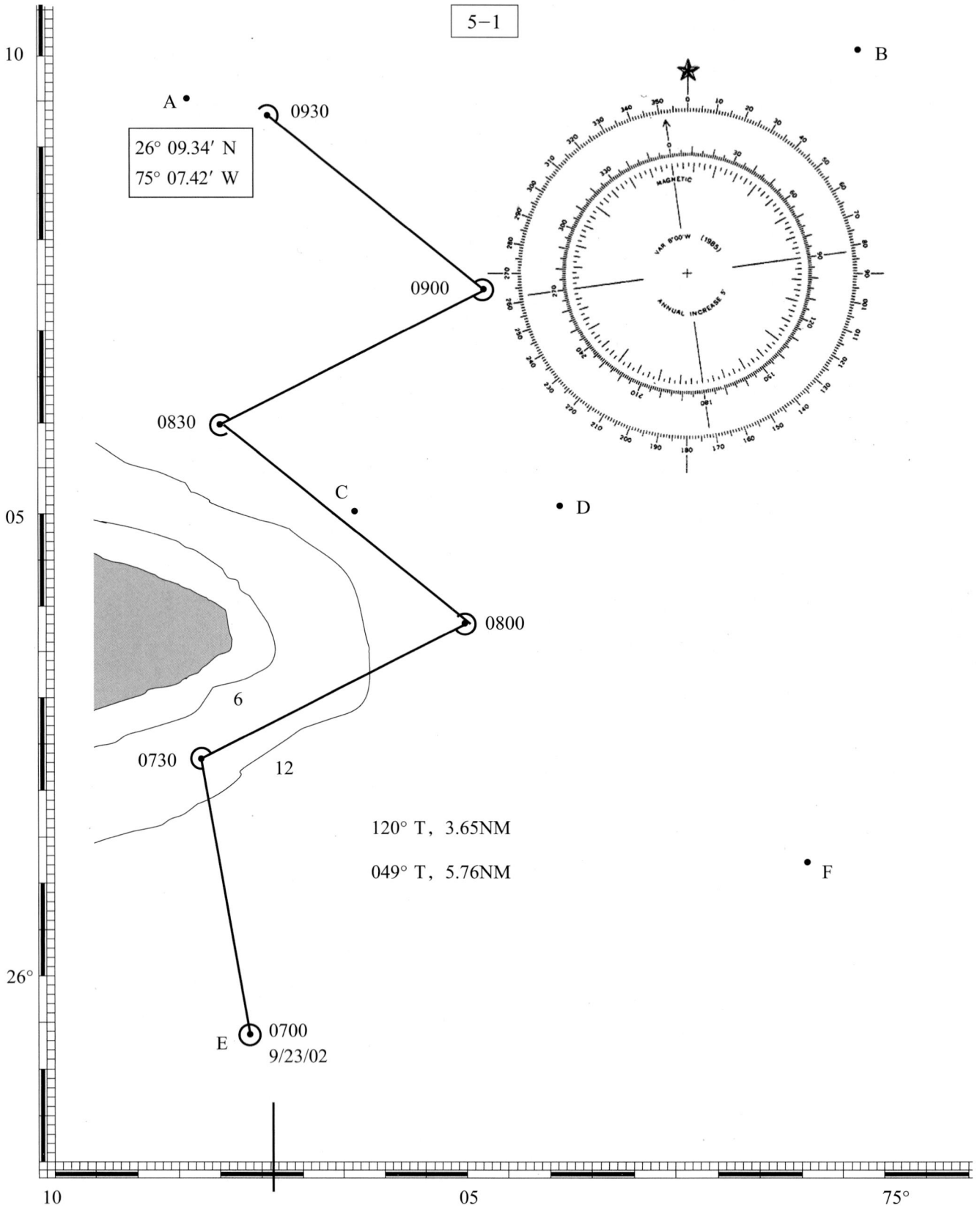

5-1

A •

0930

26° 09.34′ N
75° 07.42′ W

• B

0900

0830

C •

• D

0800

0730

6

12

120° T，3.65NM

049° T，5.76NM

• F

26°

E 0700
9/23/02

10

05

75°

第 6 章　实践练习题解答

第 5 章的自差表如下：

船首向 °M	自差 °	船首向 °psc
358	2W	0
27	3W	030
56	4W	060
86	4W	090
117	3W	120
148	2W	150
179	1W	180
210	0	210
241	1E	240
271	1E	270
300	0	300
329	1W	330
358	2W	360

磁差的计算如下：

2002 −1985 = 17 年 × 5′ = 85′

1985 年磁差 = 8° 00′ W

$$\frac{+85'}{9°\ 25'\ W}$$

9° W

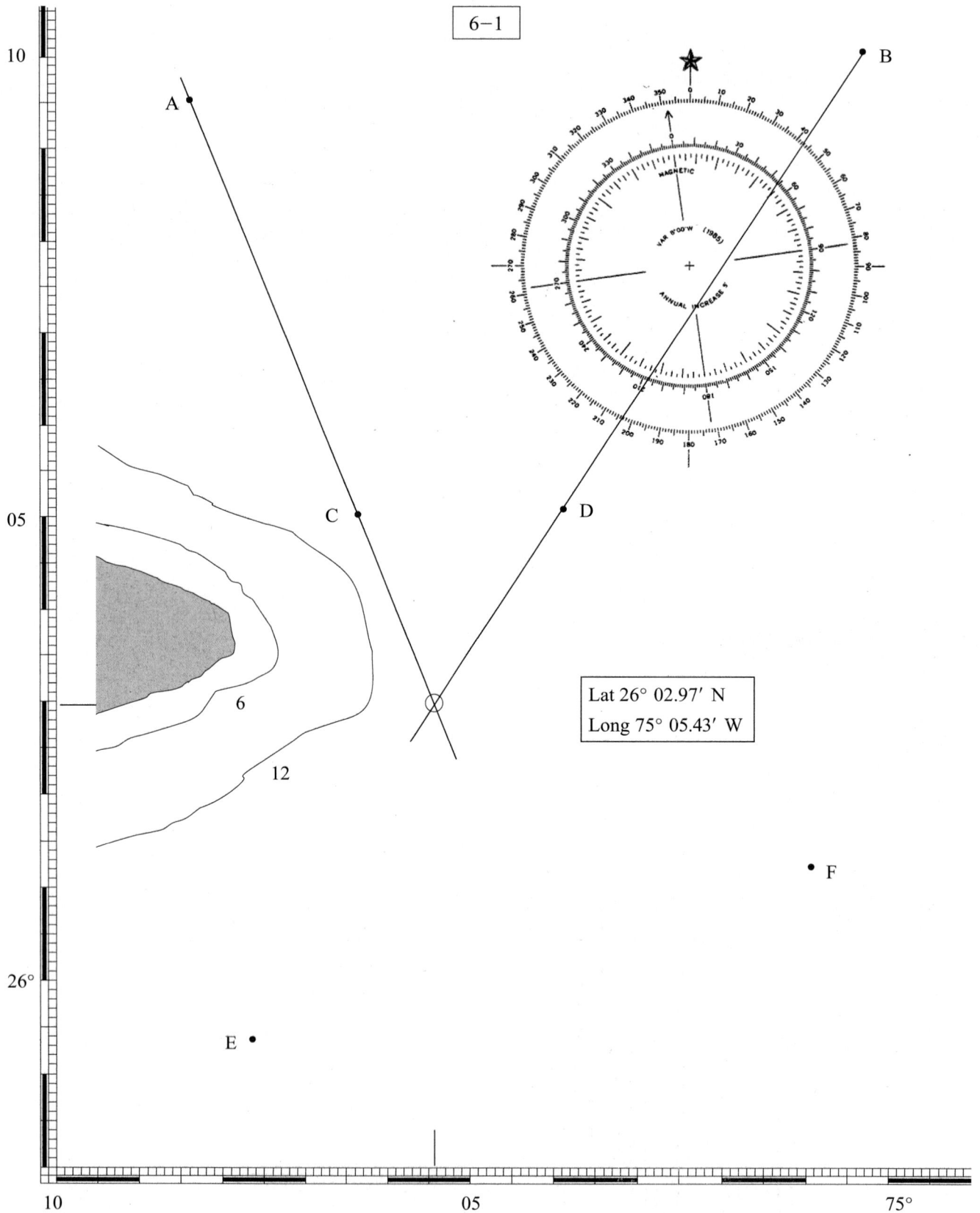

6-1

Lat 26° 02.97′ N
Long 75° 05.43′ W

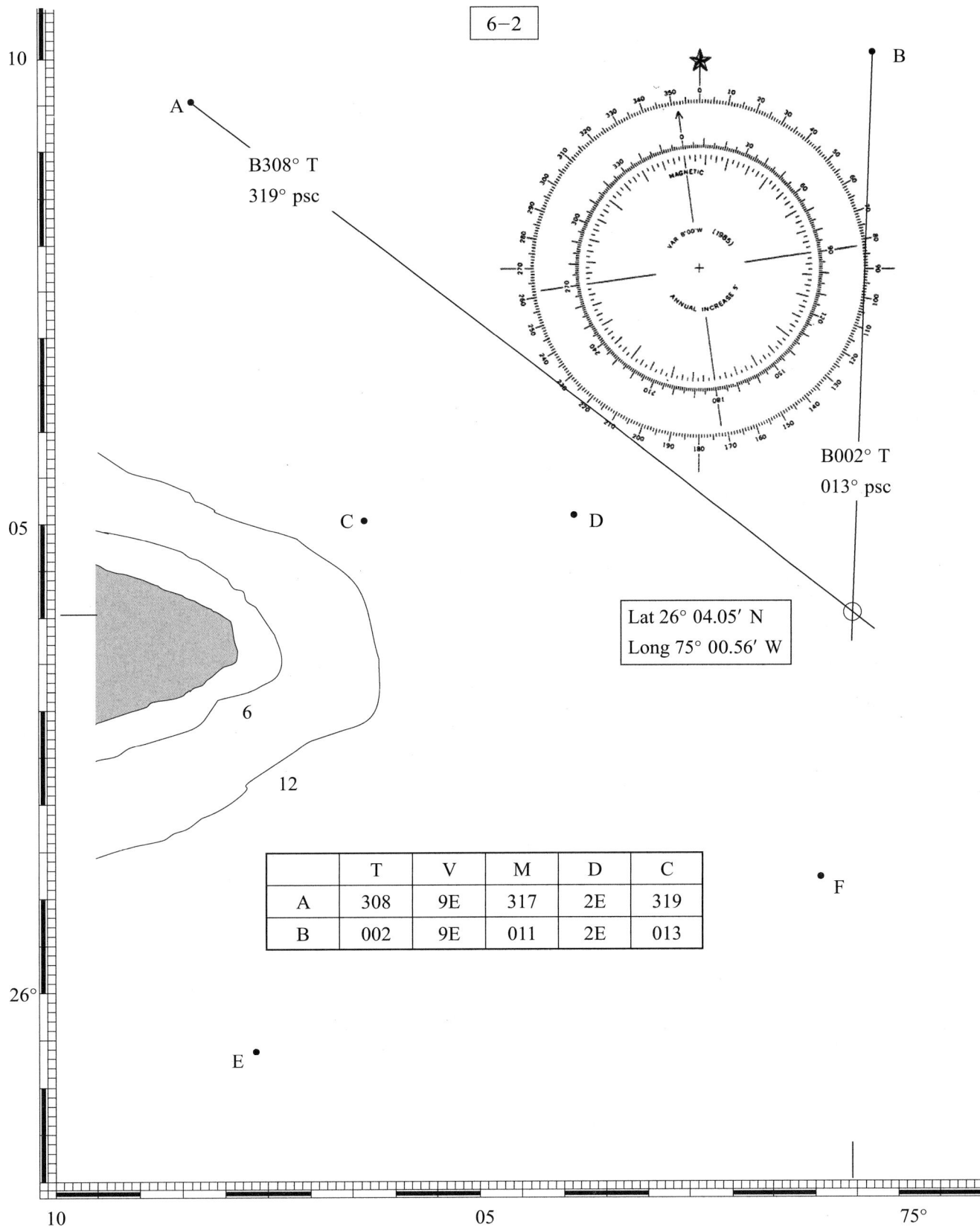

6-2

A •

B308° T
319° psc

B •

MAGNETIC
VAR 8°00'W (1985)
ANNUAL INCREASE 5'

B002° T
013° psc

C • • D

Lat 26° 04.05′ N
Long 75° 00.56′ W

6

12

	T	V	M	D	C
A	308	9E	317	2E	319
B	002	9E	011	2E	013

• F

26°

E •

10   05   75°

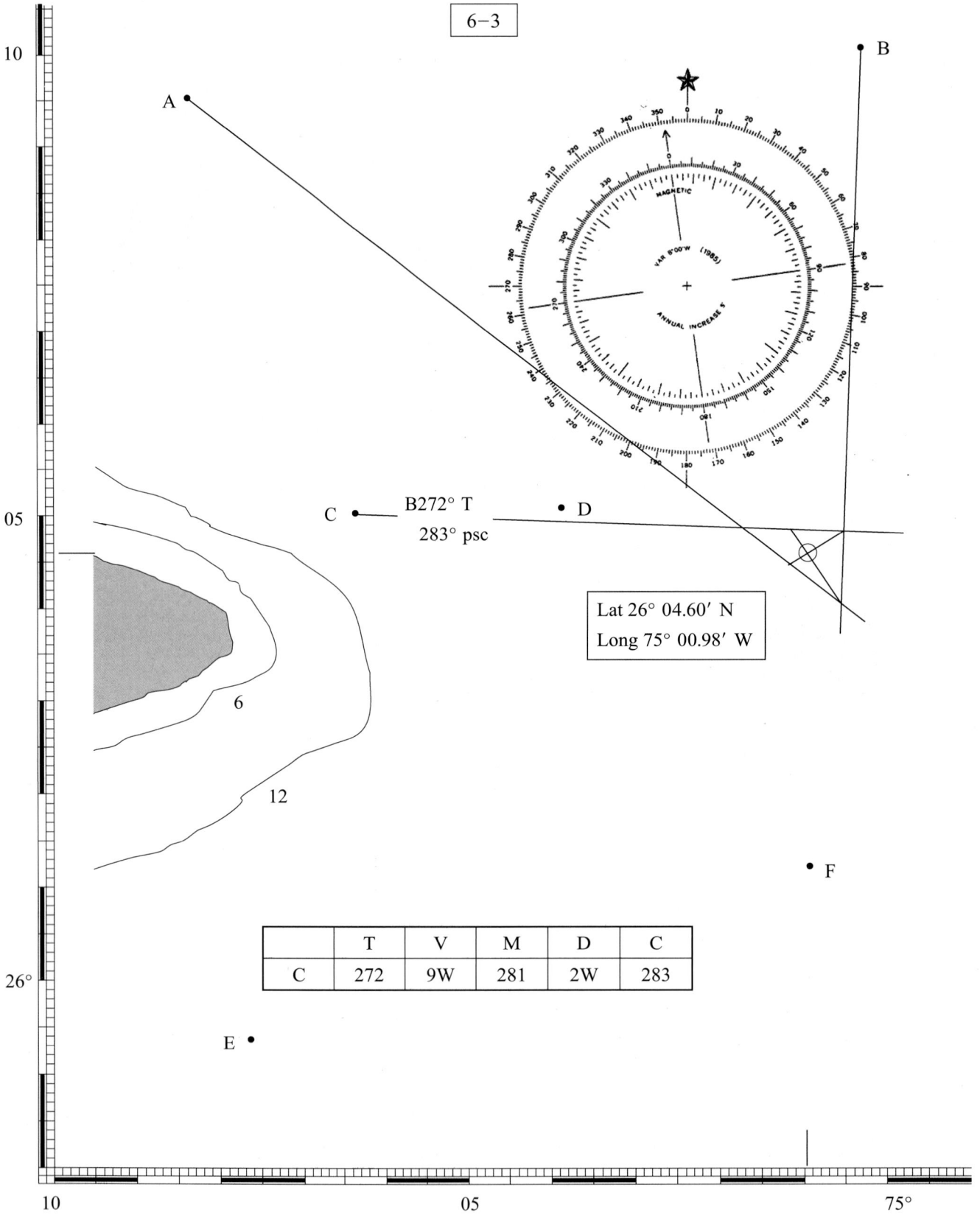

6-3

10

A

B

VAR 8°00'W (1985)
MAGNETIC
ANNUAL INCREASE 5'

05

C • — B272° T   • D
283° psc

Lat 26° 04.60′ N
Long 75° 00.98′ W

6

12

• F

	T	V	M	D	C
C	272	9W	281	2W	283

26°

E •

10   05   75°

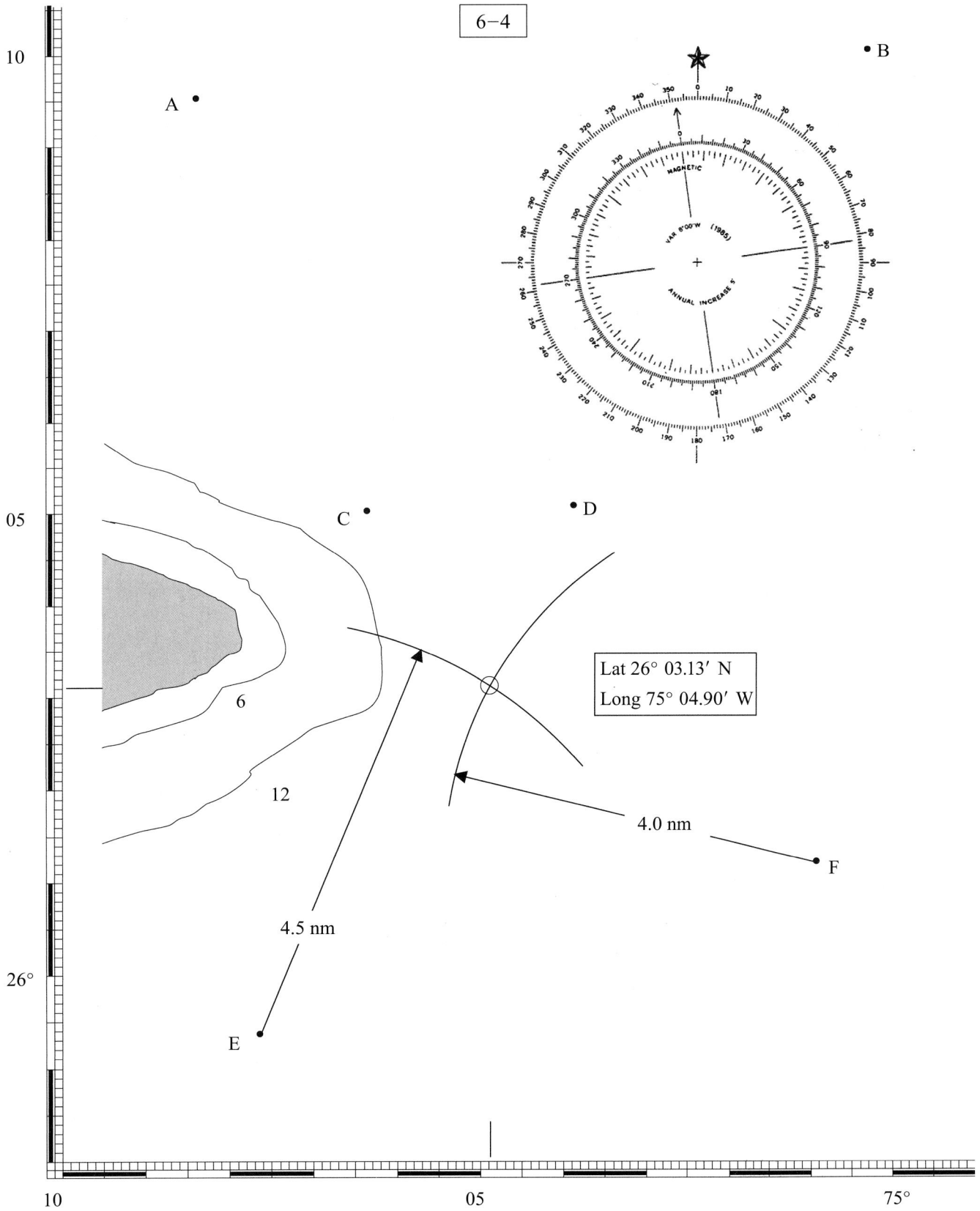

6-4

A •

• B

C •   • D

Lat 26° 03.13′ N
Long 75° 04.90′ W

4.0 nm

F

4.5 nm

E

6

12

10

05

26°

10

05

75°

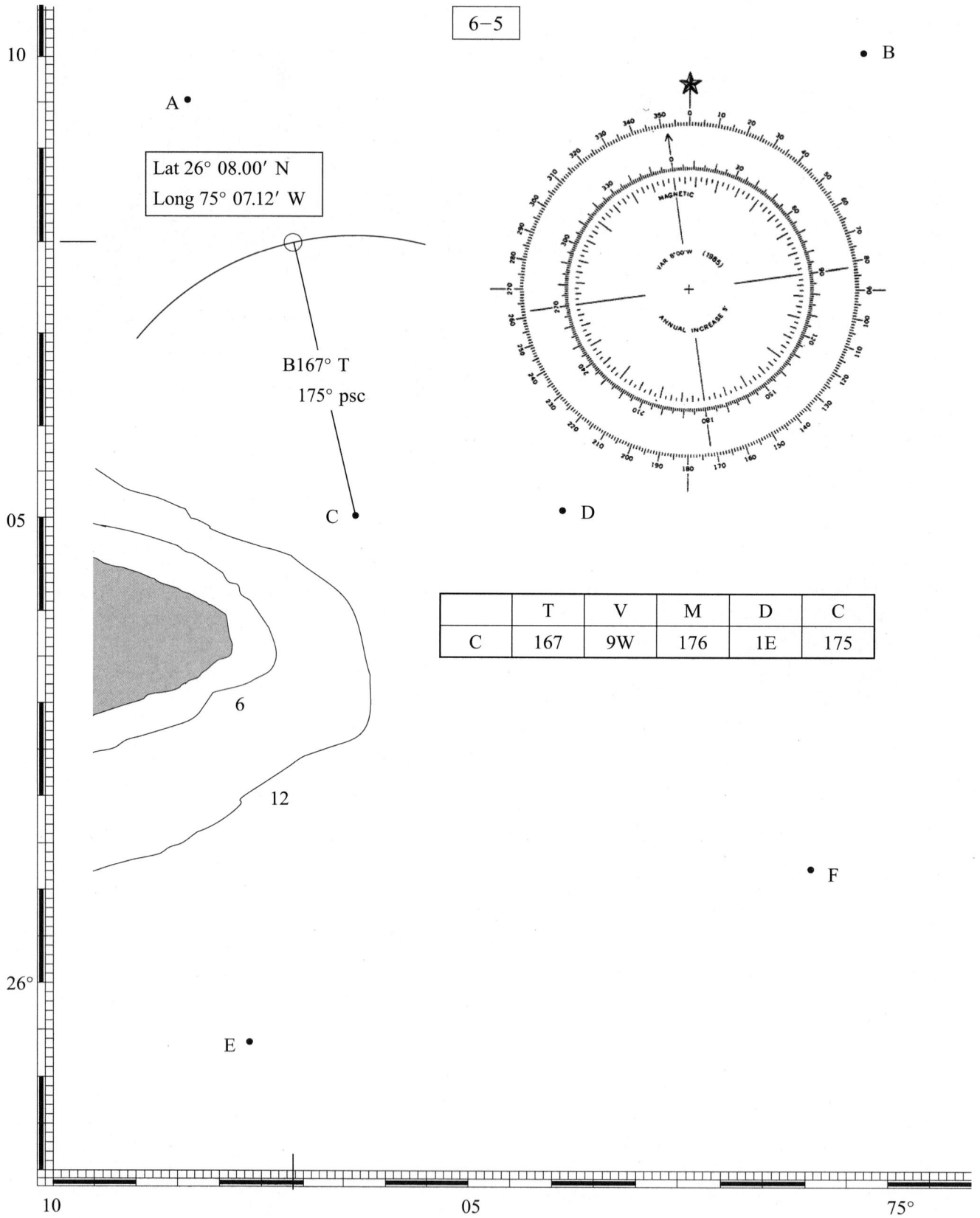

6-5

• B

• A

Lat 26° 08.00′ N
Long 75° 07.12′ W

B167° T
175° psc

• C

MAGNETIC

VAR 8°00′W (1985)

ANNUAL INCREASE 5′

• D

6

12

	T	V	M	D	C
C	167	9W	176	1E	175

• F

26°

E •

10   05   75°

6-6

• B

A •

• C

B012° T

021° psc

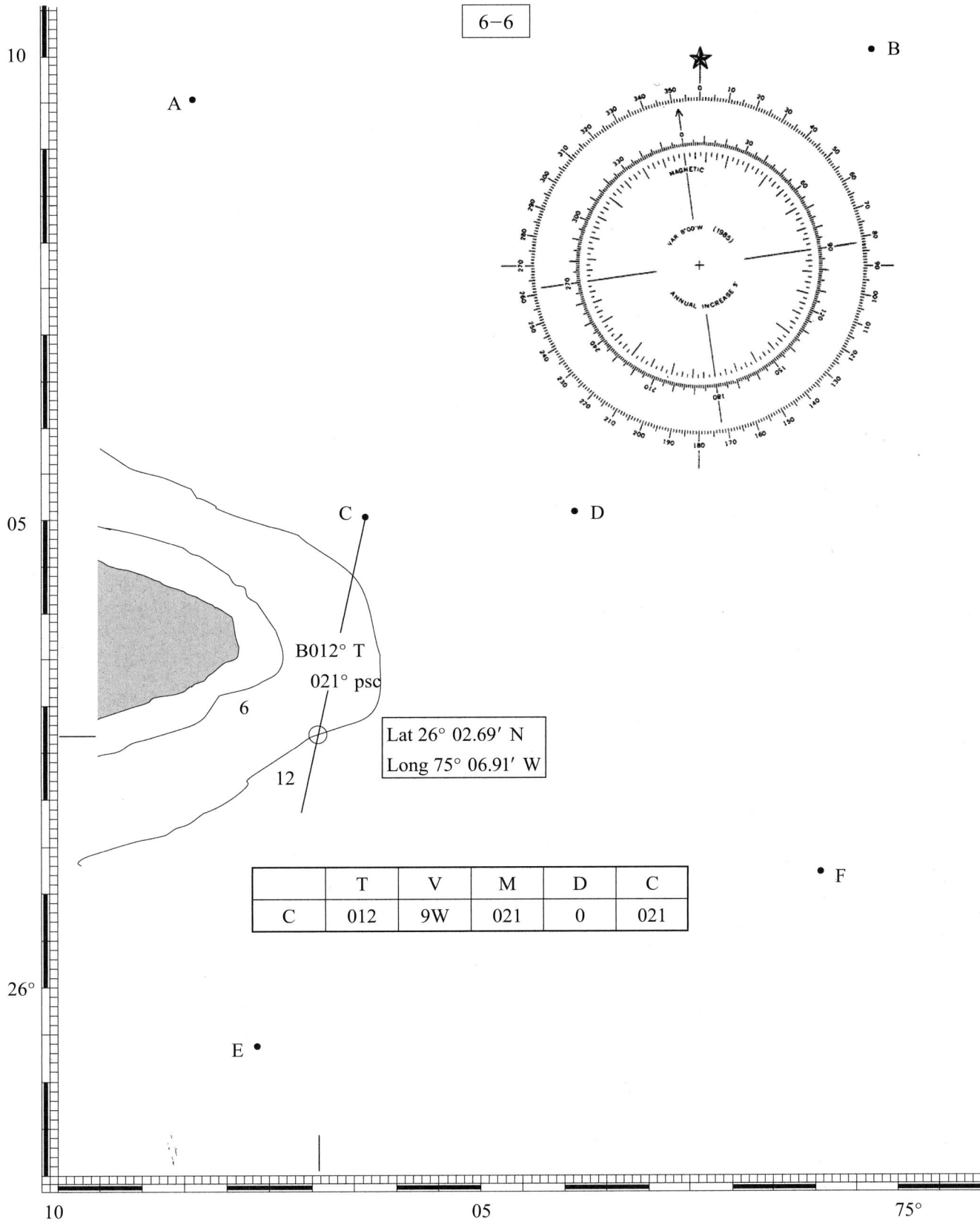

Lat 26° 02.69′ N
Long 75° 06.91′ W

• D

6

12

• F

	T	V	M	D	C
C	012	9W	021	0	021

10

05

05

26°

E •

10

05

75°

$$\boxed{6\text{-}7}$$

地理射程

下列表格给出了某个物体，能被海平面高度的观察者看到的地理射程。物体高度对应的距离必须加上观察者眼睛高度对应的距离，才是最终的能见距离。

高度 英尺/米	距离 海里/NM	高度 英尺/米	距离 海里/NM	高度 英尺/米	距离 海里/NM
5/1.5	2.6	70/21.3	9.8	250/76.2	18.5
10/3.1	3.7	75/22.9	10.1	300/91.4	20.3
15/4.6	4.5	80/24.4	10.5	350/106.7	21.9
20/6.1	5.2	85/25.9	10.8	400/121.9	23.4
25/7.6	5.9	90/27.4	11.1	450/137.2	24.8
30/9.1	6.4	95/29.0	11.4	500/152.4	26.2
35/10.7	6.9	100/30.5	11.7	550/167.6	27.4
40/12.2	7.4	110/33.5	12.3	600/182.9	28.7
45/13.7	7.8	120/36.6	12.8	650/198.1	29.8
50/15.2	8.3	130/39.6	13.3	700/213.4	31.0
55/16.8	8.7	140/42.7	13.8	800/243.8	33.1
60/18.3	9.1	150/45.7	14.3	900/274.3	35.1
65/19.8	9.4	200/61.0	16.5	1000/304.8	37.0

地理射程	
高度，英尺	射程，海里
10	3.7
30	6.4
总和	10.1

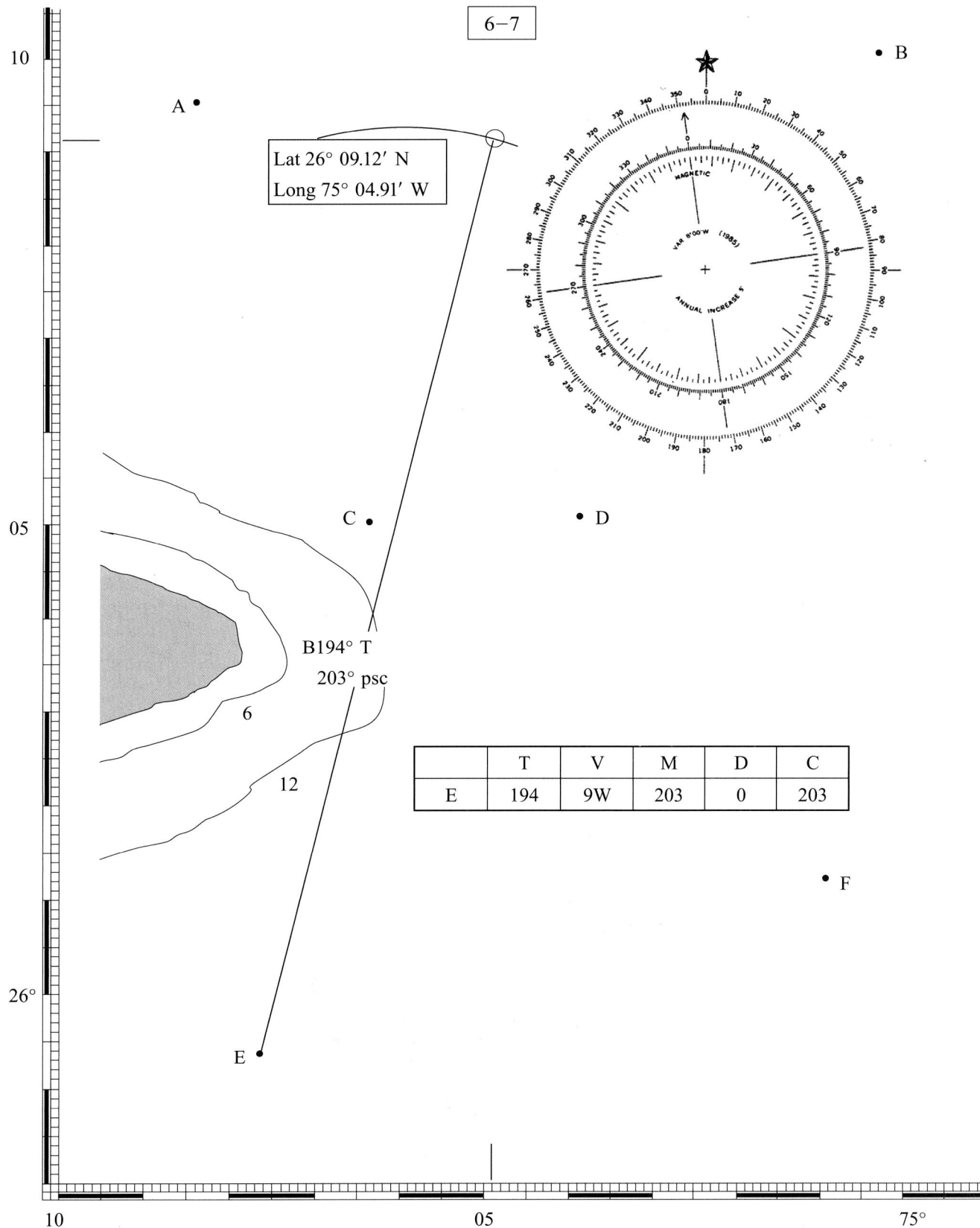

6－7

10

• B

A •

Lat 26° 09.12′ N
Long 75° 04.91′ W

MAGNETIC

VAR 9°00′W (1985)

ANNUAL INCREASE 5

05

C •

• D

B194° T
203° psc

6

12

	T	V	M	D	C
E	194	9W	203	0	203

• F

26°

E •

10

05

75°

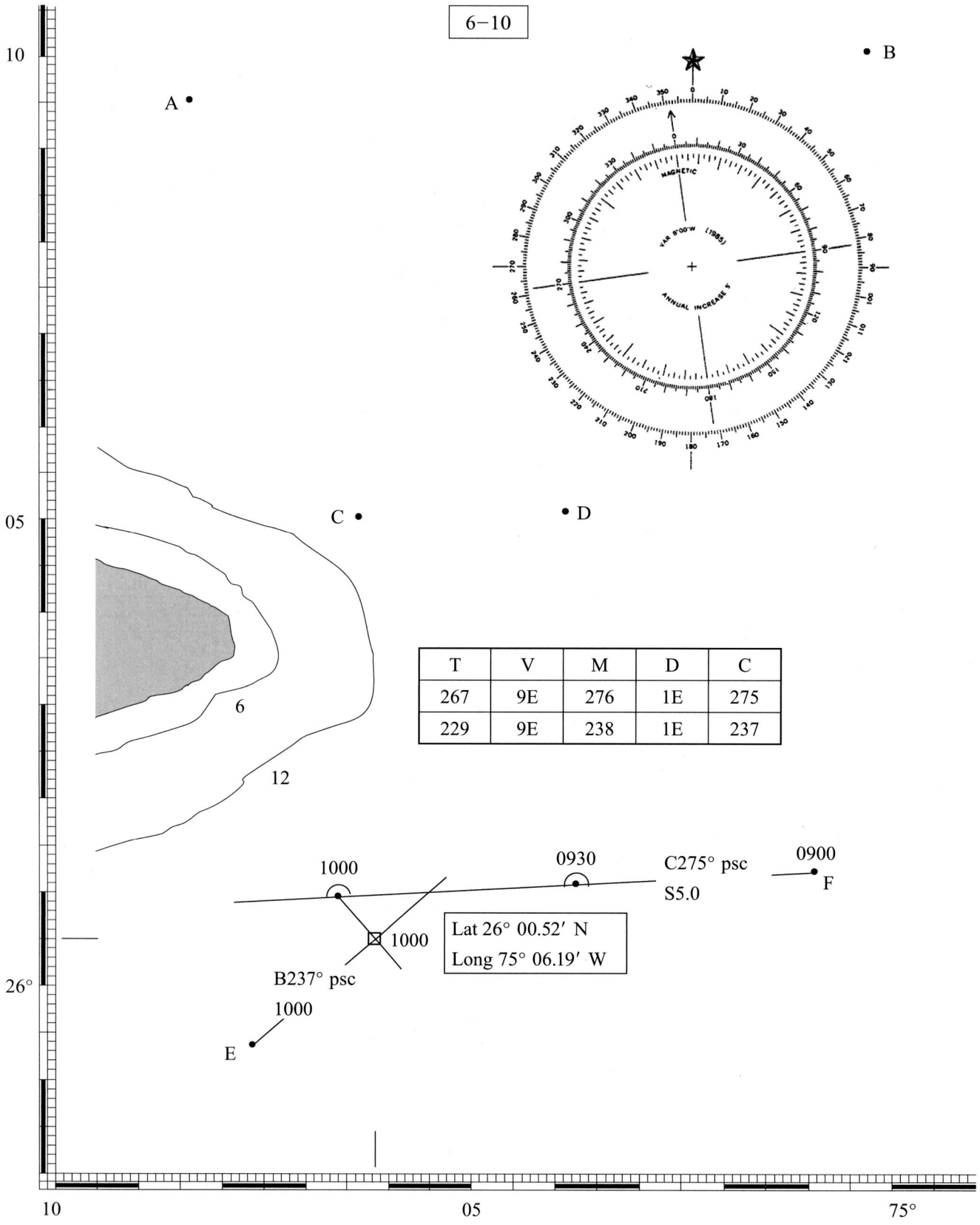

6-10

T	V	M	D	C
267	9E	276	1E	275
229	9E	238	1E	237

C275° psc
S5.0

0900
F

0930

1000

1000

Lat 26° 00.52′ N
Long 75° 06.19′ W

B237° psc

1000

E

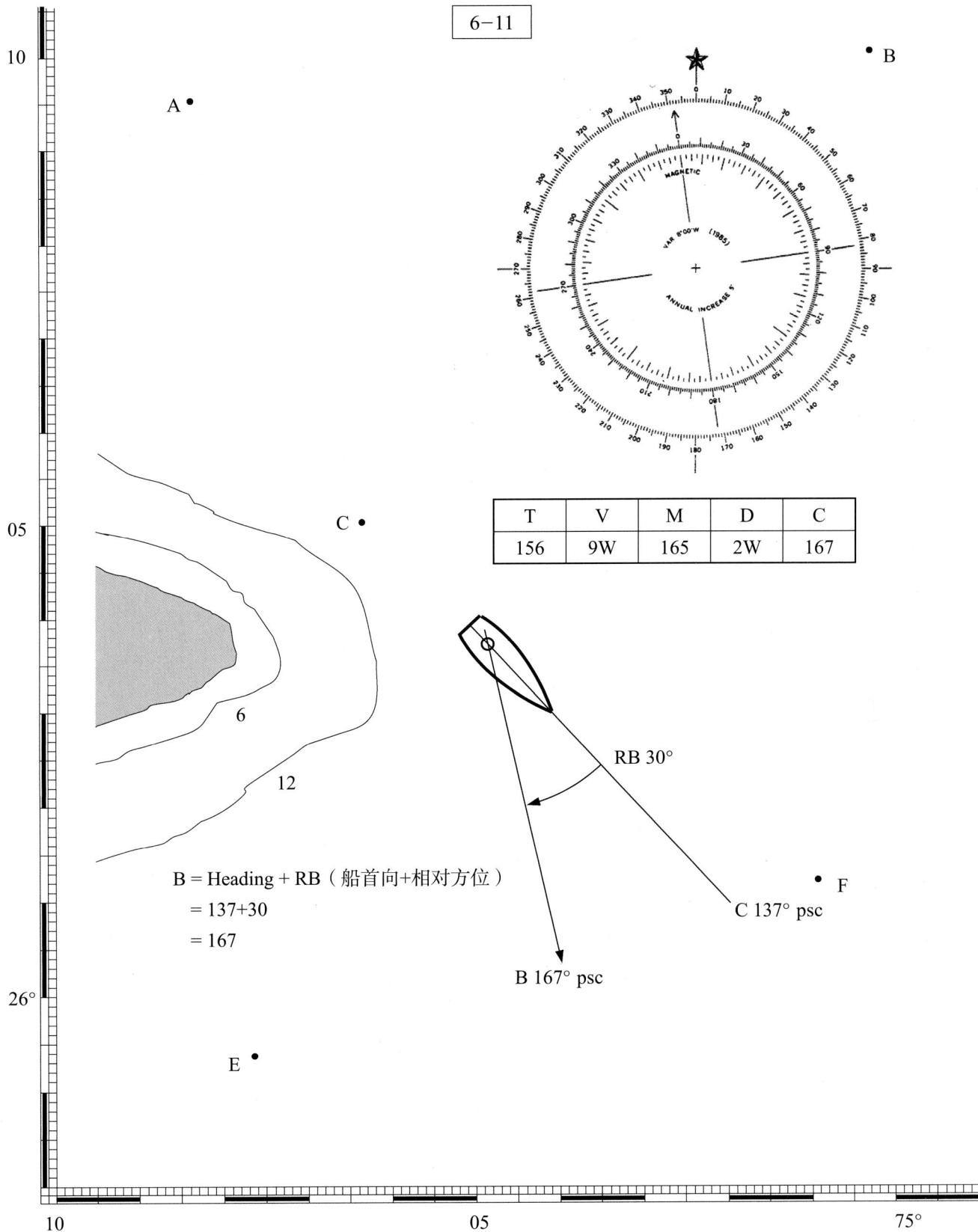

6-11

T	V	M	D	C
156	9W	165	2W	167

RB 30°

C 137° psc

B 167° psc

B = Heading + RB（船首向+相对方位）
= 137+30
= 167

6-12

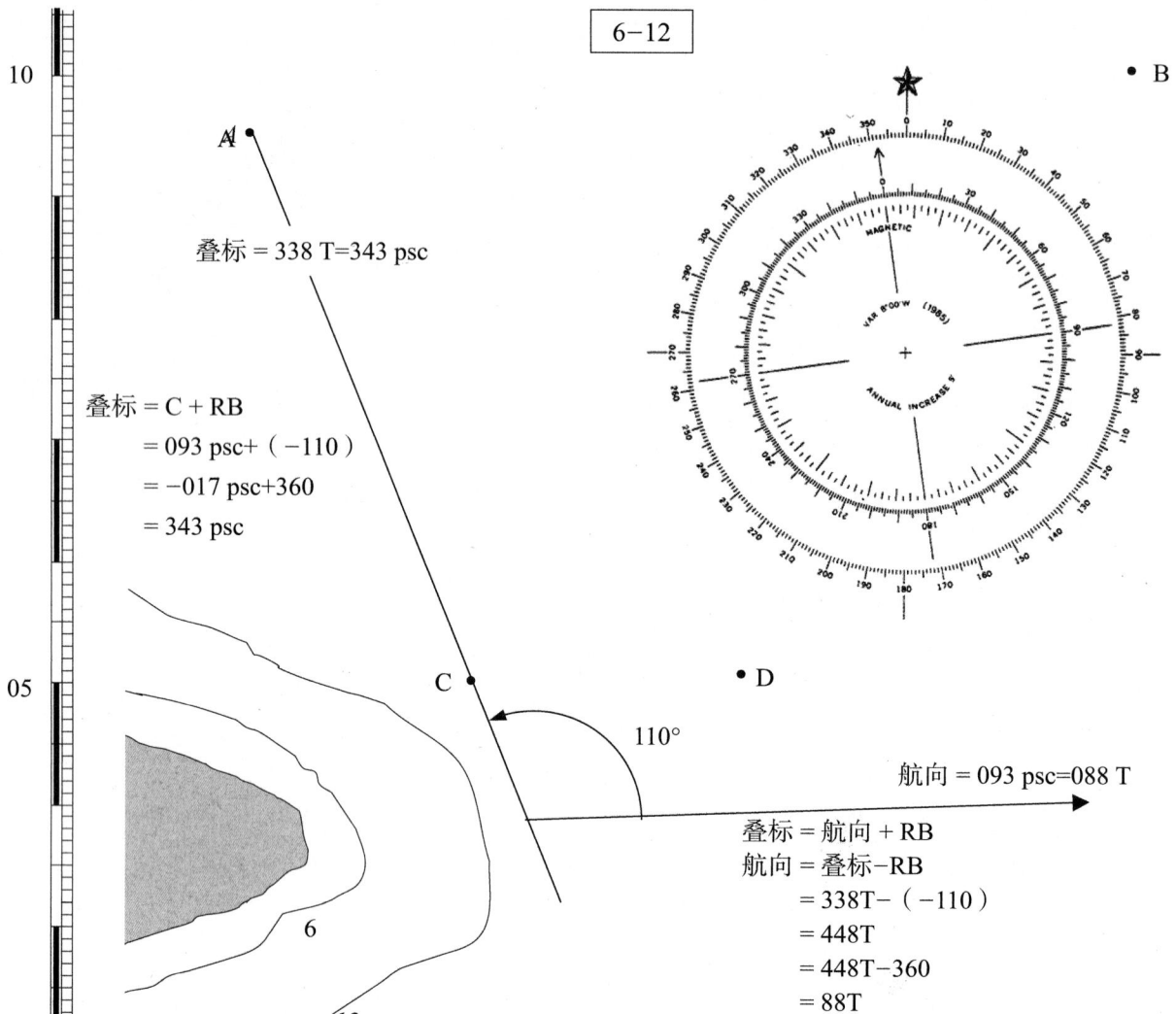

叠标 = 338 T = 343 psc

叠标 = C + RB
 = 093 psc + (-110)
 = -017 psc + 360
 = 343 psc

C

110°

航向 = 093 psc = 088 T

叠标 = 航向 + RB
航向 = 叠标 - RB
 = 338T - (-110)
 = 448T
 = 448T - 360
 = 88T

我们的当前航向是093° psc，观察到叠标是在左舷110°。我们在海图上量得C到A的叠标方向是338° T。利用公式叠标=航向+RB（相对方位），我们可以根据罗经航向093° psc和相对方位110°，计算出叠标方位是343° T。同样，用另一种算法，我们也能根据叠标在海图上的方位338° T和相对方位110°，计算出真航向是088° T。利用这些数值，在下面的TVMDC表格中，分别用两种方法计算罗经的自差，一种方法是基于航向，一种方法是基于叠标方向。两种方法都会得出同样的自差。

	T	V	M	D	C
基于船的航向	88	9W	097	4E	093
基于叠标	338	9W	347	4E	343

两种方法计算出来的自差都是4° E。而自差表给出的当前船首向对应的自差是4° W，因此是错误的。

E

6-13

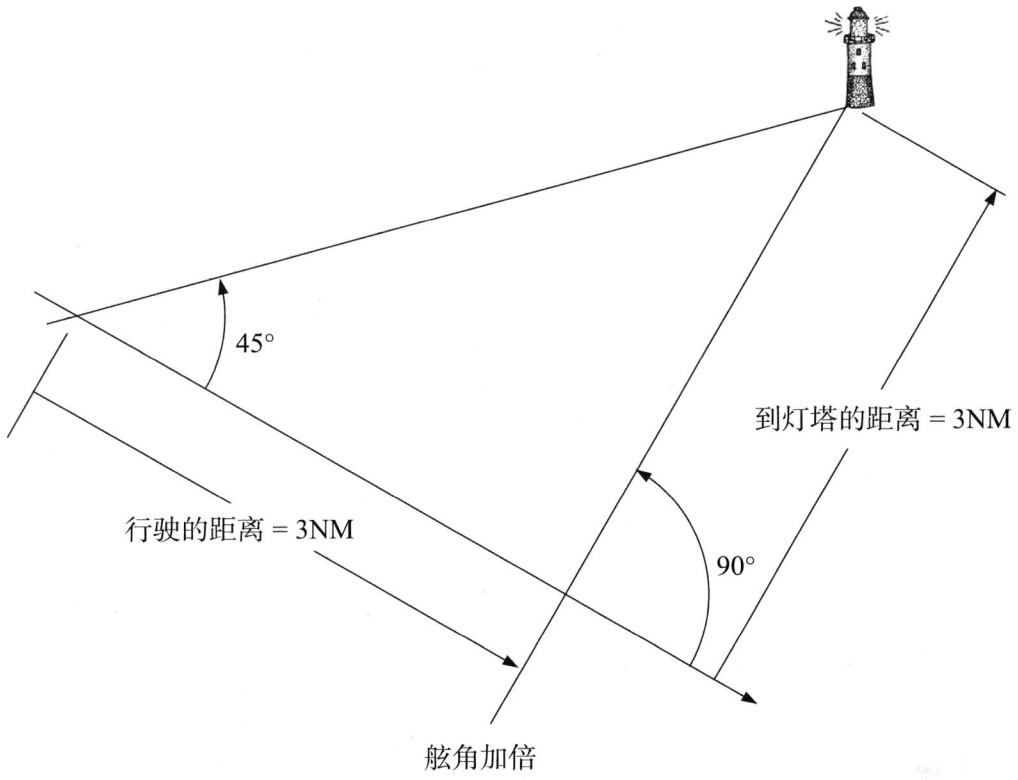

45°

到灯塔的距离 = 3NM

行驶的距离 = 3NM

90°

舷角加倍

6-14

A

• B

C •

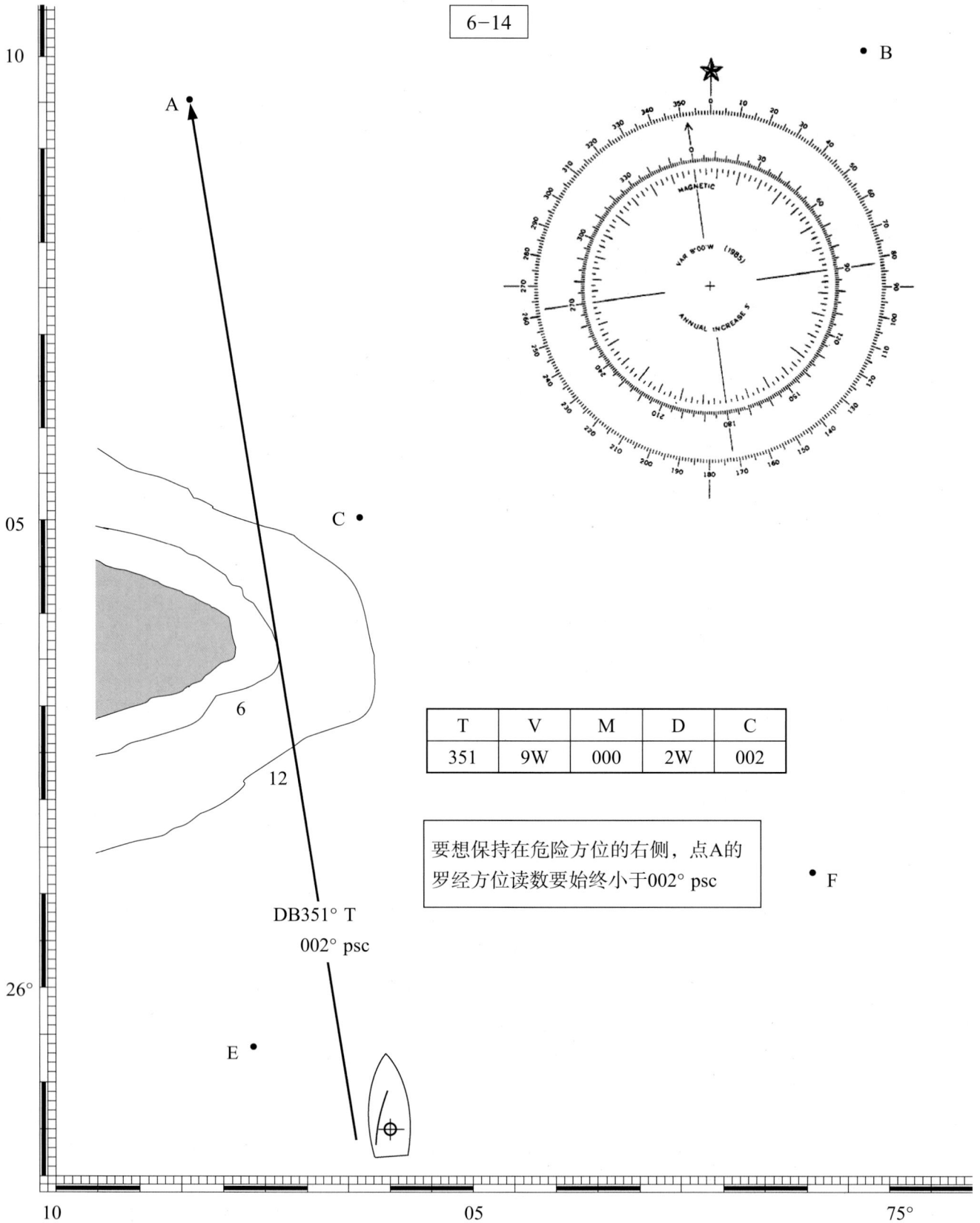

T	V	M	D	C
351	9W	000	2W	002

要想保持在危险方位的右侧，点A的
罗经方位读数要始终小于002° psc

• F

6

12

DB351° T
002° psc

E •

10

05

26°

10   05   75°

第 6 章　课后习题

1985 年磁差 = 15° 00′ W

修正到 2002 年

2002 − 1985 = 17 年 × 3′ 每年增加 = 51′ W

2002 年磁差 = 15° 00′ W + 51′ W = 15° 51′ W

近似取整 16° W

第 5 章给出的罗经自差表如下。

船首向 ° M	自差 °	船首向 ° psc
358	2W	0
27	3W	030
56	4W	060
86	4W	090
117	3W	120
148	2W	150
179	1W	180
210	0	210
241	1E	240
271	1E	270
300	0	300
329	1W	330
358	2W	360

6-15　按照要求画出两条叠标线。定位位置是在两条叠标线的交点，如小海图 7。

6-16　把 psc 方位换算成真方位，然后画出到 Judith 和 Brenton 的方位线。两条方位线的自差都是基于船首向 120° psc，定位点就是在两条方位线的交点，如小海图 1。

T	V	M	D	C	项目
254	16W	270	3W	273	Judith
018	16W	034	3W	037	Brenton

6-17　把第三条方位线，从 psc 换算到真角度，然后画出到水塔的方位线。这条方位线的自差是以船首向 120° psc 为基础。在 6-16 题中，这个方位几乎是与另外两个方位同时测得。这三条线组成了一个三角形，其中心就是定位位置。三角形的中心可以通过等分三角形的两条边获得，如小海图 1。

T	V	M	D	C	项目
295	16W	311	3W	314	Tank

6-18　使用带铅笔尖的分规，以Breton为中心，画一条半径为4.0NM的圆弧；以Easton Point为中心，画半径为4.5NM的圆弧。两条圆弧相交的位置就是定位位置，如小海图4。

6-19　把方位从psc换算到真角度，画出到Gay Head的方位线，角度是105° T。用带铅笔尖的分规，以Gay Head Light为中心，画一条半径为3NM的圆弧。圆弧与方位线相交的点就是定位位置，如小海图6。

T	V	M	D	C	项目
105	16W	121	2W	123	Gay Head

6-20　把方位从psc换算到真角度，然后画一条到瞭望塔的方位线，方位是000° T。这条方位线与90英尺等深曲线的交点即是定位位置，如小海图7。

T	V	M	D	C	项目
000	16W	16	1E	15	瞭望塔

6-21　判断你和Buzzard Light之间的地理射程，使用教材附录C-1页的表格；这是你能看到灯标的最大距离。海图1210Tr上显示，Buzzard灯塔的高度是101英尺；见小海图7。然而，灯标表、教材附录C-1页显示，该灯标的高度是67英尺。我们使用灯标表给出的高度，因为它的更新日期更近。

6-21

GEOGRAPHIC RANGE TABLE

The following table gives the approximate geographic range of visibility for an object which may be seen by an observer at sea level. It is necessary to add to the distance for the height of any object the distance corresponding to the height of the observer's eye above sea level.

Height Feet/Meters	Distance Nautical Miles (NM)	Height Feet/Meters	Distance Nautical Miles (NM)	Height Feet/Meters	Distance Nautical Miles (NM)
5/1.5	2.6	70/21.3	9.8	250/76.2	18.5
10/3.1	3.7	75/22.9	10.1	300/91.4	20.3
15/4.6	4.5	80/24.4	10.5	350/106.7	21.9
20/6.1	5.2	85/25.9	10.8	400/121.9	23.4
25/7.6	5.9	90/27.4	11.1	450/137.2	24.8
30/9.1	6.4	95/29.0	11.4	500/152.4	26.2
35/10.7	6.9	100/30.5	11.7	550/167.6	27.4
40/12.2	7.4	110/33.5	12.3	600/182.9	28.7
45/13.7	7.8	120/36.6	12.8	650/198.1	29.8
50/15.2	8.3	130/39.6	13.3	700/213.4	31.0
55/16.8	8.7	140/42.7	13.8	800/243.8	33.1
60/18.3	9.1	150/45.7	14.3	900/274.3	35.1
65/19.8	9.4	200/61.0	16.5	1000/304.8	37.0

12 ft → 4.0

67 ft → 9.6

67 ft =	**9.6 NM**	Buzzard灯标的地理射程
12 ft =	**4.0 NM**	我的地理射程
	13.6 NM	地理射程总和

根据教材附录C-1页的灯标表，Buzzard's Light 的发光特征是 FL W 2.5 seconds。

6-22　根据光度距离图（教材第6章）判断 Buzzard Light 在能见度5条件下的光度距离；这是在当前能见度下，预期看到灯标的最大距离。海图 1210Tr 显示 Buzzard Light 的额定光力射程是 22NM；但是，教材附录C-1页的灯标表却说额定光力射程是 17NM。我们使用 17NM 的额定光力射程，因为它的日期更新，因此，在能见度5下，该灯标的光度距离是 3.2NM。

6-22

Luminous Range Diagram

The nominal range given in this Light List is the maximum distance a given light can be seen when the meteorological visibility is 10 nautical miles. If the existing visibility is less than 10 NM, the range at which the light can be seen will be reduced below its nominal range. And, if the visibility is greater than 10 NM, the light can be seen at greater distances. The distance at which a light may be expected to be seen in the prevailing visibility is called its luminous range.

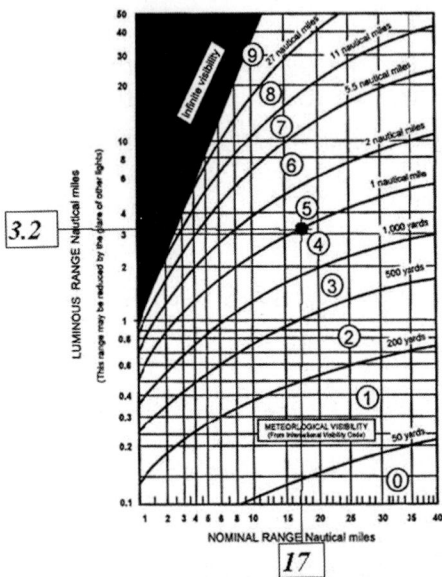

METEOROLOGICAL VISIBILITY (From International Visibility Code)		
Code	Metric	Nautical (approximate)
0	less than 50 meters	less than 50 yards
1	50-200 meters	50-200 yards
2	200-500 meters	200-500 yards
3	500-1,000 meters	500-1,000 yards
4	1-2 kilometers	1,000-2,000 yards
5	2-4 kilometers	1-2 nautical miles
6	4-10 kilometers	2-5.5 nautical miles
7	10-20 kilometers	5.5-11 nautical miles
8	20-50 kilometers	11-27 nautical miles
9	greater than 50 km	greater than 27 nm

This diagram enables the mariner to determine the approximate luminous range of a light when the nominal range and the prevailing meteorological visibiity are known. The diagram is entered from the bottom border using the nominal range listed in column 6 of this book. The intersection of the nominal range with the appropriate visibility curve (or, more often, a point between two curves) yields, by moving horizontally to the left border, the luminous range.

CAUTION

When using this diagram it must be remembered that:

1. The ranges obtained are approximate.

2. The transparency of the atmosphere may vary between the observer and the light.

3. Glare from backgroud lighting will considerably reduce the range at which lights are sighted.

4. The rolling motion of the mariner and/or of a lighted aid to navigation may reduce the distance at which lights can be detected and identified.

6-23　这是一个移线定位（RFix）问题。把航向从psc换算到真角度，然后画出0800到0930时刻的航迹推算。把两个方位从psc换算到真角度；使用航向313° psc查自差表，画出两条到Judith的方位线。平行于297° T的航迹推算线，画一条任意航向线，在上面量取0900到0930的行驶距离。然后把0900时刻的位置线平移该行驶距离（0900到0930时刻），新画的线标记为0900-0930。这条线与0930时刻位置线的交点即是移线定位点，见小海图1。

T	V	M	D	C	基于
297	16W	313	0	313	航向
011	16W	027	0	027	Judith 1
055	16W	071	0	071	Judith 2

6-24　这是一个估计位置（EP）问题。把航向从psc换算成真角度，然后画出0900到1000时刻的航迹推算。自差是以船首向080° psc为基础查表。把1000时刻的方位从psc换算成真角度，画出到尖顶（Spire）的方位线。把直角三角形的一条边贴紧LOP位置线（如教材第6章正文所示），沿着LOP滑动三角尺，直到另一条边穿过1000时刻的推算位置。沿着直角三角尺的边，从1000推算位置到LOP画一条垂线；这条垂线与LOP相交的位置即是估计位置，见小海图5。

T	V	M	D	C	基于
060	16W	076	4W	080	航向
299	16W	315	4W	319	方位

6-25　这是一个相对方位问题。B = C + RB = 137° psc + 30° = 167° psc。把167° psc换算到磁方位，使用基于船首向137° psc的罗经自差，然后再用磁差16° W换算到真方向。

Ⓣ	V	Ⓜ	D	Ⓒ	基于
149	16W	165	2W	167	浮标

6-26　船的首向是093° psc，Beavertail Point的两座塔形成了一个方向为002° T的叠标，见小海图4，测得该叠标位于船的左舷70°。参考后文右侧的草图，该方位加上哑罗经的读数，得到船首向为072° T，基于以下公式：

B = C + RB

C = B-RB = 002° T-（-070）= 072° T

在下面表格中输入T、V、C，计算出本次观测显示的自差为5W。

T	V	M	D	C	基于
072	16W	088	5W	093	叠标

根据观测，罗经自差是5W。

根据第5章的自差表，罗经自差是4W。

第 7 章　课后习题解答

磁差的计算如下所示。

2002 −1985 = 17 年 × 5′ = 85′

$$\begin{array}{r} 8° \ 00' \ W \\ +85' \\ \hline 9° \ 25' \ W \end{array}$$

1985 年的磁差 = 9° W

教材第 5 章的罗经自差表如下所示。

船首向 ° M	自差 °	船首向 ° psc
358	2W	0
27	3W	30
56	4W	60
86	4W	90
117	3W	120
148	2W	150
179	1W	180
210	0	210
241	1E	240
271	1E	270
300	0	300
329	1W	330
358	2W	360

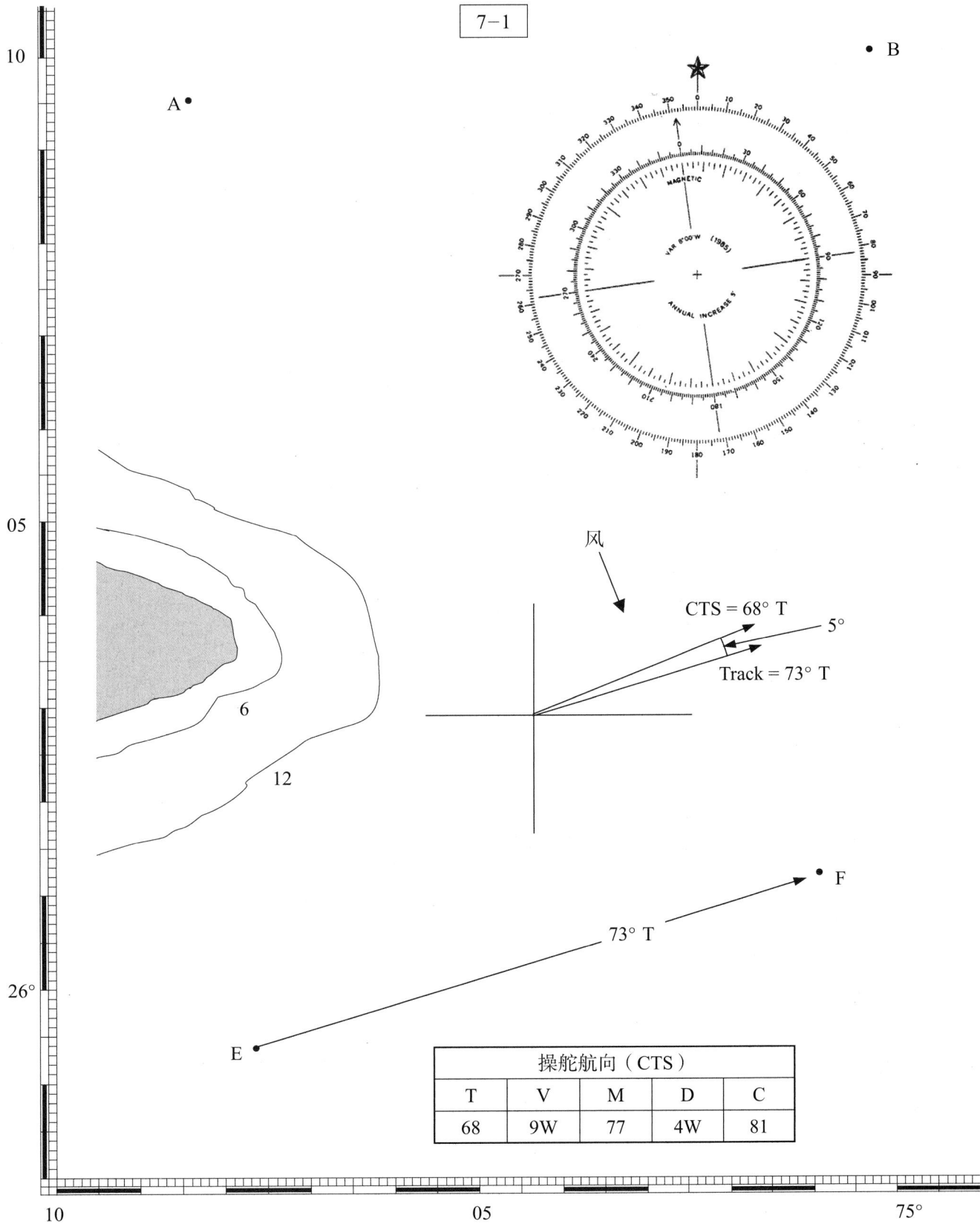

7-1

CTS = 68° T

Track = 73° T

5°

风

73° T

操舵航向（CTS）				
T	V	M	D	C
68	9W	77	4W	81

7-2

• B

A •

要想找到估计位置，标绘从0915到1030时刻的航迹推算。然后画出水流的方向Set、流速Drift在1.25小时之内造成的漂移距离。最终的位置就是1015时刻的估计位置EP，用方框表示。

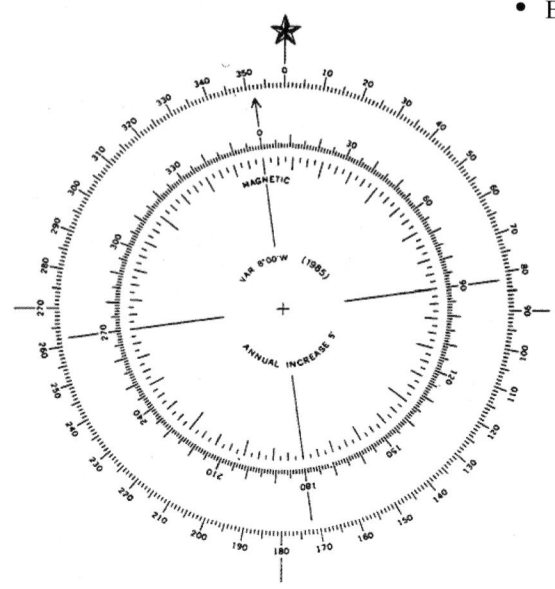

VAR 9°00′W (1985)

ANNUAL INCREASE 5′

MAGNETIC

C • 0915

T	V	M	D	C
152	9W	161	2W	163

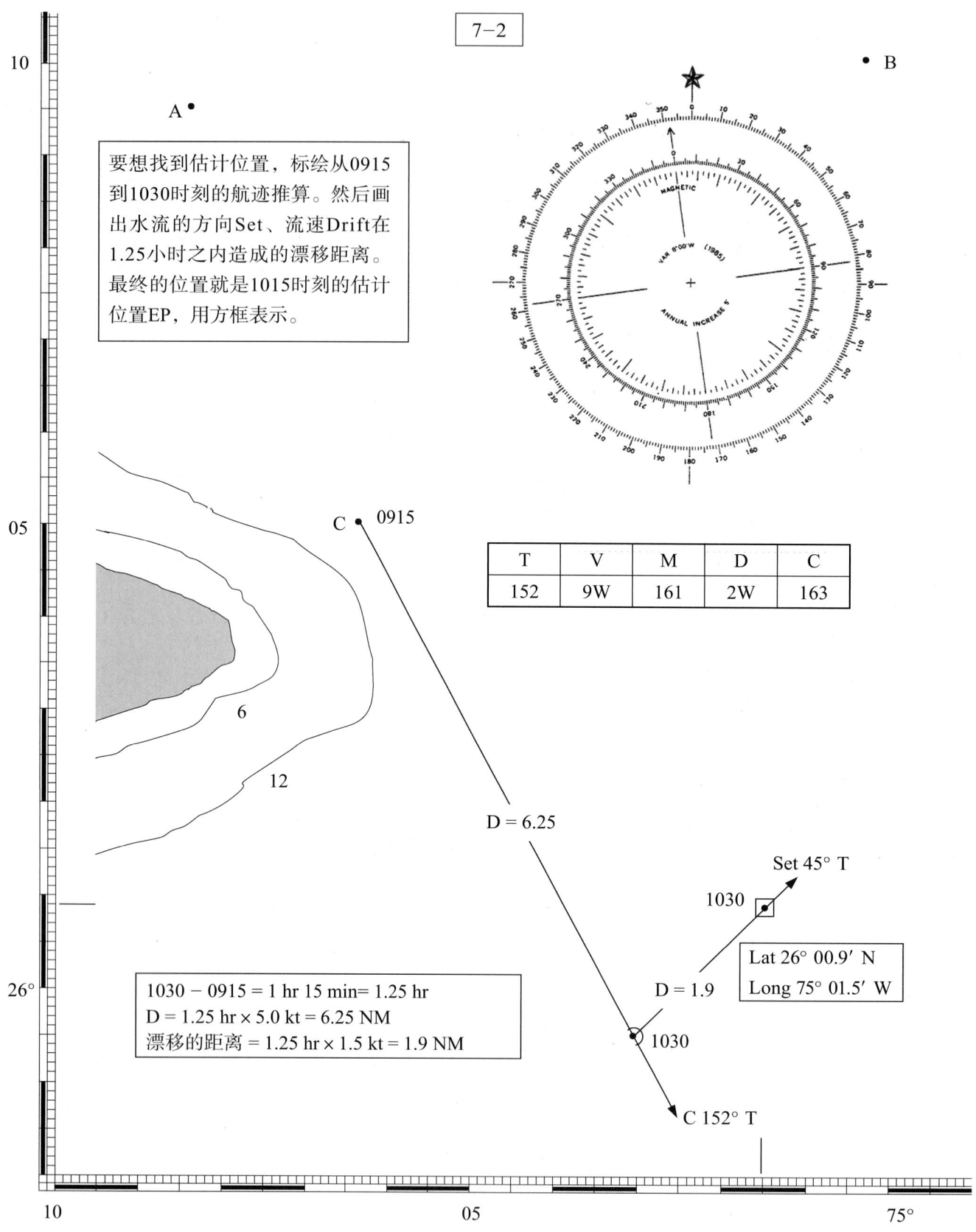

6

12

D = 6.25

Set 45° T

1030

Lat 26° 00.9′ N
Long 75° 01.5′ W

D = 1.9

1030

1030 − 0915 = 1 hr 15 min = 1.25 hr
D = 1.25 hr × 5.0 kt = 6.25 NM
漂移的距离 = 1.25 hr × 1.5 kt = 1.9 NM

C 152° T

10

05

75°

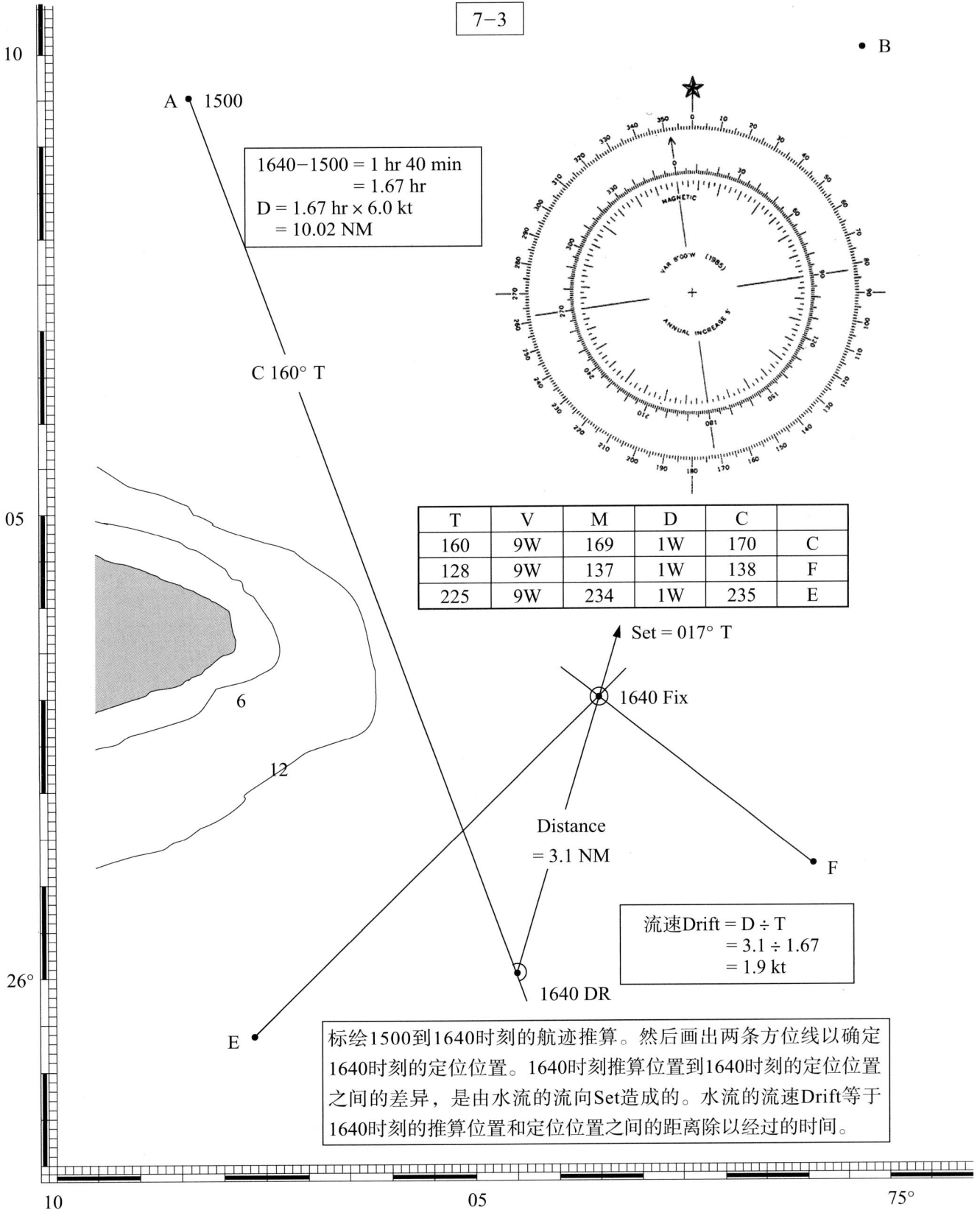

7-3

10

• B

A • 1500

1640−1500 = 1 hr 40 min
        = 1.67 hr
D = 1.67 hr × 6.0 kt
   = 10.02 NM

C 160° T

05

T	V	M	D	C	
160	9W	169	1W	170	C
128	9W	137	1W	138	F
225	9W	234	1W	235	E

Set = 017° T

⊗ 1640 Fix

6

12

Distance
= 3.1 NM

流速Drift = D ÷ T
       = 3.1 ÷ 1.67
       = 1.9 kt

26°

⊗
1640 DR

E •

标绘1500到1640时刻的航迹推算。然后画出两条方位线以确定
1640时刻的定位位置。1640时刻推算位置到1640时刻的定位位置
之间的差异，是由水流的流向Set造成的。水流的流速Drift等于
1640时刻的推算位置和定位位置之间的距离除以经过的时间。

F •

10

05

75°

7-4

为了求出从B到E直线行驶所需要的
操舵航向CTS，我们直接在罗经花上
画一个速度三角形。首先量出从B到
E的方向，然后把这个方向画在罗经
花上。然后在罗经花上画出水流的流
向Set及流速Drift。然后，从水流矢量
的起点出发，画出船速矢量，使其与
COG（对地航向）矢量相交；最终得
到的船速矢量的方向代表了到达点E
所需要的操舵航向。COG方向上的矢
量长度就代表对地速度SOG，该速度
用来计算行驶的时间。

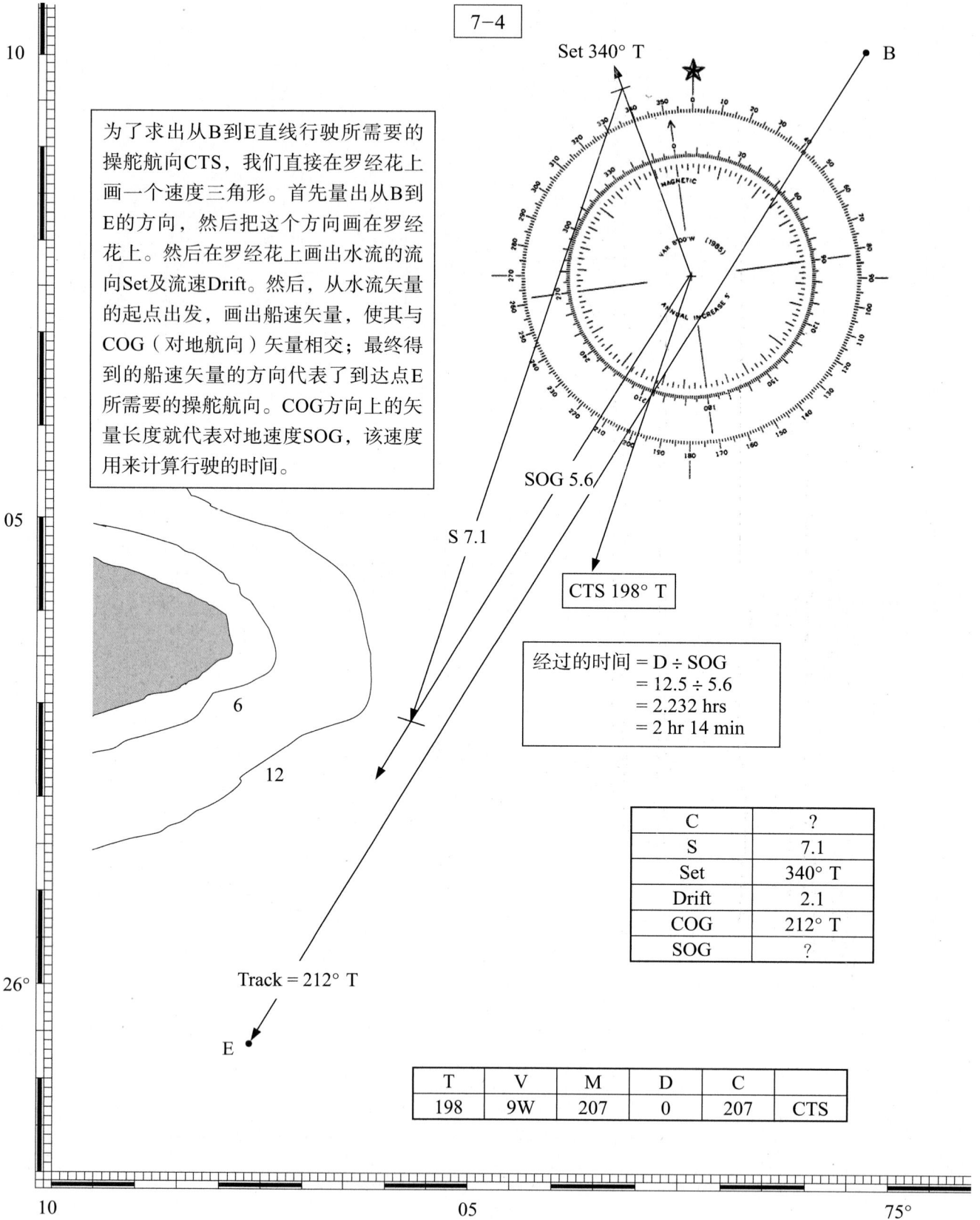

Set 340° T

B

SOG 5.6

S 7.1

CTS 198° T

6

12

经过的时间 = D ÷ SOG
= 12.5 ÷ 5.6
= 2.232 hrs
= 2 hr 14 min

C	?
S	7.1
Set	340° T
Drift	2.1
COG	212° T
SOG	?

Track = 212° T

E

T	V	M	D	C	
198	9W	207	0	207	CTS

7-5

根据上边问题7-4的解法，求出补偿水流
所需要的CTS（操舵航向）。然后加上
3°的风压差修正量，偏向船的右舷，以
修正北风的影响

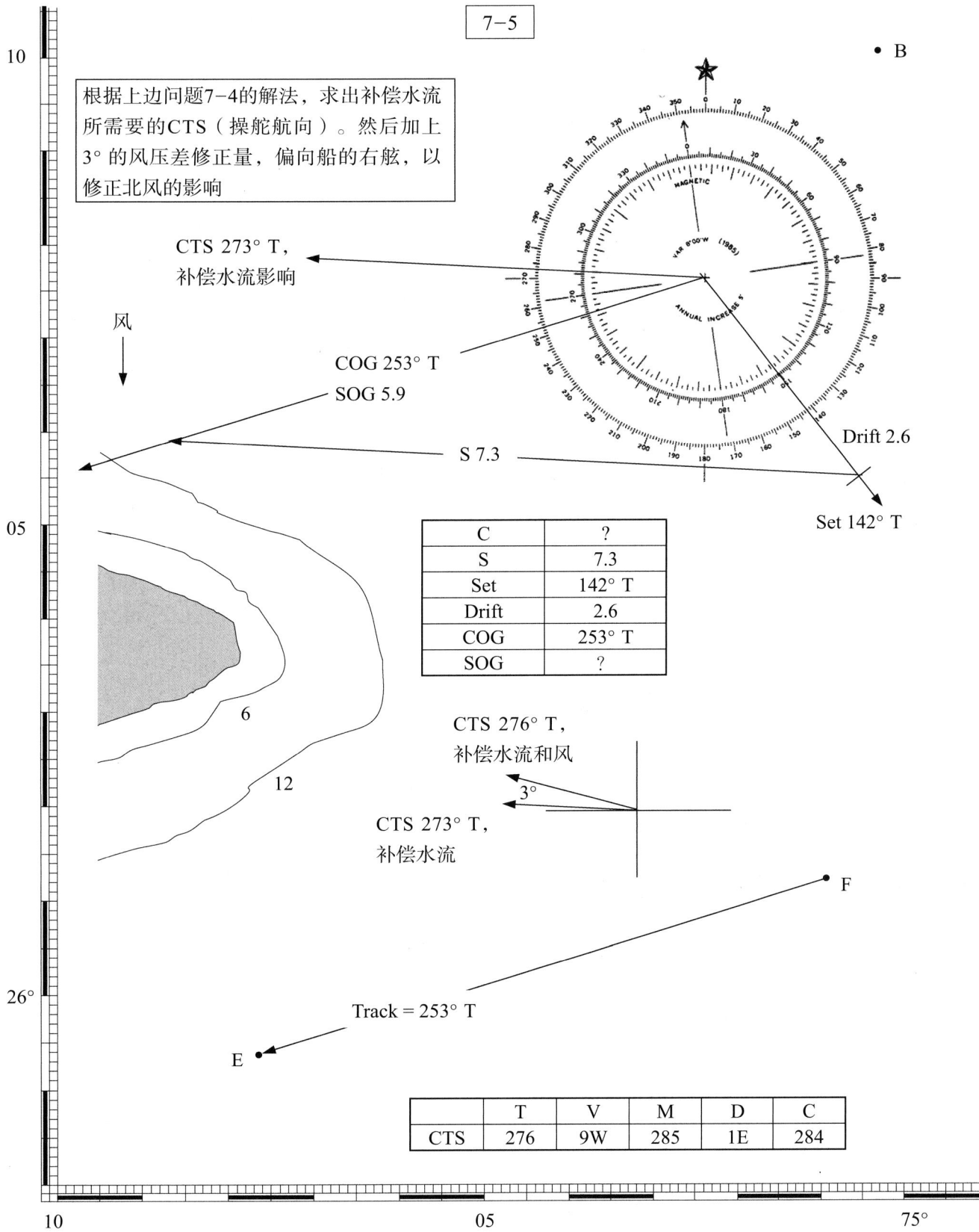

• B

CTS 273° T，
补偿水流影响

风

CTS 273° T,
补偿水流影响

COG 253° T
SOG 5.9

S 7.3

Drift 2.6

Set 142° T

6

12

C	?
S	7.3
Set	142° T
Drift	2.6
COG	253° T
SOG	?

CTS 276° T，
补偿水流和风

3°

CTS 273° T，
补偿水流

F

Track = 253° T

E

	T	V	M	D	C
CTS	276	9W	285	1E	284

7-6

INDEX TO STATIONS

No.

No.

G-11

7-6

表格2——潮汐修正和其他常量

编号	地点	位置 纬度 北	位置 经度 西	修正值 时间 高潮 时 分	修正值 时间 低潮 时 分	修正值 高度 高潮 英尺	修正值 高度 低潮 英尺	潮差 平均 英尺	潮差 大潮 英尺	平均潮汐高度 英尺
	MASSACHUSETTS—cont. Vineyard Sound Time meridian, 75° W			on Newport, p.40						
1085	Nobska Point	41° 31′	70° 39′	+0 41	+2 05	*0.43	*0.43	1.5	1.9	0.8
	Woods Hole									
1087	Little Harbor	41° 31′	70° 40′	+0 32	+2 21	*0.40	*0.40	1.4	1.8	0.8
1089	Oceanographic Institution	41° 32′	70° 40′	+0 22	+1 59	*0.52	*0.50	1.8	2.3	1.0
1091	Uncatena Island (south side)	41° 31′	70° 42′	+0 12	+0 22	*1.02	*1.02	3.6	4.5	1.9
1093	Tarpaulin Cove	41° 28′	70° 46′	+0 11	+1 23	*0.54	*0.54	1.9	2.4	1.0
	Quicks Hole									
1095	South side	41° 26′	70° 51′	−0 10	+0 09	*0.71	*0.71	2.5	3.1	1.3
1097	Middle	41° 27′	70° 51′	0 00	+0 10	*0.85	*0.85	3.0	3.7	1.6
1099	North side	41° 27′	70° 51′	−0 08	−0 08	*0.99	*0.99	3.5	4.4	1.8
	Buzzards Bay									
1101	Cuttyhunk Pond entrance	41° 25′	70° 55′	+0 01	+0 01	*0.97	*0.97	3.4	4.2	1.8
1103	Penikese Island	41° 27′	70° 55′	−0 17	−0 16	*0.97	*0.97	3.4	4.2	1.8
1105	Kettle Cove	41° 29′	70° 47′	+0 09	+0 02	*1.08	*1.08	3.8	4.7	2.1
1107	Chappaquoit Point, West Falmouth Harbor	41° 36′	70° 39′	+0 10	+0 20	*1.10	*1.07	3.9	4.9	2.1
1109	West Falmouth Harbor	41° 36′	70° 39′	+0 21	+0 18	*1.14	*1.14	4.0	5.0	2.2
1111	Barlows Landing, Pocasset Harbor	41° 41′	70° 37′	+0 24	+0 18	*1.14	*1.14	4.0	5.0	2.2
1113	Abiels Ledge	41° 42′	70° 40′	+0 11	+0 16	*1.11	*1.11	3.9	4.9	2.2
1115	Monument Beach	41° 43′	70° 37′	+0 23	+0 18	*1.14	*1.14	4.0	5.0	2.2
1117	Cape Cod Canal, RR, bridge<6>	41° 44′	70° 37′	+1 15	+- - -	*0.99	*0.99	3.5	4.1	1.9
1119	Great Hill	41° 43′	70° 43′	+0 12	+0 11	*1.15	*1.21	4.0	5.0	2.2
1121	Wareham, Wareham River	41° 45′	70° 43′	+0 22	+0 16	*1.16	*1.16	4.1	5.1	2.2
1123	Bird Island	41° 40′	70° 43′	+0 05	−0 02	*1.19	*1.19	4.2	5.2	2.3
1125	Marion, Sippican Harbor	41° 42′	70° 46′	+0 10	+0 12	*1.13	*1.29	4.0	4.9	2.2
1127	Mattapoisett, Mattapoisett Harbor	41° 39′	70° 49′	+0 11	+0 20	*1.09	*1.00	3.9	4.8	2.1
1129	West Island (west side)	41° 36′	70° 50′	+0 09	+0 08	*1.05	*1.05	3.7	4.6	1.9
1131	Clarks Point	41° 36′	70° 54′	+0 14	+0.24	*1.06	*1.00	3.6	4.5	2.0
1133	New Bedford	41° 38′	70° 55′	+0 07	+0 07	*1.05	*1.05	3.7	4.6	1.9
1135	Belleville, Acushnet River	41° 40′	70° 55′	+0 07	+0 09	*1.08	*1.08	3.8	4.7	2.1
1137	South Dartmouth, Apponagansett Bay	41° 35′	70° 57′	+0 25	+0 33	*1.05	*1.05	3.7	4.6	1.9
1139	Dumpling Rocks	41° 32′	70° 55′	+0 01	−0.02	*1.05	*1.05	3.7	4.6	1.9
	Westport River									
1141	Westport Harbor	41° 30′	71° 06′	+0 09	+0 33	*0.85	*0.85	3.0	3.7	1.6
1143	Hix Bridge, East Branch	41° 34′	71° 04′	+1 40	+2 30	*0.77	*0.77	2.7	3.4	1.4
	RHODE ISLAND, Narragansett Bay									
1145	Sakonnet	41° 28′	71° 12′	−0 13	−0 01	*0.88	0.86	3.1	3.9	1.7
1147	Anthony Point, Sakonnet River	41° 38′	71° 13′	−0 02	+0 02	*1.09	*1.07	3.8	4.8	2.1
1149	Beavertail Point	41° 27′	71° 24′	−0 05	+0 04	*0.99	*1.00	3.5	4.3	1.9
1151	Castle Hill	41° 28′	71° 22′	−0 05	+0 12	*0.94	*0.93	3.3	4.1	1.8
1153	NEWPORT	41° 30′	71° 20′	Daily predictions				3.5	4.4	1.9
1155	Conanicut Point	41° 34′	71° 22′	+0 07	−0 06	*1.07	*1.07	3.8	4.7	2.0
1157	Prudence Island, (south end)	41° 35′	71° 19′	+0 08	−0 04	*1.08	*1.07	3.8	4.8	2.0
1159	Bristol Point	41° 39′	71° 16′	+0 18	+0 07	*1.14	*1.14	4.0	5.0	2.1
1161	Bristol Highlands	41° 42′	71° 18′	+0 08	−0 07	*1.18	*1.21	4.2	5.2	2.2
1163	Bristol Ferry	41° 38′	71° 15′	+0 16	+0 01	*1.16	*1.14	4.1	5.1	2.2
1165	Fall River, State Pier	41° 42′	71° 10′	+0 19	−0 01	*1.25	*1.25	4.4	5.5	2.4
	RHODE ISLAND and MASSACHUSETTS Narragnsett Bay–cont.									
1167	Fall River, Massachusetts	41° 44′	71° 08′	+0 28	+0 29	*1.26	*1.26	4.4	5.5	2.4
1169	Taunton, Taunton River, Massachusetts	41° 53′	71° 06′	+1 06	+2 21	*0.79	*0.79	2.8	3.5	1.5
1171	Bristol, Bristol Harbor	41° 40′	71° 17′	+0 13	+0 00	*1.16	*1.14	4.1	5.1	2.2
1173	Warren	41° 44′	71° 17′	+0 18	−0 01	*1.31	*1.29	4.6	5.7	2.5
1175	Nayatt Point	41° 43′	71° 20′	+0 09	−0 02	*1.31	*1.29	4.6	5.7	2.5
1177	Providence, State Pier #1	41° 48′	71° 24′	+0 11	−0 01	*1.28	*1.29	4.5	5.6	2.4
1179	Pawtucket, Seekonk River	41° 52′	71° 23′	+0 18	+0 09	*1.31	*1.29	4.6	5.8	2.5
1181	East Greenwich	41° 40′	71° 27′	+0 13	+0 03	*1.14	*1.14	4.0	5.0	2.1
1183	Wickford	41° 34′	71° 27′	+0 09	+0 02	*1.08	*1.07	3.8	4.7	2.0
1185	Narragansett Pier	41° 25′	71° 27′	−0 11	+0 11	*0.91	*0.93	3.2	4.0	1.7
	RHODE ISLAND, Outer Coast									
1187	Point Judith Harbor of Refuge	41° 22′	71° 29′	−0 10	+0 17	*0.88	*0.86	3.1	3.9	1.6
1189	Block Island (Great Salt Pond)	41° 11′	71° 35′	+0 02	+0 07	*0.74	*0.71	2.6	3.2	1.4
1191	Block Island (Old Harbor)	41° 10′	71° 33′	−0 17	+0 12	*0.83	*0.86	2.9	3.6	1.5
1193	Watch Hill Point	41° 18′	71° 52′	+0 41	+1 16	*0.74	*0.71	2.6	3.2	1.4
				on New London, p.48						
1195	Westerly, Pawcatuck River	41° 23′	71° 50′	−0 21	+0 03	*1.02	*1.00	2.6	3.1	1.5
	CONNECTICUT, Long Island Sound									
1197	Stonington, Fishers Island Sound	41° 20′	71° 54′	−0 32	−0 41	*1.05	*1.05	2.7	3.2	1.5
1199	Noank, Mystic River entrance	41° 19′	71° 59′	−0 22	−0 08	*0.89	*0.90	2.3	2.7	1.4
1201	West Harbor, Fishers Island, N.Y	41° 16′	72° 00′	−0 00	−0 06	*0.97	*0.97	2.5	3.0	1.4
1203	Silver Eel Pond, Fishers Island, N.Y	41° 15′	72° 02′	−0 16	−0 04	*0.89	*0.89	2.3	2.7	1.3

Endnotes can be found at the end of table 2.

G-13

263

7-6

Newport，R.I.，1997

Times and Heights of High and Low Waters

January 一月

Day	Time (h m)	Height (ft)	(cm)	Day	Time (h m)	Height (ft)	(cm)
1 W O	0037 / 0537 / 1255 / 1802	2.9 / 0.5 / 2.8 / 0.3	88 / 15 / 85 / 9	**16** Th	0126 / 0733 / 1352 / 1943	3.7 / 0.2 / 3.2 / 0.1	113 / 6 / 98 / 3
2 Th	0130 / 0634 / 1350 / 1855	3.0 / 0.6 / 2.8 / 0.3	91 / 18 / 85 / 9	**17** F	0227 / 0859 / 1453 / 2055	3.7 / 0.3 / 3.1 / 0.2	113 / 9 / 94 / 6
3 F	0225 / 0738 / 1446 / 1954	3.1 / 0.6 / 2.8 / 0.2	94 / 18 / 85 / 6	**18** Sa	0326 / 1015 / 1550 / 2203	3.7 / 0.3 / 3.1 / 0.1	113 / 9 / 94 / 3
4 Sa	0320 / 0846 / 1542 / 2056	3.3 / 0.4 / 2.9 / 0.1	101 / 12 / 88 / 3	**19** Su	0421 / 1112 / 1644 / 2257	3.7 / 0.2 / 3.1 / 0.1	113 / 6 / 94 / 3
5 Su	0412 / 0951 / 1635 / 2157	3.6 / 0.2 / 3.2 / 0.2	110 / 6 / 96 / 6	**20** M	0512 / 1158 / 1733 / 2342	3.8 / 0.1 / 3.2 / 0.0	116 / 3 / 98 / 0
6 M	0503 / 1051 / 1727 / 2254	4.0 / -0.1 / 3.4 / -0.4	122 / -3 / 104 / -12	**21** Tu	0558 / 1234 / 1818	3.9 / 0.0 / 3.3	119 / 0 / 101
7 Tu	0553 / 1146 / 1817 / 2349	4.3 / -0.4 / 3.7 / -0.7	131 / -12 / 113 / -21	**22** W	0019 / 0642 / 1303 / 1901	-0.1 / 3.9 / 0.0 / 3.4	-3 / 119 / 0 / 104
8 W ●	0642 / 1237 / 1907	4.6 / -0.7 / 3.9	140 / -21 / 119	**23** Th O	0052 / 0723 / 1329 / 1942	-0.1 / 3.9 / -0.1 / 3.5	-3 / 119 / -3 / 107
9 Th	0042 / 0731 / 1326 / 1956	-0.9 / 4.7 / -0.9 / 4.1	-27 / 143 / -27 / 125	**24** F	0124 / 0803 / 1355 / 2023	-0.2 / 3.9 / -0.1 / 3.5	-6 / 119 / -3 / 107
10 F	0134 / 0821 / 1414 / 2047	-1.0 / 4.7 / -0.9 / 4.2	-30 / 143 / -27 / 128	**25** Sa	0155 / 0843 / 1422 / 2103	-0.2 / 3.8 / -0.1 / 3.4	-6 / 116 / -3 / 104
11 Sa	0226 / 0911 / 1503 / 2138	-1.0 / 4.6 / -0.9 / 4.2	-30 / 140 / -27 / 128	**26** Su	0228 / 0922 / 1452 / 2143	-0.1 / 3.6 / -0.1 / 3.4	-3 / 110 / -3 / 104
12 Su	0319 / 1003 / 1552 / 2232	-0.8 / 4.4 / -0.8 / 4.1	-24 / 134 / -24 / 125	**27** M	0302 / 1001 / 1524 / 2224	0.0 / 3.4 / -0.1 / 3.2	0 / 104 / -3 / 98
13 M	0413 / 1057 / 1643 / 2327	-0.6 / 4.1 / -0.6 / 4.0	-18 / 125 / -18 / 122	**28** Tu	0338 / 1041 / 1558 / 2307	0.1 / 3.2 / 0.0 / 3.1	3 / 98 / 0 / 94
14 Tu	0511 / 1153 / 1737	-0.3 / 3.8 / -0.3	-9 / 116 / -9	**29** W	0418 / 1124 / 1637 / 2353	0.2 / 3.0 / 0.1 / 3.1	6 / 91 / 3 / 94
15 W O	0026 / 0616 / 1252 / 1836	3.8 / 0.0 / 3.5 / -0.1	116 / 0 / 107 / -3	**30** Th	0503 / 1212 / 1721	0.3 / 2.8 / 0.1	9 / 85 / 3
				31 F O	0045 / 0556 / 1307 / 1813	3.0 / 0.4 / 2.7 / 0.2	91 / 12 / 82 / 6

February 二月

Day	Time (h m)	Height (ft)	(cm)	Day	Time (h m)	Height (ft)	(cm)
1 Sa	0142 / 0656 / 1407 / 1913	3.1 / 0.4 / 2.7 / 0.1	94 / 12 / 82 / 3	**16** Su	0258 / 0955 / 1525 / 2145	3.4 / 0.5 / 2.9 / 0.4	104 / 15 / 88 / 12
2 Su	0242 / 0806 / 1508 / 2020	3.3 / 0.3 / 2.8 / 0.0	101 / 9 / 85 / 0	**17** M	0356 / 1055 / 1620 / 2247	3.4 / 0.4 / 3.0 / 0.3	104 / 12 / 91 / 9
3 M	0341 / 0918 / 1607 / 2128	3.6 / 0.1 / 3.1 / -0.2	107 / 3 / 94 / -6	**18** Tu	0448 / 1139 / 1709 / 2331	3.5 / 0.3 / 3.1 / 0.2	107 / 9 / 94 / 6
4 Tu	0437 / 1025 / 1703 / 2234	3.9 / -0.1 / 3.4 / -0.4	119 / -3 / 104 / -12	**19** W	0535 / 1212 / 1755	3.6 / 0.2 / 3.3	110 / 6 / 101
5 W	0531 / 1125 / 1756 / 2335	4.2 / -0.5 / 3.8 / -0.7	128 / -15 / 116 / -21	**20** Th	0006 / 0618 / 1238 / 1837	0.0 / 3.7 / 0.1 / 3.5	0 / 113 / 3 / 107
6 Th	0622 / 1218 / 1847	4.5 / -0.8 / 4.1	137 / -24 / 125	**21** F	0036 / 0659 / 1301 / 1917	-0.1 / 3.7 / 0.0 / 3.6	-3 / 113 / 0 / 110
7 F ●	0031 / 0713 / 1309 / 1937	-1.0 / 4.7 / -1.0 / 4.4	-30 / 143 / -30 / 134	**22** Sa O	0105 / 0738 / 1326 / 1956	-0.2 / 3.8 / -0.1 / 3.6	-6 / 116 / -3 / 110
8 Sa	0124 / 0803 / 1357 / 2027	-1.1 / 4.7 / -1.1 / 4.5	-34 / 143 / -34 / 137	**23** Su	0135 / 0817 / 1353 / 2035	-0.2 / 3.7 / -0.2 / 3.6	-6 / 113 / -6 / 110
9 Su	0216 / 0852 / 1444 / 2117	-1.1 / 4.6 / -1.0 / 4.5	-34 / 140 / -30 / 137	**24** M	0207 / 0855 / 1422 / 2113	-0.2 / 3.6 / -0.2 / 3.6	-6 / 110 / -6 / 110
10 M	0307 / 0943 / 1531 / 2209	-1.0 / 4.4 / -0.9 / 4.4	-30 / 134 / -27 / 134	**25** Tu	0240 / 0932 / 1453 / 2152	-0.2 / 3.4 / -0.2 / 3.5	-6 / 104 / -6 / 107
11 Tu	0359 / 1034 / 1618 / 2302	-0.7 / 4.1 / -0.6 / 4.1	-21 / 125 / -18 / 125	**26** W	0315 / 1011 / 1528 / 2232	-0.1 / 3.2 / -0.1 / 3.4	-3 / 98 / -3 / 104
12 W	0452 / 1128 / 1708 / 2358	-0.4 / 3.7 / -0.3 / 3.9	-12 / 113 / -9 / 119	**27** Th	0353 / 1053 / 1606 / 2316	0.0 / 3.0 / -0.1 / 3.3	0 / 91 / -3 / 101
13 Th	0551 / 1224 / 1802	-0.1 / 3.3 / 0.0	-3 / 101 / 0	**28** F	0437 / 1139 / 1650	0.1 / 2.9 / 0.0	3 / 88 / 0
14 F O	0057 / 0701 / 1324 / 1904	3.6 / 0.3 / 3.1 / 0.2	110 / 9 / 94 / 6				
15 Sa	0158 / 0830 / 1425 / 2023	3.5 / 0.4 / 2.9 / 0.4	107 / 12 / 88 / 12				

March 三月

Day	Time (h m)	Height (ft)	(cm)	Day	Time (h m)	Height (ft)	(cm)
1 Sa	0007 / 0527 / 1234 / 1742	3.2 / 0.2 / 2.8 / 0.1	98 / 6 / 85 / 3	**16** Su	0125 / 0741 / 1355 / 1938	3.3 / 0.6 / 2.8 / 0.6	101 / 18 / 85 / 18
2 Su O	0106 / 0626 / 1336 / 1843	3.2 / 0.3 / 2.8 / 0.1	98 / 9 / 85 / 3	**17** M	0226 / 0917 / 1455 / 2118	3.2 / 0.6 / 2.8 / 0.6	98 / 18 / 85 / 18
3 M	0210 / 0735 / 1441 / 1953	3.3 / 0.2 / 2.9 / 0.1	101 / 6 / 88 / 3	**18** Tu	0325 / 1022 / 1551 / 2227	3.1 / 0.6 / 2.9 / 0.5	94 / 18 / 88 / 15
4 Tu	0313 / 0850 / 1543 / 2109	3.5 / 0.1 / 3.2 / -0.1	107 / 3 / 98 / -3	**19** W	0418 / 1104 / 1641 / 2311	3.2 / 0.5 / 3.1 / 0.4	98 / 15 / 94 / 12
5 W	0413 / 1002 / 1641 / 2220	3.8 / -0.2 / 3.6 / -0.4	116 / -6 / 110 / -12	**20** Th	0506 / 1134 / 1727 / 2344	3.3 / 0.3 / 3.3 / 0.2	101 / 9 / 101 / 6
6 Th	0509 / 1104 / 1735 / 2324	4.1 / -0.5 / 4.0 / -0.7	125 / -15 / 122 / -21	**21** Fa	0549 / 1159 / 1809	3.5 / 0.2 / 3.6	107 / 6 / 110
7 F	0602 / 1158 / 1827	4.4 / -0.8 / 4.3	134 / -24 / 131	**22** Sa	0013 / 0631 / 1223 / 1849	0.0 / 3.6 / 0.0 / 3.7	0 / 110 / 0 / 113
8 Sa ●	0020 / 0653 / 1248 / 1917	-1.0 / 4.6 / -1.0 / 4.6	-30 / 140 / -30 / 140	**23** Su O	0042 / 0710 / 1250 / 1928	-0.1 / 3.7 / -0.1 / 3.8	-3 / 113 / -3 / 116
9 Su	0113 / 0743 / 1335 / 2006	-1.1 / 4.6 / -1.1 / 4.7	-34 / 140 / -34 / 143	**24** M	0112 / 0749 / 1320 / 2006	-0.2 / 3.7 / -0.2 / 3.9	-6 / 113 / -6 / 119
10 M	0203 / 0832 / 1421 / 2055	-1.2 / 4.5 / -1.0 / 4.7	-37 / 137 / -30 / 143	**25** Tu	0144 / 0827 / 1351 / 2044	-0.3 / 3.6 / -0.2 / 3.9	-9 / 110 / -6 / 119
11 Tu	0252 / 0921 / 1506 / 2144	-1.0 / 4.3 / -0.8 / 4.5	-30 / 131 / -24 / 137	**26** W	0218 / 0906 / 1424 / 2123	-0.3 / 3.6 / -0.2 / 3.8	-9 / 107 / -6 / 116
12 W	0341 / 1011 / 1551 / 2235	-0.7 / 4.0 / -0.6 / 4.2	-21 / 122 / -18 / 128	**27** Th	0254 / 0946 / 1501 / 2203	-0.3 / 3.3 / -0.2 / 3.7	-9 / 101 / -6 / 113
13 Th	0430 / 1102 / 1637 / 2329	-0.4 / 3.6 / -0.2 / 3.9	-12 / 110 / -6 / 119	**28** F	0333 / 1028 / 1541 / 2248	-0.2 / 3.1 / -0.1 / 3.6	-6 / 94 / -3 / 110
14 F	0522 / 1157 / 1726	0.0 / 3.3 / 0.1	0 / 101 / 3	**29** Sa	0417 / 1116 / 1627 / 2340	-0.1 / 3.0 / 0.0 / 3.5	-3 / 91 / 0 / 107
15 Sa O	0025 / 0622 / 1255 / 1823	3.6 / 0.3 / (3.0) / 0.4	110 / 9 / 91 / 12	**30** Su	0508 / 1212 / 1720	0.0 / 2.9 / 0.1	0 / 88 / 3
				31 M O	0039 / 0606 / 1315 / 1823	3.4 / 0.1 / 2.9 / 0.2	104 / 3 / 88 / 6

Time meridian 75° W. 0000 is midnlght. 1200 is noon.
Heights are relerred to mean lower low water which is the chart datum of soundings.

G-15

7−7a

7−7a）在教材 7−15 页的图 7−13 上，在 1997 年 3 月 24 日 2130 时，Annisquam 的估计潮汐高度是 6.2 英尺。利用附录 G−17 页的图形法来计算该时刻的潮汐高度。

下列表格摘自教材的 7−14 页，我们感兴趣的时刻 2130，正好在 1716 时的低潮和 2333 时的高潮之间。这些数值画出了教材图 7−13 上的直线。我们或许能够以这条直线为基础，画出一条正弦曲线，更精确地代表潮汐周期的高度变化。

时间 时/分	海图上的MLLW深度；英尺	+	潮汐高度；英尺	=	水深
1716	14	+	0.29	=	14.29
2333	14	+	9.12	=	23.12
0533	14	+	0.10	=	14.10
1152	14	+	9.12	=	23.12

（2130 →）

步骤如下：

● 潮差 = 9.12 − 0.29 = 8.83 英尺

● 计算出潮差的 10%= 0.10 × 8.83 = 0.88 英尺

● 低潮到高潮的持续时间 = 2333 − 1716 = 6 时 17 分

● 1/4 潮的时间 =（6 时 17 分）÷ 4 = 1 时 34.25 分

● 半潮的时间 = 1850.25 + 0134.25 = 2024.5

● 3/4 潮的时间 = 2024.5 + 0134.25 = 2158.75

● 在教材的图 7−13 上标记出这些点。

● 在 1/4 点和 3/4 点上，画出竖直的直线，分别量取 10% 的潮差，即 0.88 英尺。

● 用这些点作为指导，手绘出一条正弦曲线，见下一页的图。

在这个正弦曲线上，读取 2130 时刻对应的潮汐高度。把这个结果同直线方法（教材 7−13 图）得出的 6.2 英尺潮高做对比。

7-7a

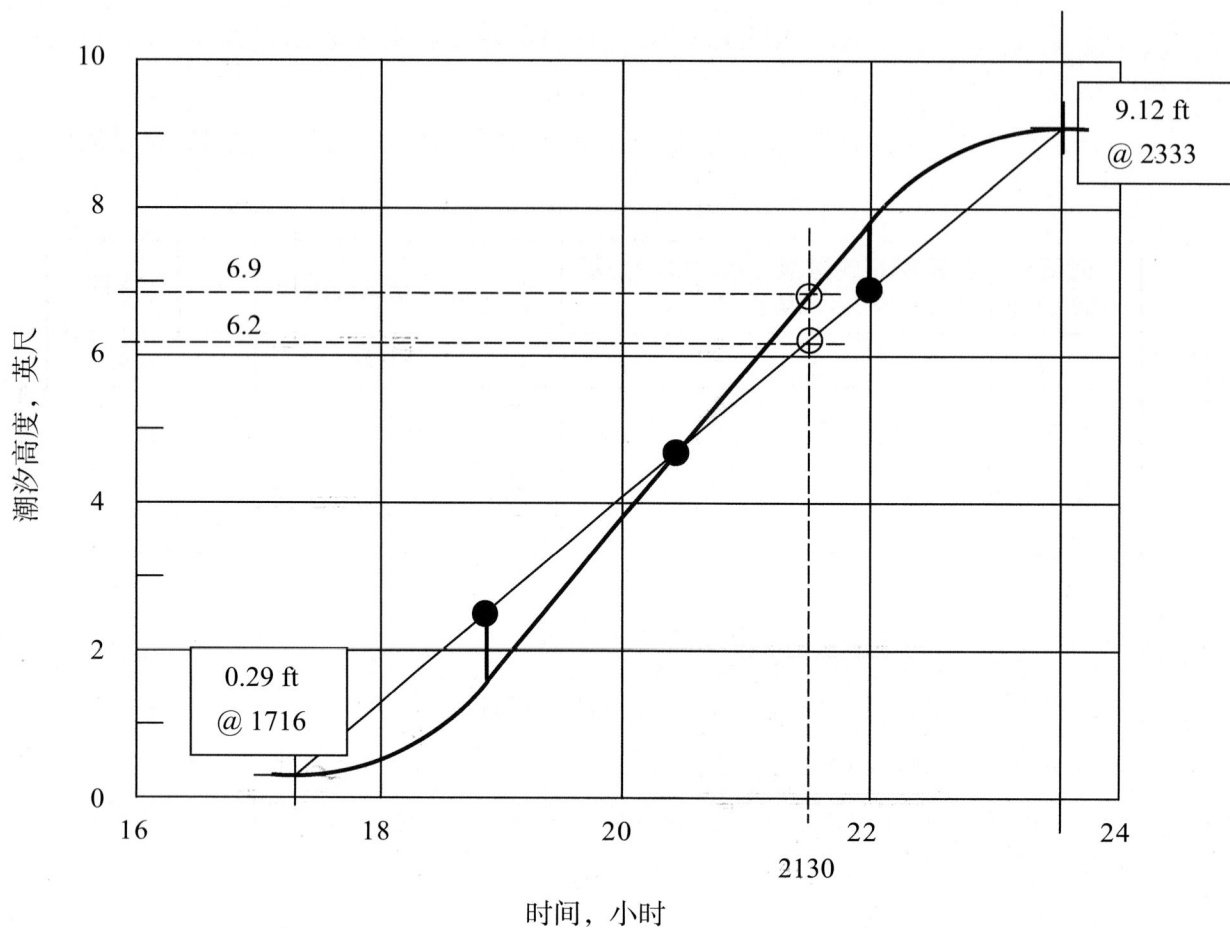

时间，小时

$$\boxed{7\text{-}7\text{b}}$$

7-7b 在教材 7-15 页的图 7-13 上，在 1997 年 3 月 24 日 2130 时，Annisquam 的估计潮汐高度是 6.2 英尺。利用教材附录 G-18 页的表格 3 方法来计算该时间的潮汐高度。

下列表格摘自教材的 7-14 页，我们感兴趣的时间 2130，正好落在 1716 时的低潮和 2333 时的高潮之间。

时间 小时/分钟	海图标记的深度（以MLLW为基准）	+	潮汐高度；英尺	=	水深
1716	14	+	0.29	=	14.29
2333	14	+	9.12	=	23.12
0533	14	+	0.10	=	14.10
1152	14	+	9.12	=	23.12

（2130 → 指向 1716 行）

步骤如下：

计算出附录 G-18 页表格 3 所需要的下列数字：

● 涨潮的持续时间（小时/分）= 2333 − 1716 = 0617

● 从低潮算起的时间 = 2130 − 1716 = 0414

● 从高潮算起的时间 = 2333 − 2130 = 0203（与 0414 相比，最接近的时间）

● 潮差 = 9.12 − 0.29 = 8.83 英尺

根据这些数字，进入表格 3 查表：

● 进入表格 3 的上半部分，找到持续涨潮时间 0620（左侧边栏上，最接近 0617）

● 在这一行上，找到 0207（最接近 0203）

● 顺着所在的一列向下进入表格的下半部分

● 在表格 3 的下半部分的左侧边栏，找到潮差 9 英尺（最接近 8.33 英尺）。沿着这一行，向右找到与前一步骤所在的一列的交点，交点上的数字就是修正值 2.2 英尺。

由于我们使用的"最接近时间"是以高潮位为参考，因此高度修正值 2.2 英尺要从高潮的高度中减掉，即 2130 时刻的潮汐高度 = 9.12 − 2.2 = 6.92 英尺。这个数字可以同图 7-13 中的直线图形法（结果是 6.2）和问题 7-7a 的正弦曲线法（结果是 6.3）得出的结果形成对比。

$$\boxed{7\text{-}7b}$$

表格3——任意时刻的潮汐高度

到最近的高潮或低潮的时间

左侧标注：涨潮和落潮的持续时间；参考脚注

h. m.	h. m.	h. m.	h. m.	h. m.	h. m.	h. m.	h. m.	h. m.	h. m.	h. m.	h. m.	h. m.	h. m.	h. m.	h. m.
4 10	0 08	0 16	0 24	0 32	0 40	0 48	0 56	1 04	1 12	1 20	1 28	1 36	1 44	1 52	2 00
4 20	0 09	0 17	0 26	0 35	0 43	0 52	1 01	1 09	1 18	1 27	1 35	1 44	1 53	2 01	2 10
4 40	0 09	0 19	0 28	0 37	0 47	0 56	1 05	1 15	1 24	1 33	1 43	1 52	2 01	2 11	2 20
5 00	0 10	0 20	0 30	0 40	0 50	1 00	1 10	1 20	1 30	1 40	1 50	2 00	2 10	2 20	2 30
5 20	0 11	0 21	0 32	0 43	0 53	1 04	1 15	1 25	1 36	1 47	1 57	2 08	2 19	2 29	2 40
5 40	0 11	0 23	0 34	0 45	0 57	1 08	1 19	1 31	1 42	1 53	2 05	2 16	2 27	2 39	2 50
6 00	0 12	0 24	0 36	0 48	1 00	1 12	1 24	1 36	1 48	2 00	2 12	2 24	2 36	2 48	3 00
6 20	0 13	0 25	0 38	0 51	1 03	1 16	1 29	1 41	1 54	2 07	2 19	2 32	2 45	2 57	3 10
6 40	0 13	0 27	0 40	0 53	1 07	1 20	1 33	1 47	2 00	2 13	2 27	2 40	2 53	3 07	3 20
7 00	0 14	0 28	0 42	0 56	1 10	1 24	1 38	1 52	2 06	2 20	2 34	2 48	3 02	3 16	3 30
7 20	0 15	0 29	0 44	0 59	1 13	1 28	1 43	1 57	2 12	2 27	2 41	2 56	3 11	3 25	3 40
7 40	0 15	0 31	0 46	1 01	1 17	1 32	1 47	2 03	2 18	2 33	2 49	3 04	3 19	3 35	3 50
8 00	0 16	0 32	0 48	1 04	1 20	1 36	1 52	2 08	2 24	2 40	2 56	3 12	3 28	3 44	4 00
8 20	0 17	0 33	0 50	1 07	1 23	1 40	1 57	2 13	2 30	2 47	3 03	3 20	3 37	3 53	4 10
8 40	0 17	0 35	0 52	1 09	1 27	1 44	2 01	2 19	2 36	2 53	3 11	3 28	3 45	4 03	4 20
9 00	0 18	0 36	0 54	1 12	1 30	1 48	2 06	2 24	2 42	3 00	3 18	3 36	3 54	4 12	4 30
9 20	0 19	0 37	0 56	1 15	1 33	1 52	2 11	2 29	2 48	3 07	3 25	3 44	4 03	4 21	4 40
9 40	0 19	0 39	0 58	1 17	1 37	1 56	2 15	2 35	2 54	3 13	3 33	3 52	4 11	4 31	4 50
10 00	0 20	0 40	1 00	1 20	1 40	2 00	2 20	2 40	3 00	3 20	3 40	4 00	4 20	4 40	5 00
10 20	0 21	0 41	1 02	1 23	1 43	2 04	2 25	2 45	3 06	3 27	3 47	4 08	4 29	4 49	5 10
10 40	0 21	0 43	1 04	1 25	1 47	2 08	2 29	2 51	3 12	3 33	3 55	4 16	4 37	4 59	5 20

高度的修正值

左侧标注：潮差；参考脚注

Ft.	Ft.	Ft.	Ft.	Ft.	Ft.	Ft.	Ft.	Ft.	Ft.	Ft.	Ft.	Ft.	Ft.	Ft.	Ft.
0.5	0.0	0.0	0.0	0.0	0.0	0.0	0.1	0.1	0.1	0.1	0.1	0.2	0.2	0.2	0.2
1.0	0.0	0.0	0.0	0.0	0.1	0.1	0.1	0.2	0.2	0.2	0.3	0.3	0.4	0.4	0.5
1.5	0.0	0.0	0.0	0.1	0.1	0.1	0.2	0.2	0.3	0.4	0.4	0.5	0.6	0.7	0.8
2.0	0.0	0.0	0.0	0.1	0.1	0.2	0.3	0.3	0.4	0.5	0.6	0.7	0.8	0.9	1.0
2.5	0.0	0.0	0.1	0.1	0.2	0.2	0.3	0.4	0.5	0.6	0.7	0.9	1.0	1.1	1.2
3.0	0.0	0.0	0.1	0.1	0.2	0.3	0.4	0.5	0.6	0.8	0.9	1.0	1.2	1.3	1.5
3.5	0.0	0.0	0.1	0.2	0.2	0.3	0.4	0.6	0.7	0.9	1.0	1.2	1.4	1.6	1.8
4.0	0.0	0.0	0.1	0.2	0.3	0.4	0.5	0.7	0.8	1.0	1.2	1.4	1.6	1.8	2.0
4.5	0.0	0.0	0.1	0.2	0.3	0.4	0.6	0.7	0.9	1.1	1.3	1.6	1.8	2.0	2.2
5.0	0.0	0.1	0.1	0.2	0.3	0.5	0.6	0.8	1.0	1.2	1.5	1.7	2.0	2.2	2.5
5.5	0.0	0.1	0.1	0.2	0.4	0.5	0.7	0.9	1.1	1.4	1.6	1.9	2.2	2.5	2.8
6.0	0.0	0.1	0.1	0.3	0.4	0.6	0.8	1.0	1.2	1.5	1.8	2.1	2.4	2.7	3.0
6.5	0.0	0.1	0.2	0.3	0.4	0.6	0.8	1.1	1.3	1.6	1.9	2.2	2.6	2.9	3.2
7.0	0.0	0.1	0.2	0.3	0.5	0.7	0.9	1.2	1.4	1.8	2.1	2.4	2.8	3.1	3.5
7.5	0.0	0.1	0.2	0.3	0.5	0.7	1.0	1.2	1.5	1.9	2.2	2.6	3.0	3.4	3.8
8.0	0.0	0.1	0.2	0.3	0.5	0.8	1.0	1.3	1.6	2.0	2.4	2.8	3.2	3.6	4.0
8.5	0.0	0.1	0.2	0.4	0.6	0.8	1.1	1.4	1.8	2.1	2.5	2.9	3.4	3.8	4.2
9.0	0.0	0.1	0.2	0.4	0.6	0.9	1.2	1.5	1.9	2.2	2.7	3.1	3.6	4.0	4.5
9.5	0.0	0.1	0.2	0.4	0.6	0.9	1.2	1.6	2.0	2.4	2.8	3.3	3.8	4.3	4.8
10.0	0.0	0.1	0.2	0.4	0.7	1.0	1.3	1.7	2.1	2.5	3.0	3.5	4.0	4.5	5.0
10.5	0.0	0.1	0.3	0.5	0.7	1.0	1.3	1.7	2.2	2.6	3.1	3.6	4.2	4.7	5.2
11.0	0.0	0.1	0.3	0.5	0.7	1.1	1.4	1.7	2.3	2.8	3.3	3.8	4.4	4.9	5.5
11.5	0.0	0.1	0.3	0.5	0.8	1.1	1.5	1.8	2.3	2.9	3.4	4.0	4.6	5.1	5.8
12.0	0.0	0.1	0.3	0.5	0.8	1.1	1.5	1.9	2.5	3.0	3.6	4.1	4.8	5.4	6.0
12.5	0.0	0.1	0.3	0.5	0.8	1.2	1.6	1.9	2.6	3.1	3.7	4.3	5.0	5.6	6.2
13.0	0.0	0.1	0.3	0.6	0.9	1.2	1.7	2.2	2.7	3.2	3.9	4.5	5.1	5.8	6.5
13.5	0.0	0.1	0.3	0.6	0.9	1.3	1.7	2.2	2.8	3.4	4.0	4.7	5.3	6.0	6.8
14.0	0.0	0.2	0.3	0.6	0.9	1.3	1.8	2.3	2.9	3.5	4.2	4.8	5.5	6.3	7.0
14.5	0.0	0.2	0.4	0.6	1.0	1.4	1.9	2.4	3.0	3.6	4.3	5.0	5.7	6.5	7.2
15.0	0.0	0.2	0.4	0.6	1.0	1.4	1.9	2.5	3.1	3.8	4.4	5.2	5.9	6.7	7.5
15.5	0.0	0.2	0.4	0.7	1.0	1.5	2.0	2.6	3.2	3.9	4.6	5.4	6.1	6.9	7.8
16.0	0.0	0.2	0.4	0.7	1.1	1.5	2.1	2.6	3.3	4.0	4.7	5.5	6.3	7.2	8.0
16.5	0.0	0.2	0.4	0.7	1.1	1.6	2.1	2.7	3.4	4.1	4.9	5.7	6.5	7.4	8.2
17.0	0.0	0.2	0.4	0.7	1.1	1.6	2.2	2.8	3.5	4.2	5.0	5.9	6.7	7.6	8.5
17.5	0.0	0.2	0.4	0.8	1.2	1.7	2.2	2.9	3.6	4.4	5.2	6.0	6.9	7.8	8.8
18.0	0.0	0.2	0.4	0.8	1.2	1.7	2.3	3.0	3.7	4.5	5.3	6.2	7.1	8.1	9.0
18.5	0.1	0.2	0.5	0.8	1.2	1.8	2.4	3.1	3.8	4.6	5.5	6.4	7.3	8.3	9.2
19.0	0.1	0.2	0.5	0.8	1.3	1.8	2.4	3.1	3.9	4.8	5.6	6.6	7.5	8.5	9.5
19.5	0.1	0.2	0.5	0.9	1.3	1.9	2.5	3.2	4.0	4.9	5.8	6.7	7.7	8.7	9.8
20.0	0.1	0.2	0.5	0.9	1.3	1.9	2.6	3.3	4.1	5.0	5.9	6.9	7.9	9.0	10.0

从预测数据中找到高潮和低潮，一个在待求潮高的时刻之前，另一个在之后。高潮和低潮之间的时间差就是涨潮或落潮的持续时间，二者之间的高度差就是表格所用的潮差。求出最近高潮或低潮时刻，到待求高度时刻的时间差。

以涨潮或落潮的持续时间（选择最接近实际值的数字）进入表格，在水平的一行上，找到最接近到涨潮或落潮的时间差的数字。然后竖直向下查表，找到对应潮差的那一行，交点位置的数字即是修正值。

当最近的潮汐是高潮，减去修正值；当最近的潮汐是低潮，加上修正值。

7-8　完成下列表格，对应 1210Tr 海图上的地点（纬度 41°30.4′N，经度 71°13.2′W），时间是 1997 年 3 月 24 日。

步骤如下：

训练海图 1210Tr 上显示，该地点同时靠近 Sakonnet River（河流）上的 Black Point 和 Church Point 两个岬角；见图。附录 I-4 页的站点目录（Index to Stations）显示，Black Point 是 2186 号站点。附录 I-7 页的表格 2 潮流修正表未列出 Church Point，但是给出了 Black Point 的下列数据：

时间修正值				速度比率		方向	
涨潮前最小值（平潮）	涨潮	退潮前最小值	涨潮	退潮	涨潮	涨潮	退潮
−2 54	−1 55	−2 13	−2 26	0.2	0.2	012°	194°

同时还要注意，表格 2 中的参考站点是 Pollock Rip Channel（附录 I-9 页），下面是从该页摘取的 1997 年 3 月 24 日数据。

平潮	最大值	
h m	h m	knots（节）
	0012	1.9E
0318	0642	2.1F
0941	1225	1.9E
1532	1856	2.2F
2201	0043	1.9E

使用上面两个表格的数据，构造出下面的综合表格。

Pollock Rip Channel		Black Point				
时刻	速度	潮流状态	时间修正值	时刻	流向/°T	速度/节
0318	0	平潮	−2 54	0024	−	0
0642	2.1F	最大涨潮	−1 55	0447	012° T	0.42F
0941	0	平潮	−2 13	0728	−	0
1225	1.9E	最大退潮	−2 26	0959	194° T	0.38E
1532	0	平潮	−2 54	1238	−	0
1856	2.2F	最大涨潮	−1 55	1701	012° T	0.44F
2201	0	平潮	−2 13	1948	−	0
0043	1.9E	最大退潮	−2 26	2217	194° T	0.38E

在 Black Point 的潮流速度是 Pollock Rip Channel 的流速与速度比率的乘积。例如：
Black Point 的流速 = 2.1F × 0.2 = 0.42F

#	章节	问题	答案
17	I3.2	符号"Rep（2011）"表示什么？	在哪一年报告，但是未确认
18	I11	符号"（23）"表示什么？	偏离所在位置的深度
19	I24，K2	带有下划线括号的深度数字表示什么意思？	相对于海图基准面的深度，该区域已经用扫海钢缆或者由潜水员扫过
20	I30	什么是等深线（depth contours）？	海图上连接相等深度的点的线；类似于高程图上的等高线
21	K12	位于海图基准高度的适淹礁（rock awash）用什么符号表示？	四角有点的加+号，或者是虚线环绕的加号
22	K13	未知深度的危险水下礁石用什么符号表示？	加号，或者被虚线环绕的加号
23	K24	在海图基准高度露出部分船体或上层建筑的沉船，用哪种符号表示？	黑色、半淹没的轮船标志，露出一根桅杆
24	K28	深度未知的危险沉船（dangerous wreck，depth unknown）用什么符号表示？	一条水平线与三条竖直短线相交，周围被椭圆形的虚线包围，内部染成蓝色
25	K43	柱子的残桩（stumps of post）或者完全淹没的桩柱（submerged pile），用什么符号表示？	小的虚线圆形，有描述性文字
26	M10	规定的船舶行驶方向（强制）用什么符号表示？	紫色的平面箭头
27	M27.3	深水航道的中心线，用什么符号表示？	带有方向箭头的紫色直线，标有字母"DW"
28	N-a	表示COLREGS分界线（COLREGS DEMARCATION LINE）的符号是什么？	紫色短划线
29	N-a	什么是COLREGS分界线（COLREGS DEMARCATION LINE）？	区分内陆和国际航行规则的线，根据1972年国际海上避碰公约制定
30	P3	发光立标（lighted beacon）的符号是什么？	带紫色水滴的黑点（NGA）
31	P10.2	列举一个组合联明暗灯（composite group occulting light）的符号。	Oc（2+3）
32	P11.8	琥珀色的灯标用什么符号表示？	Y或Am
33	P14	列举一个印刷在海图上的灯标额定光力射程的例子。	15M 表示额定光力射程为15海里

b. NGA 网站

9. a. 安全水域标志

　　b. 孤立危险物

　　c. 不发光绿色罐形标；从海上返回内陆时

　　d. 发光的黄色特殊标志

　　e. 黑色和白色日间板

第II部分——第10-15题包

第一步，先要更新海图 1210Tr 的磁差

有不同，海图西南角的罗经花磁差是 15° (

是每年增加 3′ W，从 1985 到 2004 年共经

15° 00′ W	1985	
57′ W	19 × 3′	
15° 57′ W	2004	

近似到整数度数，两种情况的磁差都

图上都可以使用 16° W 的磁差。

10. 首先航迹推算作图。由于磁罗经花已经

的新磁差 16° W，从° psc 换算到° T。自

	T	V
航向	231	16W

从 0900 时刻的起始位置——浮标F

然后沿着方向 231° T 画一条航向线。给

量出 0900 到 1000 时刻行驶的距离，i

这些点用半圆和点标记，并标上时间；

在 1130 时刻，进行了一次 3 点方i

Island（岛）的东端与 Pasque Island（岛

另外两个方位是用船上罗经观测的

	T	V
Cuttyhunk	301	16V
Cay Head	138	16V

画出另外两条方位线，你会发现这

在 1130 时刻的定位位置；用圆和点标记

1130 时刻的定位位置并不与该时

#	章节	问题	答案
34	P40.1	扇形灯的符号是什么？	带紫色水滴的五角星，扇形边界上标有短划线，并标有代表颜色的字母R、W或G
35	P-a	灯标周围的乱石堆（海漫）的符号是什么？	带有紫色水滴的黑点，还有一个弯曲线组成的圆
36	Q2	绿色不发光浮标的符号是什么？	一个小圈，带有一个绿色菱形和字母G，或者是一个小圈带有绿色或黑色菱形或柱子
37	R15	号笛（whistle）雾号的符号是什么？	WHIS或WHISTLE
38	S3.1	什么是RACON（雷达信标）？符号是什么？	雷达应答信标，能在3厘米的X波段发出莫尔斯码回应。洋红色圆形内部有一个黑色圆圈，标有RACON

第 13 章

1. a. Fl 6sec 64ft 15M HORN 闪白光，周期...

   b. Gp Occ（1+2）15sec 65ft 16M Raco...

   高度 65 英尺，带雷达应答器

   c. KGR 矩形绿色日间板，有一个中央...

   d. GR "A" Fl（2+1）G 6s 上绿下红航...

   秒。对于推荐航道，从海上返回时，...

2. a. 旋转潮流图，显示了潮汐周期中每...

   41 页 Ht 项

   b. 岩石，在潮汐涨落时会时而露出水...

   英尺数（露出水面时）；参考1号海图...

   c. 危险沉船，深度未知；参考1号海图...

   d. 石油或油气设施浮标，或者悬链式...

   L16

   e. 规定（强制）的通航方向；参考1号...

   f. 围绕灯标的乱石堆（海漫）；参考1...

   g. 平均较低低潮位；参考1号海图38...

   h. 不确定的位置；参考1号海图12页...

3. a. 水深

   b. 距离

   c. 方位

4. a. 美国水域的全部助航标志的描述

   b. 助航标志的位置

   c. 特定助航标志的发光特征和描述

   d. 地理射程

5. a. USCG灯标表，用于美国水域

   b. NGA灯标表，用于非美国水域

   c. 1号海图

   d. 大洋引航图

6. NOAA网站

7. 右舷

8. a. USCG航行通告（Notice to Mariners

Newport，R.L.，1997

Time and Heights of High and Low Waters

Time meridian 75° W. 时间表示：时分 h m；高度 英尺 ft / 厘米 cm。高度相对平均较低低潮位（chart datum）。

January（一月）

Day	Time (h m)	ft	cm
1 W ○	0037	2.9	88
	0537	0.5	15
	1255	2.8	85
	1802	0.3	9
2 Th	0130	3.0	91
	0634	0.6	18
	1350	2.8	85
	1855	0.3	9
3 F	0225	3.1	94
	0738	0.6	18
	1446	2.8	85
	1954	0.2	6
4 Sa	0320	3.3	101
	0846	0.4	12
	1542	2.9	88
	2056	0.1	3
5 Su	0412	3.6	110
	0951	0.2	6
	1635	3.2	96
	2157	-0.2	-6
6 M	0503	4.0	122
	1051	-0.1	-3
	1727	3.4	104
	2254	-0.4	-12
7 Tu	0553	4.3	131
	1146	-0.4	-12
	1817	3.7	113
	2349	-0.7	-21
8 W ●	0642	4.6	140
	1237	-0.7	-21
	1907	3.9	119
9 Th	0042	-0.9	-27
	0731	4.7	143
	1326	-0.9	-27
	1956	4.1	125
10 F	0134	-1.0	-30
	0821	4.7	143
	1414	-0.9	-27
	2047	4.2	128
11 Sa	0226	-1.0	-30
	0911	4.6	140
	1503	-0.9	-27
	2138	4.2	128
12 Su	0319	-0.8	-24
	1003	4.4	134
	1552	-0.8	-24
	2232	4.1	125
13 M	0413	-0.6	-18
	1057	4.1	125
	1643	-0.6	-18
	2327	4.0	122
14 Tu	0511	-0.3	-9
	1153	3.8	116
	1737	-0.3	-9
15 W ○	0026	3.8	116
	0616	0.0	0
	1252	3.5	107
	1836	-0.1	-3
16 Th	0126	3.7	113
	0733	0.2	6
	1352	3.2	98
	1943	0.1	3
17 F	0227	3.7	113
	0859	0.3	9
	1453	3.1	94
	2055	0.2	6
18 Sa	0326	3.7	113
	1015	0.3	9
	1550	3.1	94
	2203	0.1	3
19 Su	0421	3.7	113
	1112	0.1	3
	1644	3.1	94
	2257	0.1	3
20 M	0512	3.8	116
	1158	0.1	3
	1733	3.2	98
	2342	0.0	0
21 Tu	0558	3.9	119
	1234	0.0	0
	1818	3.3	101
22 W	0019	-0.1	-3
	0642	3.9	119
	1303	0.0	0
	1901	3.4	104
23 Th ○	0052	-0.1	-3
	0723	3.9	119
	1329	-0.1	-3
	1942	3.5	107
24 F	0124	-0.1	-3
	0803	3.9	119
	1355	-0.1	-3
	2023	3.5	107
25 Sa	0155	-0.2	-6
	0843	3.8	116
	1422	-0.1	-3
	2103	3.4	104
26 Su	0228	-0.1	-3
	0922	3.6	110
	1452	-0.1	-3
	2143	3.4	104
27 M	0302	0.0	0
	1001	3.4	104
	1524	-0.1	-3
	2224	3.2	98
28 Tu	0338	0.1	3
	1041	3.2	98
	1558	0.0	0
	2307	3.1	94
29 W ○	0418	0.2	6
	1124	3.0	91
	1637	0.1	3
	2353	3.1	94
30 Th	0503	0.3	9
	1212	2.8	85
	1721	0.1	3
31 F ○	0045	3.0	91
	0556	0.4	12
	1307	2.7	82
	1813	0.2	6

February（二月）

Day	Time (h m)	ft	cm
1 Sa	0142	3.1	98
	0656	0.4	12
	1507	2.7	82
	1913	0.1	3
2 Su	0242	3.3	101
	0806	0.3	9
	1508	2.8	85
	2020	0.0	0
3 M	0341	3.6	110
	0918	0.1	3
	1607	3.1	94
	2128	-0.2	-6
4 Tu	0437	3.9	119
	1025	-0.1	-3
	1703	3.4	104
	2234	-0.4	-12
5 W	0531	4.2	128
	1125	-0.5	-15
	1756	3.8	116
	2335	-0.7	-21
6 Th	0622	4.5	137
	1218	-0.8	-24
	1847	4.1	125
7 F ●	0031	-1.0	-30
	0713	4.7	143
	1309	-1.0	-30
	1937	4.4	134
8 Sa	0124	-1.1	-34
	0803	4.7	143
	1357	-1.1	-34
	2027	4.5	137
9 Su	0216	-1.1	-34
	0852	4.6	140
	1444	-1.0	-30
	2117	4.5	137
10 M	0307	-1.0	-30
	0943	4.4	134
	1531	-0.9	-27
	2209	4.4	134
11 Tu	0359	-0.7	-21
	1034	4.1	125
	1618	-0.6	-18
	2302	4.1	125
12 W	0452	-0.4	-12
	1128	3.7	113
	1708	-0.3	-9
	2358	3.9	119
13 Th	0551	-0.1	-3
	1224	3.3	101
	1802	0.0	0
14 F ○	0057	3.6	110
	0701	0.3	9
	1324	3.1	94
	1904	0.2	6
15 Sa	0158	3.5	107
	0830	0.4	12
	1425	2.9	88
	2023	0.4	12
16 Su	0258	3.4	104
	0955	0.5	15
	1525	2.9	88
	2145	0.4	12
17 M	0356	3.4	104
	1055	0.4	12
	1620	3.0	91
	2247	0.3	9
18 Tu	0448	3.5	107
	1139	0.3	9
	1709	3.1	94
	2331	0.2	6
19 W	0535	3.6	110
	1212	0.2	6
	1755	3.3	101
20 Th	0618	3.7	113
	1238	0.1	3
	1837	3.5	107
21 F	0659	3.7	113
	1301	0.0	0
	1917	3.6	110
22 Sa ○	0105	-0.2	-6
	0738	3.8	116
	1326	-0.1	-3
	1956	3.7	113
23 Su	0142	-0.2	-6
	0817	3.7	113
	1353	-0.2	-6
	2035	3.6	110
24 M	0207	-0.2	-6
	0855	3.6	110
	1422	-0.2	-6
	2113	3.6	110
25 Tu	0240	-0.2	-6
	0932	3.4	104
	1453	-0.2	-6
	2152	3.5	107
26 W	0315	-0.1	-3
	1011	3.2	98
	1528	-0.1	-3
	2232	3.4	104
27 Th	0353	0.0	0
	1053	3.0	91
	1606	-0.1	-3
	2316	3.3	101
28 F	0437	0.1	3
	1139	2.9	88
	1650	0.0	0

March（三月）

Day	Time (h m)	ft	cm
1 Sa	0007	3.2	98
	0527	0.2	6
	1234	2.8	85
	1742	0.1	3
2 Su	0106	3.2	98
	0626	0.3	9
	1336	2.8	85
	1843	0.1	3
3 M	0210	3.3	101
	0735	0.2	6
	1441	2.9	88
	1953	0.1	3
4 Tu	0313	3.5	107
	0850	0.1	3
	1543	3.2	98
	2109	-0.1	-3
5 W	0413	3.8	116
	1002	-0.2	-6
	1641	3.6	110
	2220	-0.4	-12
6 Th	0509	4.1	125
	1104	-0.5	-15
	1735	4.0	122
	2324	-0.7	-21
7 F	0602	4.4	134
	1158	-0.8	-24
	1827	4.3	131
8 Sa ●	0020	-1.0	-30
	0653	4.6	140
	1248	-1.0	-30
	1917	4.6	140
9 Su	0113	-1.1	-34
	0743	4.6	140
	1335	-1.1	-34
	2006	4.7	143
10 M	0203	-1.2	-37
	0832	4.5	137
	1421	-1.0	-30
	2055	4.7	143
11 Tu	0252	-1.0	-30
	0921	4.3	131
	1506	-0.8	-24
	2144	4.5	137
12 W	0341	-0.7	-21
	1011	4.0	122
	1551	-0.6	-18
	2235	4.2	128
13 Th	0430	-0.4	-12
	1102	3.6	110
	1637	-0.2	-6
	2329	3.9	119
14 F	0522	0.0	0
	1157	3.3	101
	1726	0.1	3
15 Sa ○	0025	3.6	110
	0622	0.3	9
	1255	3.0	91
	1823	0.4	12
16 Su	0125	3.3	101
	0741	0.6	18
	1355	2.8	85
	1938	0.6	18
17 M	0226	3.2	98
	0917	0.6	18
	1455	2.8	85
	2118	0.6	18
18 Tu	0325	3.1	94
	1022	0.5	15
	1551	2.9	88
	2227	0.5	15
19 W	0418	3.2	98
	1104	0.5	15
	1641	3.1	94
	2311	0.4	12
20 Th	0506	3.3	101
	1134	0.3	9
	1727	3.3	101
	2344	0.2	6
21 F	0549	3.5	107
	1159	0.2	6
	1809	3.6	110
22 Sa	0013	0.0	0
	0631	3.6	110
	1223	0.0	0
	1849	3.7	113
23 Su ○	0042	-0.1	-3
	0710	3.7	113
	1250	-0.1	-3
	1928	3.8	116
24 M	0112	-0.2	-6
	0749	3.7	113
	1320	-0.2	-6
	2006	3.9	119
25 Tu	0144	-0.3	-9
	0827	3.6	110
	1351	-0.2	-6
	2044	3.9	119
26 W	0218	-0.3	-9
	0906	3.6	110
	1424	-0.2	-6
	2123	3.8	116
27 Th	0254	-0.3	-9
	0946	3.3	101
	1501	-0.2	-6
	2203	3.7	113
28 F	0333	-0.2	-6
	1028	3.1	94
	1541	-0.1	-3
	2248	3.6	110
29 Sa	0417	-0.1	-3
	1116	3.0	91
	1627	0.0	0
	2340	3.5	107
30 Su	0508	0.0	0
	1212	2.9	88
	1720	0.1	3
31 M ○	0039	3.4	104
	0606	0.1	3
	1315	2.9	88
	1823	0.2	6

Time meridian 75° W. 0000 is midnlght. 1200 is noon.
Heights are relerred to mean lower low water which is the chart datum of soundings.

17. 1997 年 2 月 18 日，Portland Head Light 的最低潮的时间和潮高是多少？

在附录 G–12 页上，找到 869 号站点 Portland Head Light，可以查到低潮高度比率是 0.97，时间修正值是 –2 分钟，参考站是 Portland，Maine。

在附录 G–14 页上，查到 Portland，Maine 在 1997 年 2 月 18 日给出的低潮高度是 0.3 英尺，时刻是 1448 时。

因此，在 Portland Head Light，低潮应该是：

时刻 = 1448 –0002 = 1446 小时 / 分钟

高度 = 0.3 英尺 × 0.97 = 0.29 英尺

18. 把东部标准时间换算到东部夏令时。

EDT = EST + 1 小时

19. 1997 年 2 月 19 日，Boston Harbor，Deer Island Light 的最大涨潮流的时刻是多少？

这可以在附录 I–18 页上直接查到。

20. 1997 年 1 月 23 日，Barneys Point（岬角）附近的 Wareham River（河流）的最大退潮流的方向、速度和时间是多少？

在附录 I–7 页上，找到 2141 号站点 Wareham River，Barney's Point

● 退潮流的时间修正值是 –1 小时 31 分钟

● 退潮流速度比率是 0.4

● 在右侧一栏，给出的最大退潮流的方向是 185° T。

● 参考站点是 Pollock Rip Channel

在附录 I–9 页上，找到 Pollock Rip Channel 的每天预测值

● 最大退潮流在 1212 时刻是 1.8 节

● 在 Wareham River，Barney's Point：

时间 = 1212 – 0131 = 1041 EST

速度 = 1.8 节 × 0.4 = 0.72 节

13-19

波士顿港（鹿岛灯标），马萨诸塞州，1997

F – 涨潮流，方向 254° T   E – 退潮流，方向 111° T

	January							February							March					
	Slack	Maximum			Slack	Maximum			Slack	Maximum			Slack	Maximum			Slack	Maximum			Slack	Maximum
	h m	h m	knots		h m	h m	knots		h m	h m	knots		h m	h m	knots		h m	h m	knots		h m	h m	knots
	一月							二月							三月					
	平潮	最大值			平潮	最大值			平潮	最大值			平潮	最大值			平潮	最大值			平潮	最大值
	时分	时分	节		时分	时分	节		时分	时分	节		时分	时分	节		时分	时分	节		时分	时分	节

January

1 W ○
0342 / 0009 0824 1.1F / 1029 1233 1.0F / 1603 2045 0.9E / 2250

16 Th
0421 / 0156 0855 1.1F / 1107 1430 1.0F / 1651 2123 1.2E / 2330

2 Th
0433 / 0100 0914 1.1F / 1121 1329 1.0F / 1657 2136 0.9F / 2340

17 F
0521 / 0258 0953 1.1F / 1209 1532 1.0F / 1753 2221 1.2E

3 F
0525 / 0155 1003 1.1E / 1213 1431 1.1F / 1751 2225 1.0E

18 Sa
0030 / 0357 1.1F / 0621 1050 1.4E / 1309 1630 1.1F / 1856 2316 1.3E

4 Sa →
0031 / 0254 1.2F / 0618 1050 1.1E / 1306 1605 1.1F / 1846 2311 1.1E

19 Su
0128 / 0453 1.1F / 0720 1143 1.5E / 1405 1724 1.1F / 1958

5 Su
0123 / 0359 1.3F / 0711 1135 1.2E / 1357 1700 1.2F / 1940 2354 1.1E

20 M
0222 / 0009 1.4E / 0815 0546 1.2F / 1457 1234 1.5E / 2054 1815 1.2F

6 M
0214 / 0501 1.3F / 0802 1214 1.3E / 1447 1749 1.3F / 2032

21 Tu
0312 / 0059 1.4E / 0906 0635 1.2F / 1544 1323 1.5E / 2142 1903 1.3F

7 Tu
0304 / 0031 1.2E / 0852 0550 1.4F / 1536 1248 1.4E / 2122 1835 1.4F

22 W
0400 / 0147 1.4E / 0951 0721 1.3F / 1629 1409 1.5E / 2223 1948 1.3F

8 W ●
0353 / 0106 1.3E / 0942 0636 1.5F / 1624 1324 1.5E / 2212 1918 1.5F

23 Th ○
0444 / 0233 1.4E / 1033 0806 1.3F / 1710 1454 1.5E / 2302 2031 1.3F

9 Th
0443 / 0145 1.4E / 1031 0721 1.5F / 1713 1405 1.5E / 2301 2001 1.5F

24 F
0527 / 0317 1.3E / 1112 0847 1.2F / 1750 1537 1.4E / 2340 2111 1.3F

10 F
0532 / 0230 1.4E / 1120 0806 1.5F / 1802 1450 1.5E / 2351 2043 1.5F

25 Sa
0608 / 0359 1.3E / 1151 0926 1.2F / 1830 1617 1.3E / 2148 1.2F

11 Sa
0624 / 0319 1.4E / 1210 0854 1.5F / 1851 1539 1.4E / 2129 2043 1.5F

26 Su
0017 / 0440 1.2E / 0649 0958 1.2F / 1229 1656 1.2E / 1910 2213 1.2F

12 Su
0041 / 0417 1.3E / 0717 0943 1.4F / 1301 1639 1.4E / 1943 2221 1.4F

27 M
0054 / 0518 1.1E / 0731 0948 1.1F / 1309 1632 1.1E / 1951 2206 1.2F

13 M
0132 / 0540 1.3E / 0810 1040 1.3F / 1354 1809 1.3E / 2038 2336 1.3F

28 Tu
0134 / 0444 1.0E / 0816 1023 1.1F / 1350 1647 1.0E / 2034 2244 1.2F

14 Tu
0226 / 0650 1.3E / 0908 1214 1.2F / 1450 1919 1.2E / 2132

29 W
0216 / 0510 1.0E / 0901 1106 1.1F / 1435 1722 1.0E / 2120 2329 1.1F

15 W ○
0322 / 0050 1.2F / 1007 0754 1.2E / 1326 1.1F / 1549 2023 1.2E / 2231

30 Th
0301 / 0551 1.1E / 0950 1153 1.1F / 1523 1807 1.0E / 2209

31 F
0350 / 0017 1.2F / 1041 0640 1.1E / 1616 1244 1.1F / 2300 1900 1.0E

February

1 Sa
0442 / 0109 1.2F / 1136 0739 1.1E / 1711 1340 1.1F / 2354 2003 1.0E

16 Su
0003 / 0331 1.0F / 0554 1026 1.3F / 1243 1605 1.0F / 1834 2253 1.2E

2 Su
0538 / 0204 1.2F / 1230 0848 1.1E / 1809 1439 1.1F / 2117 1.0E

17 M
0103 / 0429 1.1F / 0655 1121 1.4F / 1342 1701 1.1F / 1941 2347 1.3E

3 M
0049 / 0303 1.2F / 0634 1049 1.2E / 1325 1545 1.2F / 1907 2322 1.1E

18 Tu
0201 / 0523 1.1F / 0754 1213 1.5F / 1436 1753 1.1F / 2048

4 Tu
0144 / 0407 1.3F / 0730 1145 1.3E / 1419 1717 1.3F / 2004

19 W
0253 / 0038 1.3E / 0847 0614 1.1F / 1523 (1302) 1.5E / 2132 (1842 1.2F)

5 W
0239 / 0014 1.2E / 0825 0522 1.4F / 1510 1233 1.4E / 2059 1817 1.4F

20 Th
0341 / 0126 1.4E / 0932 0701 1.2F / 1607 1348 1.5E / 2206 1926 1.3F

6 Th
0331 / 0102 1.3E / 0919 0629 1.5F / 1601 1319 1.5E / 2151 1908 1.5F

21 F
0424 / 0211 1.4E / 1013 0745 1.2F / 1647 1432 1.4E / 2241 2008 1.3F

7 F ●
0422 / 0148 1.4E / 1011 0723 1.5E / 1651 1405 1.6E / 2242 1957 1.6F

22 Sa ○
0505 / 0255 1.3E / 1050 0826 1.2F / 1725 1513 1.4E / 2315 2047 1.3F

8 Sa
0513 / 0235 1.5E / 1102 0813 1.6F / 1740 1451 1.6E / 2332 2045 1.6F

23 Su
0544 / 0335 1.3E / 1127 0903 1.2F / 1802 1551 1.3E / 2350 2121 1.3F

9 Su
0605 / 0324 1.5E / 1152 0903 1.5F / 1830 1541 1.5E / 2133 1.6F

24 M
0623 / 0411 1.2E / 1203 0934 1.2F / 1840 1621 1.2E / 2137 1.2F

10 M
0022 / 0418 1.5E / 0657 0954 1.5F / 1243 1638 1.5E / 1920 2223 1.5F

25 M
0026 / 0435 1.1E / 0703 0923 1.2F / 1241 1548 1.1E / 1919 2136 1.3F

11 Tu
0112 / 0519 1.4E / 0749 1051 1.4F / 1335 1746 1.3E / 2012 2320 1.4F

26 W
0103 / 0404 1.1E / 0745 0954 1.3F / 1320 1610 1.1E / 2000 2213 1.4F

12 W
0204 / 0624 1.4E / 0843 1154 1.3F / 1429 1853 1.2E / 2107

27 Th
0143 / 0433 1.2E / 0829 1036 1.3F / 1403 1645 1.1E / 2045 2257 1.4F

13 Th
0023 / 0512 1.3F / 0258 0727 1.3E / 0941 1259 1.1F / 1526 1957 1.2E / 2203

28 F
0227 / 0512 1.2E / 0917 1122 1.2F / 1450 1729 1.1E / 2133 2344 1.3F

14 F ○
0354 / 0121 1.1F / 1041 0829 1.3E / 1627 1403 1.0F / 2302 2058 1.2E

15 Sa
0454 / 0230 1.1F / 1142 0928 1.3E / 1731 1506 1.0F / 2157 1.2E

March

1 Sa
0314 / 0600 1.2E / 1008 1211 1.2F / 1541 1821 1.0E / 2226

16 Su
0424 / 0159 1.1F / 1112 0900 1.3E / 1703 1436 1.0F / 2334 2130 1.1E

2 Su
0406 / 0034 1.3F / 1101 0656 1.1E / 1637 1304 1.2F / 2321 1921 1.0E

17 M
0524 / 0301 1.0F / 1213 0959 1.3E / 1806 1536 1.0F / 2227 1.2E

3 M
0502 / 0129 1.2F / 1159 0801 1.1E / 1737 1402 1.2F / 2033 1.0E

18 Tu
0036 / 0400 1.0F / 0624 1054 1.2E / 1312 1633 1.0F / 1911 2321 1.2E

4 Tu
0019 / 0228 1.2F / 0601 0923 1.2E / 1256 1507 1.2F / 1838 2300 1.1E

19 W
0133 / 0456 1.0F / 0724 1147 1.4E / 1407 1726 1.1F / 2023

5 W
0118 / 0333 1.2F / 0701 1123 1.3E / 1351 1652 1.2F / 1938 2356 1.2E

20 Th
0228 / 0013 1.3E / 0819 0547 1.1F / 1455 1236 1.5E / 2105 1814 1.2F

6 Th
0214 / 0509 1.3F / 0800 1217 1.3E / 1446 1758 1.4F / 2035

21 Sa
0316 / 0101 1.3E / 0906 0635 1.1F / 1539 1323 1.4E / 2139 1859 1.2F

7 F
0309 / 0047 1.4E / 0857 0619 1.5F / 1538 1307 1.5E / 2129 1852 1.5F

22 Sa
0359 / 0146 1.4E / 0947 0719 1.2F / 1619 1406 1.4E / 2213 1940 1.3F

8 Sa ●
0402 / 0136 1.5E / 0950 0714 1.6F / 1628 1355 1.6E / 2221 1942 1.6F

23 Su ○
0440 / 0229 1.3E / 1024 0759 1.2F / 1657 1447 1.3E / 2247 2019 1.3F

9 Su
0453 / 0224 1.6E / 1042 0805 1.6F / 1718 1443 1.6E / 2311 2030 1.7F

24 M
0519 / 0308 1.3E / 1101 0837 1.2F / 1733 1523 1.2E / 2322 2053 1.3F

10 M
0545 / 0312 1.6E / 1133 0854 1.6F / 1807 1523 1.6E / 2357 2118 1.6F

25 Tu
0557 / 0342 1.2E / 1137 0908 1.2F / 1811 1546 1.1E / 2102 1.3F

11 Tu
0001 / 0403 1.6E / 0636 0944 1.5F / 1223 1625 1.5E / 1857 2206 1.6F

26 W
0637 / 0332 1.2E / 1215 0900 1.3F / 1849 1518 1.1E / 2109 1.4F

12 W
0050 / 0457 1.5E / 0727 1038 1.4F / 1314 1724 1.4E / 1948 2258 1.5F

27 Th
0035 / 0335 1.2E / 0718 0929 1.3F / 1254 1543 1.1E / 1930 2146 1.4F

13 Th
0140 / 0557 1.4E / 0820 1132 1.3F / 1407 1827 1.3E / 2040 2355 1.3F

28 F
0115 / 0405 1.2E / 0800 1010 1.3F / 1337 1618 1.1E / 2016 2229 1.4F

14 F
0231 / 0659 1.4E / 0915 1232 1.2F / 1502 1930 1.2E / 2136

29 Sa
0158 / 0445 1.2E / 0849 1055 1.3F / 1423 1702 1.1E / 2104 2316 1.4F

15 Sa ○
0056 / 0532 1.2F / 0326 0800 1.3E / 1012 1334 1.1F / 1601 2031 1.1E / 2233

30 Su
0245 / 0532 1.2E / 0939 1144 1.3F / 1514 1753 1.1E / 2158

31 M ○
0337 / 0006 1.3F / 1033 0627 1.2E / 1609 1237 1.2F / 2255 1854 1.0E

I−8

表格2——潮流修正和其他常量

编号	地点	深度 英尺	位置 经度 北	位置 纬度 西	时间修正值 涨潮流之前的最小值 时 分	涨潮流 时 分	退潮流之前的最小值 时 分	退潮流 时 分	速度比率 涨潮流	速度比率 退潮流	涨潮流之前的最小值 节	方向	最大涨潮流 节	方向	退潮流之前的最小值 节	方向	最大退潮流 节	方向
	BUZZARDS BAY <7>—cont. Time meridian, 75° W																	
2056	Penikese Island, 0.2 mile south of		41° 26.6'	70° 55.5'	-1 45	-0 15	-1 30	-2 39	0.4	0.5	0.0	—	0.7	093°	0.0	—	0.9	287°
2061	Gull I.and Nastawena I., between		41° 26.2'	70° 54.2'	-2 15	-0 57	-2 01	-2 41	0.5	0.6	0.0	—	0.9	091°	0.0	—	1.1	247°
2066	Weepecket Island, south of		41° 30.4'	70° 44.3'	-3 16	-1 07	-2 41	-2 27	0.4	0.4	0.0	—	0.4	069°	0.0	—	0.6	255°
2071	Quamquisset Harbor entrance		41° 32.4'	70° 39.8'	Current weak and variable												0.3	—
2076	West Falmouth Harbor entrance		41° 36.5'	70° 39.3'	Current weak and variable													
2081	Megansett Harbor		41° 38.8'	70° 39.2'	-0 36	-0 06	-0 23		0.4	0.6	0.0	—	0.8	035°	0.0	—	1.0	216°
2086	Abiels Ledge, 0.4 mile south of		41° 41.1'	70° 40.4'	-0 43	-1 03	-1 32	-2 09	0.4	0.6	0.0	—	0.8	066°	0.0	—	1.1	190°
2091	Oumpling Rocks, 0.2 mile southeast of		41° 32.0'	70° 55.1'	+0 26													
2096	Apponagansett Bay		41° 36'	70° 57'	Current weak and variable													
2101	Clarks Cove		41° 35'	70° 55'	Current weak and variable													
2106	New Bedford Harbor and approaches		41° 35.6'	70° 50.4'	Current weak and variable													
2111	West Island and Long Island, between		41° 34.0'	70° 48.6'	Current weak and variable											0.4	—
2116	West Island, 1 mile southeast of	6	41° 37.1'	70° 50.2'	-0 43	-1 28	-1 42		0.4	0.5	0.0	—	0.3	079°	0.0	—	0.8	203°
2121	Naskeucket Bay		41° 38'	70° 47'	Current weak and variable									0.3				0.3	—
2126	Mattapoisett Harbor		41° 39'	70° 44'	Current weak and variable													
2131	Sippican Harbor		41° 40.0'	70° 43.0'	Current weak and variable												0.4	—
2136	Wareham River, off Long Beach Point		41° 44.0'	70° 42.4'	-1 41	-0 31	-1 22	-1 23	0.3	0.4	0.0	—	0.7	010°	0.0	—	0.6	202°
2141	Wareham River, off Barneys Point	6	41° 44.7'	70° 42.4'	-1 49	-0 27	-1 22	(-1 31)	(0.4)	0.4	0.0	—	0.6	022°	0.0	—	(0.6)	(185°)
2146	Onset Bay, south of Onset Island		41° 43.9'	70° 38.7'													0.4	—
2151	Onset Bay, south of Wickets Island		41° 44.1'	70° 39.3'													0.3	—
	CAPE COD CANAL				on Pollock Rip Channel, p.20													
2156	CAPE COD CANAL, railroad bridge		41° 44.5'	70° 36.8'	-0 03	-0 01	-0 03	-0 04	0.9	0.9	0.0	—	4.0	070°	0.0	—	4.5	250°
2161	Bourne Highway bridge		41° 45'	70° 35'	-0 07	-0 03	-0 09	-0 10	0.8	0.8	0.0	—	3.3	065°	0.0	—	3.6	245°
2166	Bournedale		41° 46'	70° 34'	-0 09	-0 04	-0 17	-0 13	1.4	1.6	0.0	—	3.4	030°	0.0	—	3.6	210°
2171	Sagamore Bridge		41° 46'	70° 33'	Daily predictions				1.2	1.4	0.0	—	2.7	095°	0.0	—	2.5	275°
2176	Cape Cod Canal, east end	15	41° 46.5'	70° 30.0'	-0 13	-0 06	-0 04	-0 19	0.6	0.6	0.0	—	2.4	065°	0.0	—	2.6	245°
	NARRAGANSETT BAY <8>				onCape Cod Canal, p.16													
2181	Sakonnet River (except Narrows)		41° 30.4'	71° 13.2'	-2 54	-1 55	-2 13	-2 26	0.2	0.2	0.0	—	0.4	012°	0.0	—	0.4	194°
2186	Black Point, SW of, Sakonnet River	15	41° 37.3'	71° 13.2'	-3 00	-2 10	-2 30	-3 13	0.4	0.8	0.0	—	0.4	034°	0.0	—	1.5	180°
2191	Almy Point Bridge, south of, Sakonnet River	15	41° 37.5'	71° 13.0'	-2 58	-5 02	-2 26	-3 06	1.4	1.6	0.0	—	2.7	010°	0.0	—	2.7	190°
2196	Tiverton, Stone bridge, Sakonnet R. <9>		41° 38.3'	71° 12.9'	-3 36	-2 54			1.3		1.2		2.5	010°			2.6	245°
2201	Tiverton, RR. bridge, Sakonnet R. <10>		41° 39.5'	71° 12.9'	-3 26	-5 06	-2 48	-3 41	1.2	1.4	1.5	105°	2.3	000°	0.0	—	2.4	180°
2206	Common Fence Poin, northeast of	10	41° 39.5'	71° 12.5'	-2 38	-2 25	-2 32	-2 41	0.1	0.2	0.0	—	0.2	026°	0.0	—	0.3	210°
2211	Brenton Point, 1.4 n.mi.southwest of	7	41° 25.9'	71° 22.6'	-1 03	-0 38	-1 20	-1 04	0.2	0.4	0.0	—	0.4	046°	0.0	—	0.6	170°
2216	Castle Hill, west of, East Passage	15	41° 27.4'	71° 22.7'	-0 06	-0 42	-1 07	-0 29	0.4	0.7	0.0	—	0.7	013°	0.0	—	1.2	237°
2221	Bull Point, east of	10	41° 28.8'	71° 21.0'	-1 10	-0 47	-1 10	-1 33	0.6	0.8	0.0	—	1.2	001°	0.0	—	1.5	206°
2226	Mackerel Cove		41° 28.5'	71° 22.8'	Current weak and variable													
2231	Newport Harbor, S and E of Goat Island		41° 29'	71° 20'	Current weak and variable													
2236	Rose Island, northeast of		41° 30.2'	71° 19.9'	-1 57	-0 07	-1 17	-2 08	0.5	0.5	0.0	—	0.8	310°	0.0	—	1.0	124°
2241	Rose Island, northeast of	15	41° 30.4'	71° 20'	-1 38	-0 26	-1 38	-1 39	0.4	0.5	0.1	—	0.7	007°	0.1	102°	1.0	190°
2246	Rose Island, west of	15	41° 29.8'	71° 21.1'	-1 42	-0 34	-1 28	-1 28	0.4	0.5	0.0	—	0.5	013°	0.0	—	1.0	172°
2251	Gould Island, southeast of	7	41° 31.5'	71° 21.0'	-1 40	-1 28	-1 14	-1 16	0.3	0.4	0.0	—	0.5	03°	0.0	279°	0.7	217°
2256	Gould Island, west of	15	41° 31.9'	71° 21.5'	-0 16	-0 32	-1 13	-1 07	0.3	0.4	0.0	—	0.6	351°	0.1	—	0.8	193°

Endnotes can be found at the end of table 2.

I-7

Pollock Rip Channel, Massachusetts, 1997

F-Flood, Dir. 035° True   E-Ebb, Dir. 225° True

January / 一月

Day	Slack h m	Maximum h m	knots
1 W ○	0229	0505	1.7E
	0819	1135	1.7F
	1451	1724	1.6E
	2033	2356	1.7F
2 Th	0319	0555	1.6E
	0910	1229	1.7F
	1545	1817	1.5E
	2126		
3 F		0050	1.8F
	0409	0647	1.6E
	1002	1325	1.7F
	1640	1912	1.5E
	2221		
4 Sa		0144	1.8F
	0500	0739	1.6E
	1054	1420	1.8F
	1734	2007	1.5E
	2315		
5 Su		0238	1.8F
	0551	0831	1.7E
	1145	1512	1.9F
	1827	2101	1.6E
6 M	0009	0330	1.8F
	0640	0921	1.8E
	1234	1601	2.0F
	1917	2152	1.7E
7 Tu	0101	0418	1.8F
	0727	1010	1.9E
	1322	1648	2.1F
	2006	2242	1.8E
8 W ● (→)	0150	0505	1.9F
	0814	1058	2.0E
	1409	1733	2.3F
	2053	2330	1.9E
9 Th	0239	0551	2.0F
	0901	1145	2.1E
	1456	1819	2.4F
	2140		
10 F		0018	2.0E
	0327	0637	2.1F
	0948	1233	2.2E
	1544	1906	2.5F
	2228		
11 Sa		0107	2.1E
	0416	0725	2.1F
	1038	1323	2.2E
	1633	1954	2.5F
	2318		
12 Su		0156	2.1E
	0507	0816	2.2F
	1130	1414	2.2E
	1725	2046	2.5F
13 M	0009	0248	2.1E
	0559	0911	2.1F
	1224	1508	2.0E
	1819	2141	2.2F
14 Tu	0103	0343	2.0E
	0655	1011	2.1F
	1323	1605	2.0E
	1917	2242	2.2F
15 W ○	0159	0441	1.9E
	0754	1117	2.0F
	1425	1707	1.8E
	2018	2349	2.1F
16 Th	0259	0543	1.8E
	0857	1228	2.0F
	1530	1814	1.7E
	2124		
17 F		0059	2.0F
	0400	0650	1.7E
	1001	1338	2.0F
	1637	1926	1.6E
	2231		
18 Sa		0208	1.9F
	0501	0759	1.7E
	1105	1444	2.0F
	1741	2037	1.5E
	2336		
19 Su		0311	1.9F
	0601	0903	1.7E
	1206	1544	2.1F
	1842	2141	1.6E
20 M	0037	0408	1.9F
	0656	1001	1.7E
	1301	1638	2.2F
	1937	2237	1.6E
21 Tu	0132	0500	2.0F
	0747	1051	1.8E
	1350	1727	2.3F
	2026	2324	1.7E
22 W	0220	0547	2.1F
	0833	1134	1.8E
	1434	1811	2.3F
	2110		
23 Th ○		0005	1.7E
	0303	0629	2.0F
	0915	1212	1.8E
	1514	1850	2.3F
	2150		
24 F		0041	1.7E
	0341	0707	1.9F
	0955	1246	1.8E
	1551	1926	2.2F
	2228		
25 Sa		0113	1.7E
	0417	0741	1.9F
	1034	1319	1.8E
	1627	1958	2.2F
	2305		
26 Su		0146	1.8E
	0453	0812	1.9F
	1113	1354	1.8E
	1703	2029	2.1F
	2343		
27 M		0220	1.8E
	0530	0844	1.9F
	1153	1431	1.8E
	1740	2102	2.1F
28 Tu	0022	0258	1.8E
	0608	0920	1.9F
	1235	1512	1.8E
	1820	2138	2.0F
29 W	0103	0339	1.8E
	0650	1000	1.8F
	1321	1557	1.7E
	1904	2219	2.0F
30 Th	0148	0423	1.8E
	0735	1045	1.8F
	1410	1644	1.7E
	1951	2306	1.9F
31 F ○	0235	0511	1.7E
	0823	1135	1.8F
	1504	1736	1.6E
	2043	2357	1.7F

February / 二月

Day	Slack h m	Maximum h m	knots
1 Sa	0326	0603	1.6E
	0915	1231	1.7F
	1600	1831	1.5E
	2139		
2 Su		0054	1.7F
	0420	0657	1.6E
	1011	1332	1.8F
	1658	1929	1.5E
	2238		
3 M		0155	1.6F
	0515	0753	1.6E
	1107	1433	1.8F
	1755	2027	1.5E
	2337		
4 Tu		0256	1.7F
	0609	0850	1.7E
	1203	1532	2.0F
	1850	2125	1.6E
5 W	0035	0353	1.8F
	0702	0945	1.8E
	1257	1626	2.1F
	1942	2220	1.8E
6 Th	0129	0446	1.9F
	0753	1037	2.0E
	1349	1717	2.3F
	2032	2311	1.9E
7 F	0220	0536	2.1F
	0842	1128	2.1E
	1439	1805	2.4F
	2121		
8 Sa		0001	2.0E
	0310	0625	2.2F
	0932	1218	2.2E
	1529	1852	2.5F
	2209		
9 Su		0050	2.1E
	0359	0713	2.3F
	1022	1308	2.3E
	1619	1940	2.5F
	2257		
10 M		0139	2.2E
	0448	0803	2.3F
	1113	1358	2.2E
	1709	2030	2.5F
	2347		
11 Tu		0228	2.1E
	0539	0855	2.3F
	1206	1441	2.1E
	1802	2123	2.4F
12 W	0039	0320	2.1E
	0632	0951	2.2F
	1303	1545	2.0E
	1857	2221	2.2F
13 Th	0133	0416	1.9E
	0728	1054	2.1F
	1403	1644	1.8E
	1956	2325	2.0F
14 F ○	0231	0516	1.8E
	0829	1202	2.0F
	1506	1750	1.6E
	2100		
15 Sa		0034	1.9F
	0332	0621	1.6E
	0932	1312	2.0F
	1612	1902	1.5E
	2207		
16 Su		0143	1.8F
	0434	0731	1.6E
	1037	1419	2.0F
	1717	2014	1.5E
	2313		
17 M		0247	1.8F
	0535	0838	1.6E
	1139	1520	2.1F
	1818	2119	1.5E
18 Tu	0014	0345	1.9F
	0632	0938	1.7E
	1236	1614	2.2F
	1913	2214	1.8E
19 W	0109	0437	1.9F
	0724	1028	1.7E
	1326	1703	2.2F
	2001	2301	1.7E
20 Th	0156	0523	2.0F
	0810	1112	1.8E
	1410	1746	2.3F
	2043	2340	1.7E
21 F	0238	0604	2.0F
	0852	1149	1.8E
	1450	1824	2.3F
	2122		
22 Sa ○		0014	1.8E
	0315	0641	2.0F
	0931	1222	1.8E
	1526	1859	2.2F
	2159		
23 Su		0045	1.8E
	0349	0713	2.0F
	1008	1253	1.9E
	1600	1929	2.2F
	2234		
24 M		0115	1.8E
	0423	0742	2.0F
	1046	1326	1.9E
	1635	1957	2.2F
	2310		
25 Tu		0148	1.9E
	0457	0811	2.0F
	1124	1402	1.9E
	1711	2027	2.1F
	2347		
26 W		0224	1.9E
	0533	0844	2.0F
	1204	1441	1.9E
	1749	2101	2.1F
27 Th	0026	0303	1.9E
	0611	0921	2.0F
	1247	1524	1.8E
	1830	2140	2.0F
28 F	0109	0346	1.8E
	0654	1000	1.9F
	1335	1610	1.7E
	1916	2225	1.8F

March / 三月

Day	Slack h m	Maximum h m	knots
1 Sa	0156	0434	1.7E
	0741	1053	1.7F
	1428	1701	1.6E
	2008	2317	1.7F
2 Su	0248	0525	1.7E
	0834	1149	1.8F
	1525	1757	1.5E
	2105		
3 M		0015	1.6F
	0344	0621	1.6E
	0932	1253	1.8F
	1626	1857	1.5E
	2208		
4 Tu		0121	1.6F
	0443	0721	1.6E
	1034	1401	1.8F
	1726	1959	1.5E
	2311		
5 W		0230	1.7F
	0543	0823	1.7E
	1136	1507	2.0F
	1825	2101	1.6E
6 Th	0012	0334	1.8F
	0640	0923	1.8E
	1235	1607	2.1F
	1920	2200	1.8E
7 F	0109	0431	2.0F
	0734	1019	2.0E
	1330	1700	2.3F
	2011	2253	1.9E
8 Sa ●	0202	0523	2.1F
	0826	1113	2.1E
	1423	1750	2.4F
	2100	2343	2.1E
9 Su	0252	0612	2.3F
	0916	1203	2.2E
	1513	1838	2.5F
	2148		
10 M		0032	2.2E
	0340	0659	2.4F
	1006	1258	2.2E
	1603	1925	2.5F
	2236		
11 Tu		0119	2.2E
	0428	0748	2.4F
	1057	1342	2.2E
	1653	2013	2.4F
	2324		
12 W		0207	2.1E
	0517	0838	2.3F
	1148	1432	2.1E
	1743	2104	2.3F
13 Th	0014	0257	2.0E
	0608	0931	2.2F
	1243	1525	1.9E
	1837	2159	2.1F
14 F	0107	0350	2.0E
	0702	1030	2.1F
	1340	1622	1.8E
	1934	2300	2.1F
15 Sa ○	0203	0447	1.7E
	0759	1135	2.0F
	1441	1725	1.6E
	2035		
16 Su		0007	1.8F
	0303	0550	1.6E
	0901	1243	1.9F
	1545	1834	1.5E
	2140		
17 M		0116	1.7F
	0405	0659	1.5E
	1005	1349	1.9F
	1648	1944	1.4E
	2245		
18 Tu		0219	1.7F
	0506	0806	1.5E
	1107	1449	2.0F
	1747	2047	1.5E
	2345		
19 W		0317	1.8F
	0604	0906	1.6E
	1204	1543	2.1F
	1840	2142	1.6E
20 Th	0038	0408	1.9F
	0656	0958	1.6E
	1255	1632	2.2F
	1928	2228	1.7E
21 F	0125	0454	2.0F
	0742	1041	1.7E
	1339	1715	2.2F
	2010	2307	1.7E
22 Sa	0206	0535	2.1F
	0825	1119	1.8E
	1420	1753	2.2F
	2049	2341	1.8E
23 Su ○	0243	0611	2.1F
	0904	1153	1.8E
	1457	1827	2.2F
	2126		
24 M		0012	1.9E
	0318	0642	2.1F
	0941	1225	1.9E
	1532	1856	2.2F
	2201		
25 Tu		0043	1.9E
	0351	0711	2.1F
	1018	1258	1.9E
	1606	1924	2.1F
	2237		
26 W		0115	1.9E
	0424	0740	2.1F
	1056	1334	1.9E
	1642	1954	2.1F
	2313		
27 Th		0151	1.9E
	0459	0812	2.1F
	1136	1412	1.9E
	1720	2028	2.0F
	2352		
28 F		0231	1.9E
	0537	0849	2.1F
	1219	1455	1.8E
	1802	2108	1.9F
29 Sa	0035	0314	1.9E
	0620	0932	2.0F
	1306	1542	1.8E
	1848	2154	1.8F
30 Su	0122	0402	1.8E
	0708	1022	2.0F
	1359	1633	1.7E
	1941	2246	1.7F
31 M ○	0216	0455	1.7E
	0802	1119	1.9F
	1457	1730	1.6E
	2040	2348	1.6F

I-9

附录 K   练习题解答

选择两个固定的标志，量出两者在海图上的方向，然后从一个标志出发，沿海图的方向，靠帆或机动力行驶到另一个标志。如果你保持这个船首向，风会把你吹到吹到第二个标志的一侧。当你正横经过第二个标志时，转向这个标志，测量此时行驶到第二个标志的距离。这样，你就知道了直线三角形的两条边，能够利用三角几何算出风压差角度：

$$\text{风压差角度的正切值} = \frac{\text{从正横位置行驶到该标志的距离 D2}}{\text{测图上测量的两个标志间的距离 D1}}$$

风压差角度 = arctan（0.2 ÷ 2.7）

= arctan（0.07407）

= 4° 14′

近似到 4°

或者，你可以用图形法来求解：

- 以第二个标志为中心，画一条半径为 0.2 海里的圆弧
- 从起始浮标出发，与 0.2 海里的圆弧相切，画出 COG（对地航向）线
- 风压差角度 = COG − RL = 139 − 135 = 4°

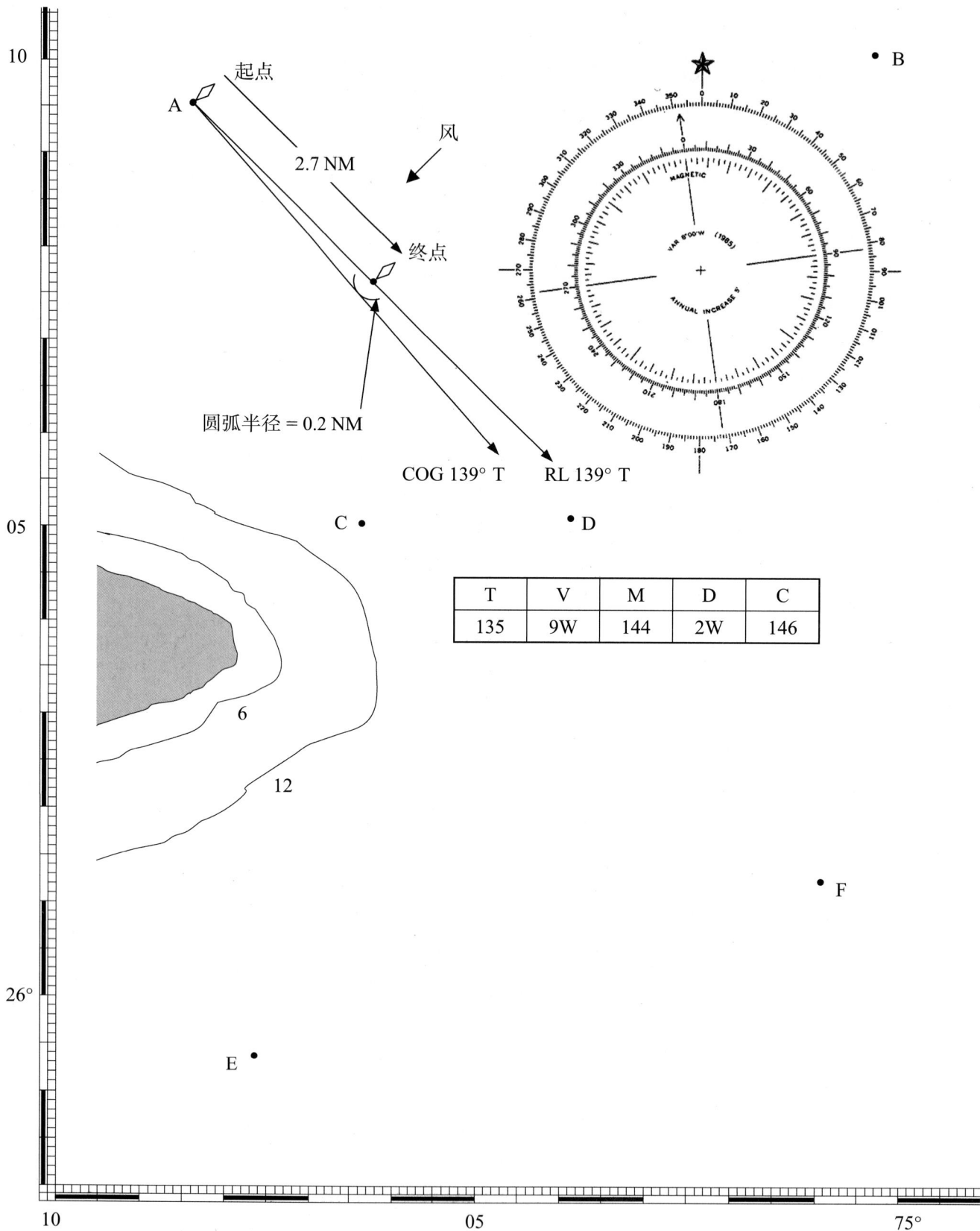

起点

A

2.7 NM

风

终点

圆弧半径 = 0.2 NM

COG 139° T   RL 139° T

• B

VAR 8°00'W (1985)
MAGNETIC
ANNUAL INCREASE 5'

C •   • D

T	V	M	D	C
135	9W	144	2W	146

6

12

• F

26°

E •

10   05   75°